本书受国家社科基金青年项目"当代西方道德和政治哲学视阈中的残疾问题研究"（项目号：18CZX054）和"山东社会科学院出版资助项目"资助

理解、尊重与包容

残疾问题的哲学阐释

张 虎 著

中国社会科学出版社

图书在版编目(CIP)数据

理解、尊重与包容：残疾问题的哲学阐释 / 张虎著 . — 北京：中国社会
科学出版社，2022.12
ISBN 978 - 7 - 5227 - 1088 - 4

Ⅰ.①理…　Ⅱ.①张…　Ⅲ.①残疾—伦理学—研究　Ⅳ.①B82

中国版本图书馆 CIP 数据核字(2022)第 238385 号

出 版 人	赵剑英
责任编辑	刘亚楠
责任校对	张爱华
责任印制	张雪娇

出　　版	中国社会科学出版社
社　　址	北京鼓楼西大街甲 158 号
邮　　编	100720
网　　址	http://www.csspw.cn
发 行 部	010 - 84083685
门 市 部	010 - 84029450
经　　销	新华书店及其他书店

印　　刷	北京君升印刷有限公司
装　　订	廊坊市广阳区广增装订厂
版　　次	2022 年 12 月第 1 版
印　　次	2022 年 12 月第 1 次印刷

开　　本	710×1000　1/16
印　　张	14.5
插　　页	2
字　　数	238 千字
定　　价	89.00 元

绪　言

当代西方"残疾研究"（Disability Studies）起源于 20 世纪七八十年代，与"女性研究""种族研究"等"少数群体研究"（Minority Studies）具有类似的学科性质。它们与人文领域而非社会科学领域联系紧密，许多哲学家积极地参与了这些学科的建构和发展。就残疾研究而言，过去四五十年相关学者的工作表明，残疾并不简单地是个人身体的医学或生物学问题，或者说是某种异常、偏差和缺陷，实际上它具有社会构成性，也是文化意义体系的基本元素。如何对待残疾人，也绝不只是怜悯和慈善的问题，而与社会制度的首要德性——正义理念有关，与社会是否给予他们和其他社会成员一样的平等尊重有关。本书将围绕如何理解残疾、残疾人的视角有什么理论价值以及社会如何公正地对待残疾人等问题对残疾研究的主要成果作一分析和评判。

首先，如何理解残疾呢？常识把残疾看作个人的医学或生物学问题，看作一种异常、偏差或缺陷。正如女性研究将性别看作一种社会建构物，残疾研究也对残疾作如此理解。早期残疾研究学者提出了残疾的社会模式，区分了残损（impairment）和残疾（disability），认为残损是生物性因素，与残疾无关，而残疾指的是社会对具有异常身心特征的人的歧视、偏见以及生活机会的限制等。根据残疾的社会模式，很多残损都仅仅是一种相对于正常身体的差异，而非缺陷，问题在于社会没有为具有这种身心特征的人提供合理的便利条件（reasonable accommodation），从而制造了他们的生活困境。例如，对于轮椅使用者而言，残疾是入口没有斜坡的建筑物、无坐便器和横杆扶手的公厕、设有诸多路障的商场步行街等给他们的出行制造的障碍；对于聋人群体而言，残疾是无字幕的电视节目给他们的信息获取制造的障碍；对于盲人群体而言，残疾是无语音播报的电梯给他们上下楼层制造的障碍；等等。所以残疾并非医学问题，而是社会问题，社会而非个人需要承担解决它的义务。

社会建构论对残疾的理解蕴含着残损/残疾的笛卡尔式二元结构。在当代残疾研究不断深入推进的过程中，这种结构暴露出越来越多的问题，其中最主要的在于它同医学模式一样将残损看作一种生物事实，而没有对其作深入的社会和文化意义分析。一些受后结构主义思潮影响的学者着力于推翻这种二元论，指出："那些所谓'真实的'残损现在必须被看作规训性的知识/权力体系的建构物，它们被融入一些主体的自我理解中。"[1] 所以残损不是一种纯粹的生物性事实，而是与社会的权力关系密切相关，在此意义上，可以说"残损一直都是残疾"[2]。后结构主义的残疾观强调对社会权力话语的分析，把残疾看作权力的产品，因此表现得比社会建构论更加具有批判性，所以也被称作"批判的残疾理论"（critical disability theory）。

残疾的社会模式和批判的残疾理论从两种相对的视角来理解身体，一种把身体（残损）交给了生物学或医学，而把残疾归结为社会环境对人之活动施加的限制；另一种则认为身体（残损）不是纯粹生物学意义上的，而是一种知识/权力话语的物化形式。这两种立场都面临着多重的理论困境。一些受现象学传统影响的学者借用梅洛-庞蒂"身体是我们关于世界的观点"的思想来理解残疾，指出现象学对于残疾研究的价值在于借此可以"把感觉和情感的品质嫁接到压迫和排斥的概念上"[3]，以克服上述两种立场的缺陷。与现象学传统有着千丝万缕联系的新唯物主义者也指出"人的身体的核心矛盾在于它既是我们受奴役也是我们获得自由的源头"[4]。这种理解残疾的新视野强调了身体的能动性，以及身体既为社会文化因素所制约，也积极地影响、突破和改造社会文化因素的特性。对于这些学者而言，残疾是一种知识体，而残疾人也是名副其实的知识生产者。

其次，残疾人的视角或具身经验有什么理论价值呢？参与残疾研究的哲学家对此作了多维度的解析，本书介绍了三个方面。第一，残疾对解答哲学

---

① Shelley Tremain, "On the Government of Disability", *Social Theory and Practice*, Vol. 27, No. 4, October 2001, p. 632.

② Shelley Tremain, "On the Government of Disability", *Social Theory and Practice*, Vol. 27, No. 4, October 2001, p. 632.

③ Kevin Paterson and Bill Hughes, "Disability Studies and Phenomenology: The Carnal Politics of EveryDay Life", *Disability & Society*, Vol. 14, No. 5, 1999, p. 598.

④ Bill Hughes, "What Can a Foucauldian Analysis Contribute to Disability Theory?" in Shelley Tremain, ed., *Foucault and the Government of Disability*, Ann Arbor: University of Michigan Press, 2005, p. 89.

主体性问题的启示。众所周知，人本主义假定了一种理性、独立、稳定和连贯等主体概念。然而，一些残疾事例显示这样的主体观无法有效解释现实世界，或者说套用它后人们会得出相互冲突的结论。另外，人本主义主体观对理性和独立等品质的过分强调使精神残疾者的道德地位变得可疑，容易漠视他们的利益诉求。后结构主义者对此进行了批判，揭示了主体的不稳定性和不确定性，认为主体始终是"生成中的主体"（subject in process），随话语、文本和符号等结构的流变而变身，但是这样的主体观有宿命论或虚无主义倾向。残疾范畴对建构一种后人本主义的主体观有所助益，从某种程度上说它能颠覆人本主义赖以成立的各种对立和边界，揭示各种存在的相互依存和相互影响，如唐娜·哈拉维（Donna Haraway）所说的人与机器的组合——赛博格（cyborg）；在这种存在的关系网中，不存在那种超拔于自然万物的人类主体，那只是一种幻象，人本身仅仅作为一种物质形态而存在，而其余的物质形态也孕育着活跃的力量，积极地塑造着世界的新面貌。这种视角对树立一种新的和更包容的伦理多元主义观点大有裨益，可以使人们更清晰地认识到21世纪各种人类生存危机，如生态问题、环境污染、传染病暴发等的实质。

第二，残疾使人们认识到没有评价身体差异的客观或中立立场。那种所谓"正常的"身体观念是19世纪随统计学的发展而出现的，是特定历史时期的产物，不是绝对的真理标准。但这种正常身体观念却被赋予了规范性含义，以致与它不一样的身体承受着社会结构的污名化、歧视和排斥。类似种族歧视和性别歧视，这种立场被很多残疾理论家称作机能歧视（ableism）。机能歧视与残疾的医学模式有关，它在个人层面表现为对残疾人的恐惧、憎恶、怜悯和屈尊俯就等态度；在社会层面表现为对残疾人发展机会或生活空间的不合理限制、过度医疗干预、各种优生学措施等。

第三，残疾对于理解人类历史具有重要意义。在解释人的历史际遇时，人们先后发现了阶级、性别、种族等向量，而当代残疾研究的兴起使人们开始关注残疾范畴的价值。与其他身份范畴不同，残疾不仅被拿来辩护对残疾人群体的不平等对待，也常常被拿来辩护对女性、少数种族等其他群体的不平等对待，而这些群体采取的解放策略（如论证自己的身体同主流群体一样没有缺陷）往往加重了对残疾的偏见。所以有学者指出："残疾，超越了一种身份，是文化层面意义体系的基本元素，并且对任何想要理解过去的历史学家而言都是必不可少的。所有的社会等级关系都极有可能借用了社会文化意义上被构造出来和维持着的残疾概念。"①

　　再次，社会如何公正地对待残疾人呢？或者说残疾问题对正义理论提出了什么样的挑战呢？正义理论大概可分为后果论正义观与义务论正义观两类，本书从这两个角度分别论述了相关政治哲学家的观点。运气平等主义是当代后果论正义理论的一种典型形式，认为"没有人应该仅仅由于一些其本人并没有冒险招致的偶然事件而比别人拥有更少的有用资源和机会"②。这里的偶然事件指的是什么呢？毋庸置疑，个人的命运并非完全掌握在个人手里，总有一些个人通过理性选择和努力奋斗也突破不了的发展瓶颈。制造这种瓶颈的包括个人的自然禀赋、家庭和阶级状况等，运气平等主义者称此为偶然事件，并认为它们所导致的不平等是非正义的，需要采取措施以减轻它们对人的命运的差异化影响。以此理解残疾问题，如果个人的残疾是先天或偶然招致的，那么它也属于这样的偶然事件，个人因其而面临的劣势处境也是不应得的，社会要采取措施补偿他们，如罗尔斯所言，在正义社会中，"人们同意相互分享各自的命运"③。但是对残疾的补偿暗含着机能歧视的立场，并没有真正体现对所有人的平等尊重。

　　契约论是义务论正义理论的典型形式。契约论传统假定了契约主体的能力平等和互利关系，导致了将残疾人群体排除在外的"局外人问题"（outlier problem）。罗尔斯认识到该问题对其理论的挑战，认为作为公平的正义于此"可能会失败"。努斯鲍姆也认为应该放弃契约论框架，采用她的能力方法，其他一些学者则对罗尔斯的契约论进行了一定程度的修改，以容纳残疾人的诉求。本书指出，社会之正义与否并不在于是否给所有人提供了免于偶然因素影响的平等分配（运气平等），也不在于是否给所有人提供了攫取私利的公平环境，而在于社会关系是否建立在自由和平等的成员之相互尊重的基础上，托马斯·斯坎伦（Thomas Scanlon）的非自利性契约论可以为我们解决局外人问题提供理论指引。

　　最后，本书谈论了残疾与科学技术的关系问题。不可否认，新科技革命

---

① Douglas C. Baynton, "Disability and the Justification of Inequality in American History", in Lennard J. David, ed., *The Disability Studies Reader* (*Fourth Edition*), New York and London: Routledge, 2013, pp. 30 – 31.

② Eric Rakowski, *Equal Justice*, New York: Oxford University Press, 1991, p. 1.

③ ［美］约翰·罗尔斯：《正义论》，何怀宏等译，中国社会科学出版社 1988 年版，第 79 页。

给社会结构和个人生活带来了日新月异的改变。随着它的高歌猛进，以技术克服人类身体限制以获得更大自由或进一步解放的人类增强观念也收获了越来越多的拥趸。这种观念在哲学领域的反响表现为超人类主义（transhumanism）。超人类主义承诺了一幅以技术不断改善人类身体的乐观图景，但是它内含一些深层次的理论问题，从而引起了诸多学者的警惕，如著名学者弗朗西斯·福山（Francis Fukuyama）认为它威胁民主平等理想。残疾人的日常生活涉及身体机能限制与技术辅助的关系问题，以残疾范畴可以更充分地透视人类增强观念的诸多二律背反。本书最后指出，技术辅助并不是残疾人享有机会平等的充分条件，在社会文化领域改变机能歧视的刻板偏见更为紧要；人类增强技术有演化为一种现代规训手段的倾向，从而阻碍多元社会的培育，换句话说，它无法替代社会正义方案。

全书共分十章，内容基本按上述逻辑作顺序铺陈。

美国已故残疾研究学者托宾·希伯斯（Tobin Siebers）认为："残疾研究的首要目标是使残疾成为常规知识的对象，并因此唤醒应对令人讨厌的所谓'机能歧视'偏见的政治意识。"① 残疾范畴不为历代哲学家所重视，它仅仅作为一种对缺陷、偏差和低劣的描摹来映衬哲学理念的完满。正如残疾人被放逐到主流社会的边缘，残疾范畴也被放逐到知识界的边缘，所以，"当哲学家先前在，例如指出正义或福利理论面临的挑战，谈论稀缺医疗资源的分配，或辩论撤去有严重缺陷的新生儿的生命支持手段的时候，他们对残疾仅仅一笔带过"② 。作为人类经验的一种丰富的来源，残疾却长久地为人所忽视，这不只是对残疾群体是否公正的问题，也是人类知识能否获得可靠前提和稳固基础的问题。新兴的残疾研究打破了这种局面，它不仅有助于消除社会对残疾人群体的隔离，改善其福利状况，提升其社会地位，也有助于加深人类对很多紧迫的社会问题的思考。本书绪论部分即以《残疾研究关键词》（Keywords for Disability Studies）中的一段话来结尾：

残疾研究牵涉我们这个时代很多最紧迫的争论：关于生命的始终，

---

① Tobin Siebers, *Disability Theory*, Ann Arbor, Mi.：The University of Michigan Press, 2008, p. 81.

② Adam Cureton and David Wasserman, "Introduction", in Adam Cureton and David Wasserman, eds., *The Oxford Handbook of Philosophy and Disability*, New York：Oxford University Press, p. XXIII.

关于产前基因检测、堕胎、绝育、安乐死和优生学；关于公立学校、公共交通、住房和工场的空间设置；关于纠正或"治愈"婴儿、儿童和成人的非正常身体的技术；关于战时负伤、创伤后应激障碍、卫生保健和公民权。考虑到残疾人是世界上最大的少数群体，而且任何人都有变残的可能，这些问题太重要了。①

---

① Rachel Adams, etc., "Introduction", in Rachel Adams, etc., eds., *Keywords for Disability Studies*, New York and London: New York University Press, 2015, p. 2.

第一章　当代"残疾研究"的兴起

第一节　哲学史中的残疾

"残疾"（disability）一词自从在英语世界中出现以来，含义并不十分明确和恒定，而是几经变化。据考证，该词至少在 16 世纪就已经出现了，根据《牛津英语词典》（*Oxford English Dictionary*），它在 1547 年开始指代"限制个人运动、感觉或活动的身心状况（或）处于这种状况的事实或状态"[①]。当时如自闭症之类的一些病症，尚未被发现和承认；一些现在被归类为残疾的机体状况，也只是被看作生命的必然事实。同时，它还含有无法偿还债款和不能全心全意地敬奉上帝的意思。在词义的演化过程中，"残疾"一度同"衰弱"（infirmity）、"折磨"（affliction）、"怪物"（monstrosity）、"畸形"（deformity）"跛子"（cripple）、"病弱"（invalid）"等混用，这些词汇也常常带有宗教、道德、美学甚至经济状况等层面的含义。[②] 在统计学、医学和法学话语中，残疾与"偏离"（deviance）、"异常"（abnormality）和"病症"（disorder）等类似词汇的密切关联从 19 世纪才开始出现。[③] 伦纳德·戴维斯（Lennard Davis）指出，残疾的这种现代含义与统计学中"标准"（norm）观念的出现有关，后者推动形成了一种关于人类身体状况的等次优劣的理念，

[①] Rachel Adams, etc. , "Disability", in Rachel Adams, etc. , eds. , *Keywords for Disability Studies*, New York and London：New York University Press, 2015, p. 6.

[②] 在中国古代文献中，"残疾"有两种含义。第一种，疾病，如元稹《祭翰林白学士太夫人文》："太夫人推挤堅之念，悯绝浆之迟，问讯残疾，告谕礼仪"；第二种，残废，犹指肢体方面，如郑观应《盛世危言·学校》："下至聋瞽瘖哑残疾之人，亦莫不有学，使习一艺以自养"。参见罗竹风主编《汉语大词典》（第 5 卷），汉语大词典出版社 1990 年版，第 170—171 页。

[③] Rachel Adams, etc. , "Disability", in Rachel Adams, etc. , eds. , *Keywords for Disability Studies*, New York and London：New York University Press, 2015, p. 6.

"创造了一种人的身体应该如何的支配和霸权性的构想"。①

在当代,"残疾"一词所指代的现象十分复杂,其外延并不十分明确。大众意识最容易将残疾人与轮椅使用者联系起来,国外一些残疾人权利运动也常常将轮椅图案作为运动的标志,但这在整个残疾人群体内部有争议。联合国《残疾人权利公约》指出,残疾人包括肢体、精神、智力或感官有长期损伤的人。②《中华人民共和国残疾人保障法》则将残疾分为视力残疾、听力残疾、言语残疾、肢体残疾、智力残疾、精神残疾、多重残疾和其他残疾几类。除了通常被归类为残疾的一些身体状况,美国平等雇佣机会委员会(Equal Employment Opportunity Commission)也将癌症、糖尿病、艾滋病、强迫症等看作残疾。由此可见,同种族和性别范畴不一样,残疾指代的现象纷繁复杂。残疾人群体的内部差异也比较大,政治诉求也不尽相同,以"残疾人"一词代指肢体残疾人、盲人、聋人、智力残疾人、自闭症患者等的加和在某些情况下是有问题的,这可能为统括性的残疾研究制造了麻烦。

残疾在哲学史中并非常见的范畴,原因可能在于其含义的不确定性。有人即指出:"对一般意义上的'残疾'或'残损'缺少注意力可能有一个简单的解释:直到19世纪科学思想把不同的人体机能或形态归入异常或偏离的范畴为止,并没有这样的概念为人所注意。"③

残疾范畴在哲学史中不常见的另一个原因是"大众文化通常将残疾与缺陷、不足和瑕疵挂钩,也就是与哲学史力求超越或克服的状态挂钩"④。哲学史上多数的哲学理论都具有一种批判现实的维度——摹画一种理想状态,以映射时代的问题。而残疾现象作为一种直观的缺陷,很难作为严肃的哲学主题来处理。不仅如此,就哲学而言,"残疾、畸形和疾病似乎亵渎惯常

---

① Lennard J. Davis, "Introduction: Disability, Normality, and Power", *The Disability Studies Reader* (*Fourth Edition*), in Lennard J. David, ed., New York and London: Routledge, 2013, p. 5. 详见本书第七章第一节。

② 《残疾人权利公约》,转引自中国残疾人联合会,https://www. cdpf. org. cn/zwgk/zcwj/zcfg/b9401df2adc64e52b06aa18c6fd04fe0. htm.

③ David Wasserman, etc., "Disability: Definitions, Models, Experience", *The Stanford Encyclope-dia of Philosophy*, Summer 2016, https://plato. stanford. edu/archives/sum2016/entries/disability/.

④ Anita Silvers, "Feminist Perspectives on Disability", *The Stanford Encyclopedia of Philosophy*, Spring 2021, https://plato. stanford. edu/archives/spr2021/entries/feminism - disability/.

理论假定和实践的适用性。残疾抵制进入哲学理论的例子在该学科的历史中比比皆是"①。

以柏拉图的哲学为例,《理想国》中有这样一段话:"优秀者的孩子,我想他们会带到托儿所去,交给娭姆抚养;娭姆住在城中另一区内。至于一般或其他人生下来有先天缺陷的孩子,他们将秘密地加以处理,有关情况谁都不清楚。"②"秘密地加以处理"常被一些人看作古希腊—罗马世界中杀害畸形婴儿的习俗的委婉说法,但是《蒂迈欧篇》也有一段相关的文字与这样的解读不相符:"进一步,质地较好的一类小孩要给予特别的教育,而较差的则秘密地分散到国家的其他地方,并对他们进行观察,随时发现那些值得教育的并把他们领回来,与那些后来发现不配继续接受教育的加以互换。"③ 综合来看,柏拉图似乎并未主张弑婴的做法,他所说的可能是将有缺陷的婴儿遗弃到远离城邦的地方抚养,而且一旦发现他们发育良好,就会重新将其接纳。但是弑婴论的影子在当代生物伦理学家彼得·辛格(Peter Singer)的著述中却能够找到。辛格受杰里米·边沁(Jeremy Bentham)的功利主义思想的影响,声称为实现"最大多数人的最大幸福","增加严重残疾儿童的数量以加重有限资源的负荷是不明智的",因为"人类婴儿一出生并不具有自我意识,或能够理解它们的持续存在。它们并不是人",而猪、狗、大猩猩等却有自我意识;与这些动物相比,新生儿的道德地位更低。④ 而严重残疾的婴儿即便能活下来,也注定十分悲惨,以致容许他们存活是不人道的。所以,"一生下来就严重残疾的新生儿的父母,同其医生一起,可以决定该婴儿的生死"⑤。辛格在第二版《实践伦理学》(Practical Ethics)中列举了一些"严重残疾"的情形:

---

① Anita Silvers, "Feminist Perspectives on Disability", *The Stanford Encyclopedia of Philosophy*, Spring 2021, https://plato.stanford.edu/archives/spr2021/entries/feminism – disability/.

② [古希腊] 柏拉图:《理想国》,郭斌和、张竹明译,商务印书馆1986年版,第194页。

③ [古希腊] 柏拉图:《蒂迈欧篇》,谢文郁译,上海世纪出版集团2005年版,第13页。

④ Louise Gosbell, " 'As long as it's healthy': What Can We Learn from Early Christianity's Resistance to Infanticide And Exposure?" *ABC*, December 18, 2020, https://www.abc.net.au/religion/early – christianitys – resistance – to – infanticide – and – exposure/10898016.

⑤ Peter Singer, *Practical Ethics* (*Second Edition*), Cambridge: Cambridge University Press, 1993, p. 342.

有理由做这样的决定（弑婴），如果一个婴儿生下来就例如先天无脑（anencephaly）（该词意指"无脑"且处于这种状况的婴儿绝没有拥有意识的希望）或者染色体异常，如 18 三体综合征，这种情况下神经系统、内部器官和外部特征出现异常，并且死亡会在数月或至多两年内发生，或者严重的脊柱裂——外露的脊髓会致使腰部以下瘫痪、大小便失禁、脑积水，并且通常会出现智力迟滞。①

除了这些，辛格还提到了唐氏综合征，指出虽然患儿未来可能不会遭受很多痛苦，但相比正常婴儿，他们需要长久和更多的照料和关注，因此无法负担这些的家庭可以选择让其"迅速和无痛苦地"死掉。② 辛格此书出版于20 世纪 90 年代，而在此不久之前，美国社会就出现了与其观点有关的两起事例，引起了举国关注，它们分别被称作"多伊宝宝"（Baby Doe）和"简·多伊宝宝"（Baby Jane Doe）。1982 年，美国印第安纳州布鲁明顿市的一对夫妇接受了医生的建议，没有对患有唐氏综合征的婴儿进行治疗食管梗阻的手术，以致这个后来为人所知的多伊宝宝被活活饿死。有权威医生指出，导致这种悲剧的根本原因不在于手术的高风险性吓退了这对夫妇，而在于多伊宝宝因患智力残疾而被舍弃。翌年，长岛的简·多伊宝宝又为公众所知。他生来具有开放性脊柱（open spinal column），其父母选择不做治疗，即便这可以延长生命。两个事例中的父母虽然没有直接杀害襁褓中的婴儿，但其拒绝采用医疗手段救治他们的做法促成了与主动弑婴一样的结果。美国社会对此反应强烈，联邦政府于是在 1984 年修改了虐待儿童相关法案，规定不应以父母的主观意愿和对儿童生活质量的评估为依据而放弃医疗施救。哲学家的观点加以推理有时会得出比日常生活中人们所持的观念更为严苛的结论，辛格的弑婴论就是一个很好的例子。

古希腊哲学家中不止柏拉图论及残疾，亚里士多德关于"自然奴隶"的论述也常为残疾研究的学者所提及，这涉及智力残疾，并且同样被看作一种缺陷：

---

① Peter Singer, *Practical Ethics*（*Second Edition*）, Cambridge：Cambridge University Press，1993，p. 342.

② Peter Singer, *Practical Ethics*（*Second Edition*）, Cambridge：Cambridge University Press，1993，pp. 342 – 343.

这里我们就可以结论说，人类的分别若符合于身体和灵魂，或人和兽的分别，——例如在专用体力的职务而且只有在体力方面显示优胜的人们，就显然有这种分别——那么，凡是这种只有体力的卑下的这一级就自然地应该成为奴隶，而且按照上述原则，能够被统治于一位主人，对于他实际上较为合宜而且有益。所以，凡自己缺乏理智，仅能感应别人的理智的，就可以成为而且确实成为别人的财产（用品），这种人就天然是奴隶。①

缺乏理智的人类是自然奴隶，亚里士多德认为其可以受到别人的宰治。17世纪的英国哲学家约翰·洛克（John Locke）也认为由于身体机能异常而导致的理智缺陷使人得不到与其他人相同的道德和政治地位。他主张平等建基于身心能力的平等，"同种和同等的人们既毫无差别地生来就享有自然的一切同样的有利条件，能够运用相同的身心能力，就应该人人平等，不存在从属或受制关系"②。这种身心能力的平等使人们无权相互利用，彼此毁灭。所以洛克不同意托马斯·霍布斯（Thomas Hobbes）的观点，认为自然状态并不是"人对人是狼"的战争状态，其中每个身心能力相同的人都是平等和自由的；而精神病者和白痴（lunaticks and ideots）在理智方面具有缺陷，不能享有这样的平等和自由：

如果由于超出自然常规而可能发生某些缺陷，以致有人并未达到可被认为能够了解法律、从而能遵循它的规则而生活的那种理性的程度，他就决不能成为一个自由人，也决不能让他依照他自己的意志行事（因为他不知道他自己的意志应有限制，并不具有作为它的正当指导的悟性），在他自己的悟性不能担负此项责任时，仍须继续受他人的监护和管理。所以精神病者和白痴从来不能脱离他们父母的管束。③

---

① ［古希腊］亚里士多德：《政治学》，吴寿彭译，商务印书馆2009年版，第15页。
② ［英］约翰·洛克：《政府论》（下篇），叶启芳、瞿菊农译，商务印书馆1996年版，第5页。
③ ［英］约翰·洛克：《政府论》（下篇），叶启芳、瞿菊农译，商务印书馆1996年版，第38页。

洛克和霍布斯都提出了各自的契约论。而近代契约论思想包含两个共同的理论假设：其一，契约主体身心能力大致平等；其二，加入契约的动机在于互惠互利。这样的理论假设排除了严重肢体残疾人、智力残疾人和精神残疾人等残疾群体，制造了"局外人问题"（Outlier Problem）。① 因为很明显，他们的身心能力不能给其他契约主体带来好处，或者制造足够威胁，以使其在谈判过程中具有充分的话语权力。而且，有些残疾人看起来只会消耗合作产生的加和收益，成为所有契约主体的负担。罗尔斯的当代契约论也继承了经典契约理论的这两个假设。他说："我一贯并且继续假定，公民虽然能力并不相同，但他们的道德、智力和身体能力在最低限度上足以使其终生成为完全的社会合作成员。"② 在另一处行文中他也指出，契约各方的"各种自然禀赋，如力量和智力，都处于正常范围"③。罗尔斯也多次强调，他们之所以愿意脱离自然状态，是因为即将组建的社会是共同合作以产生互惠利益的社会，"社会合作使对所有人来说一种比单个人自己努力过的生活更好的生活成为可能"④。很多残疾人看起来从这样的合作机制中索取的好处比贡献的多，顺理成章他们也难以为契约各方所接纳。残疾人问题给罗尔斯的正义论制造了一个困难，他本人也意识到了："因为我们假定人们终生是正常和完全的社会合作成员，并因此有承担那种角色的必备能力，那么问题来了，那些包含很多情形的，或者（由于疾病或事故）暂时地，或者永久地，满足不了这种条件的人应该得到什么呢？"⑤ 他承认对于这样的问题，"作为公平的正义""可能会失败"。⑥

罗尔斯在阐述"正义之环境"（circumstances of justice）时深受比洛克稍晚的英国哲学家大卫·休谟（David Hume）的影响，即便后者不是一位契约

---

① 详见本书第九章。

② John Rawls, *Political Liberalism* (*Expanded Edition*), New York：Columbia University Press, 2005，p. 183.

③ John Rawls, *Political Liberalism* (*Expanded Edition*), New York：Columbia University Press, 2005，p. 25.

④ John Rawls, *A Theory of Justice* (*Original Edition*), Cambridge, Ma. and London, The Belknap Press of Harvard University Press, 1971, p. 4.

⑤ John Rawls, *Political Liberalism* (*Expanded Edition*), New York：Columbia University Press, 2005，p. 21.

⑥ John Rawls, *Political Liberalism* (*Expanded Edition*), New York：Columbia University Press, 2005，p. 21.

论者。休谟曾指出，在身心能力完全不平等的主体之间，根本不存在正义问题。他说：

　　假定一种物种与人相杂处。他们虽然是理性的，但具有十分劣势的身心力量，以致在面对最极端的挑衅时，对起来反抗和使我们感受其愤怒的反应都做不到。我认为必然的后果是，我们在利用他们时应受人道原则（laws of humanity）的牵制，而严格来说，同他们的关系不应处于任何正义理念的规范之下，他们也不应拥有任何权力或财产，这些都独属于（我们这些）专断的主人。我们同他们的交往不可以称为预设了一定程度的平等的社会，而是发出绝对命令的一方，和卑服屈从的另一方。无论我们觊觎什么，他们必须立即奉上；我们的允许是（他们）唯一的所有权，他们因此保留物品；我们的同情和善良是仅有的限制，他们由此安抚我们无法无天的意志。并且因为自然中稳固存在的权力滥施不会引起任何不安，正义和所有权的限制变得完全无用，也不会在如此不平等的联合中占有任何位置。①

　　正义原则是能力大致相等的人们达成的，不存在于这些人与残疾人之类的至弱者的关系之中，这是古今契约理论隐含的共同立场。当代一些性别和种族研究者已经揭示出这些理论所假定的契约主体并不具有普遍性，而暗含着对女性和弱势种族的排斥。然而女性和其他人种很容易安放在契约论框架中，而不违背上述两个理论假定，但是残疾人形成的局外人问题就很难如此轻易解决了。

　　以上所述多归属哲学史中的道德和政治哲学观点。残疾现象在认识论中也罕有呈现，其中值得提及的是与盲人有关的"莫利纽兹问题"（Molyneux's Problem）。1688 年 7 月 7 日，其妻子是一名盲人的威廉·莫利纽兹（William Molyneux）致信洛克，提出了一个至今还在争论的问题，即如果通过触摸教会先天失明的人区分正方体和球体，那么复明后他是否能通过视觉马上识别二者？② 洛克本人给出了否定的答案。

---

① David Hume, *Enquiries Concerning the Human Understanding and Concerning the Principles of Morals*, in L. A. Selby-Bigge, M. A., ed., Oxford: Clarendon Press, 1902, pp. 190–191.

② Marjolein Degenaar and Gert-Jan Lokhorst, "Molyneux's Problem", *The Stanford Encyclopedia of Philosophy*, Winter 2021, https://plato. stanford. edu/archives/win2021/entries/molyneux-problem/.

乔治娜·克里格（Georgina Kleege）指出，盲人形象不仅出现于莫利纽兹问题，也时常出现于西方哲学传统中的其他地方。通过分析支撑各种思想观点的盲人论据，我们能看到那些感觉官能正常的哲学家对残疾现象有多缺乏了解，且会做出怎样一厢情愿的推断。勒内·笛卡尔（René Descartes）曾使用过盲人假设，但他笔下的盲人令读者困惑不解。他将盲人用木棍探测周边环境同视觉相提并论，有时将木棍探查道路上物体的密度和弹性比作光作用于视力正常者眼中的物体，有时又在思想实验中认定盲人可以通过两根木棍触碰不同物体时形成的夹角来判断距离。但是对盲人的这种描绘并不准确，显示出笛卡尔并没有求教过现实中的盲人，没有获得第一手经验资料。笛卡尔假定盲人通过木棍形成思维图画，生成类似于视觉中呈现的周围环境，但是木棍主要是一种与听觉而非视觉有关的工具，主要用来发现障碍物，而不是在盲人的脑海中勾画周遭物体的位置和距离。克里格认为："在笛卡尔将视觉描述为触觉的伸展或超感形式的意念里，看起来他在他的心中重新造了个盲人，那里眼睛必须同为一根或两根木棍所延长的手指相符。"①

笛卡尔没有认识到"残疾人的身体异于常人，他们有时也会形成异于常人的认知方法和能力"②。一般认为，德尼·狄德罗（Denis Diderot）对盲人的看法更接近当代残疾理论的观点。他在《供明眼人参考的论盲人书简》（*Letter on the Blind for the Use of Those Who See*，以下简称《书简》）中提及来自皮伊索（Puiseaux）的一位真实的盲人。狄德罗描绘了他帮助其儿子学习的场景，展示了盲人有爱和有知的一面。但是克里格指出，《书简》中的一些语句与笛卡尔的立场没有本质差异，仍落于盲人假设的窠臼。狄德罗说："一个同伴问我们的盲人朋友是否想要一双眼睛。他答道，'如果不纯为好奇，我很想获得一双长臂：对我来说我的手会告诉我比你们的眼睛或望远镜得到的月球上的更多事情'。"③ 这里仍将视觉比作盲人的触觉。除此以外，狄德罗还

---

① Georgina Kleege, "Blindness and Visual Culture: An Eyewitness Account", *The Disability Studies Reader*, in Lennard J. Davis, ed., New York and London: Routledge, 2013, p. 448.

② Silvers, Anita, "Feminist Perspectives on Disability", *The Stanford Encyclopedia of Philosophy*, Spring 2021, https://plato.stanford.edu/archives/spr2021/entries/feminism–disability/.

③ Georgina Kleege, "Blindness and Visual Culture: An Eyewitness Account", in Lennard J. Davis, ed., *The Disability Studies Reader*, New York and London: Routledge, 2013, p. 451.

怀疑盲人的共情能力。他认为共情的出现以通过视觉获得周围环境的相关信息为前提条件，但是盲人仅仅通过声音分不清一个人是在撒尿还是在流血，所以他们会表现得冷漠无情。克里格认为，这里狄德罗同笛卡尔一样也是在用"想当然的盲人"来作一厢情愿的推断。狄德罗预料当血流声达到撒尿声的程度时，受伤者会喊叫以引起盲人的注意和共情。但即便受伤者是个哑巴，这两种液体的黏稠度和气味也并不相同，而这些信息会通过视觉以外的其他感官传递到盲人的意识中。

解决莫利纽兹问题，证明上述种种认识论推断的真实性需要探查现实社会中盲人的具身经验，而不是求教哲学家臆想的那个盲人。这里并不只是哲学家无端揣度的问题，也表现了西方哲学传统中存在的一种"视觉中心主义"倾向，即将视觉看得比其他感觉更重要，看得与理性结合得更紧密——能看到事物比听到、闻到、尝到和摸到事物使人更接近真理，所以就盲人而言，他们丧失的不仅是一种感觉官能，也可能是一种理智能力。换句话说，"盲"是一种理智上的迷乱，没有任何社会价值，这样的观点还为乔治·贝克莱（George Berkeley）、埃蒂耶那·孔狄亚克（Etienne Condillac）、戈特弗里德·莱布尼兹（Gottfried Leibniz）和伏尔泰（Voltaire）等人所坚持。[1] 克里格指出，西方哲学传统中时常出现的盲人假设中的盲人：

> 作为各种意识理论的支撑长期地扮演了一个用处大但又出力不讨好的角色。他是无数思想实验中耐得住性子的主角，其中（除视觉外）四种感觉对世界的经验被拿来同五种感觉的经验作对照。他被要求描述他对特定视觉现象——透视、反射、折射、颜色、形状识别——和视觉辅助与增强技术——平面镜、透镜、望远镜、显微镜——的理解。他被看作在社会的最边缘过着隐士般的生活以致在哲学家告诉给他之前他从未听说过这些视觉术语……他的主要用处是突出视觉的重要性，并引起害怕和怜悯，这引起视力正常的理论家对自己拥有视力的感激之情。[2]

---

[1]　D. A. Caeton, "Blindness", in Rachel Adams, etc., eds., *Keywords for Disability Studies*, New York and London: New York University Press, 2015, p. 35.

[2]　Georgina Kleege, "Blindness and Visual Culture: An Eyewitness Account", in Lennard J. Davis, ed., *The Disability Studies Reader*, New York and London: Routledge, 2013, pp. 447–448.

视觉中心主义不仅存在于哲学理论，也存在于大众意识中。克里格举了"9·11事件"之后吉姆·格雷（Jim Gray）对盲人音乐家雷·查尔斯（Ray Charles）的采访，后者演奏的"美丽的美利坚"（American the Beautiful）在当时广为传播。格雷认为查尔斯应该感到幸运，因为失明使其看不到世界贸易中心垮塌和五角大楼着火的画面。同狄德罗一样，这里格雷也假定了恐怖主要通过眼睛觉知，而盲人难有共情的体验，所以显得对周围世界的凄惨境况无动于衷。但是经历事件发生的人们却感到很难描述他们所看到的，一方面是因为遮天蔽日的浓烟和灰尘；另一方面是因为语言中没有合适的视觉词汇来形容这种罕见的场景，"人们转而述说掉落的尸体砸向地面的声音，（踩在）遍布街道的脚踝深的尘土的特殊感觉。但是对多数电视观众来说，他们作为远远的目击者，想起此事件时（只）会有难以忘怀、强烈和鲜明的画面感"①。所以，对世界的认知需要眼睛之外的其他感觉器官的参与，失去视觉并不代表认识世界的信息通道被彻底阻塞。盲人是用常人所体会和理解不了的感觉方式来认识世界，而这样的方式仅仅是一种不同，而不是缺陷。许多盲人作家不认为他们可悲地"失明"（losing sight）了，而是说自己"获得了盲能力"（gaining blindness），他们"急切地想把自己对盲的体验表征为与丧失视力不对等。不像（哲学家）假设的那个盲人，他们并不觉得自己有缺陷——正常人失去了视力——而（觉得自己）是完完整整的人，他们已学会用不同的方式来处理他们非视觉化的感觉"②。

当代西方一些哲学家继承了哲学传统中残疾现象即是一种缺陷状态的观点，也遭遇了一些难解之谜。以2017年去世的英国道德哲学家德里克·帕菲特（Derek Parfit）提出的"非同一性"（Non–Identity）问题为例，它的大意是：假定一位女性选择很快怀孕，她会生出一个患有轻度先天残疾的婴儿，如果她选择延后一年怀孕，则她生下的婴儿就是正常的；如果这位女性很快怀孕并生出了一个残疾婴儿，那么他是否应该埋怨自己的母亲，把自己不健康的身体状况归咎于她呢？这种责难在很多人看来是正当的。但是帕菲特指

---

① Georgina Kleege, "Blindness and Visual Culture: An Eyewitness Account", in Lennard J. Davis, ed., The Disability Studies Reader, New York and London: Routledge, 2013, p. 450.

② Georgina Kleege, "Blindness and Visual Culture: An Eyewitness Account", in Lennard J. Davis, ed., The Disability Studies Reader, New York and London: Routledge, 2013, p. 453.

出，如果这位母亲选择延后生育，那么生下的婴儿就不是他，同根本就不在世界上出现这种情形相比，这个残疾婴儿又有什么可抱怨的呢？延后还是不延后生育这两个事件中的相关主体并不是同一的，我们也不能在评判它们时说哪个伤害或造福了谁。[①] 帕菲特的非同一性问题引起了学界的广泛关注，但是很少有人对其假定——残疾是一种缺陷——作批判性分析。

综上所述，哲学史中残疾范畴并未成为一个严肃的主题。与残疾现象相关的一些论述多将其看作身体的一种缺陷和不完满状态，以映射一种理想，或衬托认识论意义上健全身体机能的优越性。在推论社会的正义原则时，理论家多认为残疾人群与其他人之间不存在言说正义的环境，没有深入考虑排除前者而构造的正义原则是否恰切；在谈论对如自闭症等一些精神残疾的处理时，也有人认为剥夺患儿生命的做法并非不正当，没有想到人的精神状态可能是多样的而不能作随意的价值裁断；在建构意识理论时，也有很多哲学家想当然地以失明的可怖来突出拥有视觉的重要性，但他们却从未真正获得关于盲的第一手经验资料。这种局面随 20 世纪下半叶以来残疾人权利运动的兴起，以及很多哲学家（尤其是残疾人哲学家）参与的残疾研究学科的出现而被极大地改善了。

第二节　残疾人权利诉求

美国五分之一的人口（超过五千万人）有各种各样的残疾，构成了最大的少数群体。历史上，残疾人同有色人种一样也遭到各种各样的歧视。他们在生活中与主流社会相隔离，得不到良好的成长环境，接触不到完善的教育条件，也没有与正常人一样的雇佣机会和政治权利。长期以来，尤其自 19 世纪开始，残疾人异常的身体或心理机能被视为缺陷、偏颇或疾患，或者亟须医疗手段的纠正，或者因无法纠正而为主流社会所嫌弃。整个社会环境是身心健全者为自己量身打造的，没有考虑包容残疾人的生活需求——进入一些公共建筑物需要攀爬高陡的阶梯，公共交通工具的设计不能使轮椅使用者方便进入，工业品和文化产品也没有考虑盲、聋和哑等群体的消费需求，更有甚者，一些智力或精神残疾人除了被禁锢，还遭受着不同形式的虐待。在这

---

① 参见 Derek Parfit, *Reasons and Persons*, Oxford: Clarendon Press, 1984, pp. 321 – 348。

样的社会氛围下，为了避免污名化，一些残疾人竭尽全力掩饰自己的残疾，如双腿意外残疾的美国第 32 任总统富兰克林·罗斯福（Franklin Roosevelt）也不得不如此。作为政治人物的难能可贵或者说不得已之处，是他将这种无可挽回的弱点转化成了自己的优势。

> 在肉体上他经历了一个变革，仿佛是为他残废的双腿做出补偿似的，他的两肩和胸部变得强壮、肌肉发达。他曾经高兴地大声说自己身体的这几部分"就连杰克·登普①看了也要羡慕的"。他的残废意味着他只能乘坐轮椅，或者由别人搀扶着才能走动。豪规定绝不能在公共场合搀扶他，但是他的侍从人员在做这方面的工作中已经变得很内行了。他那残废的双腿实际上已经成为他的一种政治财产了。它们为他赢得了同情，否则，他就可能得不到这种同情。②

20 世纪中叶以来，美国出现了以黑人权利运动为代表的轰轰烈烈的民权运动。受此影响，残疾人权利运动也广泛开展起来，并取得了伟大的胜利。虽然不同残疾人群的社会诉求不尽相同，并且多数情况下运动都以具有某种特定残疾的群体独自组织起来开展，但总而言之，残疾人权利运动具有共同的主题——正义、机会平等和合理便利（reasonable accommodation）。以下将按时间顺序简介美国和英国残疾人权利运动的一些标志性事件。从这些事件中，我们可以了解这场运动的一般特质。

1962 年，艾德·罗伯茨（Ed Roberts）进入加州大学伯克利分校，成为该校首位使用轮椅的学生。因为学校宿舍不具有无障碍设施，他只能住在校医院里。罗伯茨不得不接受，但要求他的住处作为学生宿舍而非医疗设施来管理。其后，他联合一些后续入学的残疾学生开展了一系列社会活动，推动了"独立生活"（independent living）理念的形成和传播。"独立生活"反对把残疾人作为社会的负担，作为单纯的福利消耗者来看待，呼吁社会取消对残疾人的各种隔离手段，并为残疾人提供便利条件，以帮助其满足"正常人"很容易满足的对参与各种社会生活的需求。有残疾人社会机构将"独立生活"

---

① 美国重量级拳击冠军。

② ［美］詹姆斯·麦格雷戈·伯恩斯：《罗斯福传》，孙天义等译，商务印书馆1992年版，第128页。

概括为：

> 独立生活并不意味着我们自己不需要任何人以独自做任何事情。独立生活指的是我们要获得日常生活中那些相同的选择和能力，这些是我们非残疾的兄弟姐妹、邻里和朋友等习以为常的。我们想在自己的家里成长，去附近学校上学，像邻居一样乘坐公交车，在同我们的教育和兴趣一致的岗位上工作，并且供养自己的家庭。我们就是普通人，拥有被包容、承认和爱的相同需求。①

1972 年，纽约城长岛地区的威洛布鲁克国立学校的内幕被一位记者披露。这座曾被称作"蛇窝"的学校有超出其容纳数量的残疾学生，并且很多人都有智力或精神残疾，他们遭受着骇人听闻的对待：一个雇工平均要照看六七十名学生，根本顾不过来；卫生条件极度恶劣，学生们在走廊里衣不蔽体；学校管理者经常对学员进行殴打或性侵；等等。此事引起公愤并最终导致该学校关闭，然而对残疾人的体制化（institutionalization）措施和虐待仍广泛存在。2012 年的一段视频即曝光了马萨诸塞州坎顿市一家教育中心的员工在 7 小时内用电棍对一名自闭症患者进行了 30 余次的殴打，理由是后者脱不了上衣。

1976 年，英国肢体残疾人反隔离联盟（Union of the Physically Impaired Against Segregation，UPIAS）通过了一份具有重要历史意义的文件，直接催生了认识残疾的一种新视角——"残疾的社会模式"（social model of disability）②，带动了人文领域里残疾研究的形成和发展。该文件反对将残疾现象仅仅归结为个人的身体和心理特质，以作一种生物医学的理解；而是区分了残损（impairment）和残疾（disability），将后者归结为不友好的社会环境制造的。根据这份文件，残疾人群的福利水平之所以低下，他们在社会生活的各个层面之所以面临种种障碍，很大程度上是由没有包容其合理需求和能力的社会造成的。残疾人的生存问题关乎正义，而非慈善，社会没有尽到包容有不同身心特质的残疾人的义务。该文件指出："在我们看来，正是社会使肢体

①　Adolf Ratzka, *Independent Living Institute*（*ILI*）, 2005, http://www.independentliving.org.

②　参见本书第二章。

受损的人变残了。残疾是施加于我们的残损之上的东西，由此我们被不必要地孤立和排除于全面地参与社会生活之外了。因此残疾人是社会中的受压迫群体。"① 而且，残疾人有关于自己身心状态的切实体验，了解自己怎么样和需要什么，所以有关残疾问题的话语权应该掌握在残疾人自己手中，而这种权力曾长期地被非残疾的医生、社会学家和政客等所篡夺。对于残疾人而言，"无我（参与）则无关乎我"（nothing about us without us）：

> 我们也拒绝"专业人士"的所有观点，他们滔滔不绝地说我们应该如何对待自己的残疾，或者作关于残疾（disablement）"心理学"的大言不惭的演讲。我们比任何身体机能健全的专家都更能体会到贫穷、被孤立、被隔离、被屈尊俯就、被注视和被轻视的感觉。加入联盟的我们对残疾有多么可怕的描述不感兴趣。我们感兴趣的是改善我们生活条件的途径，并因而除去社会施加于我们残损的身体上和借此把我们排除在外的残疾。在我们看来，我们仅仅接受事实上的残损，而要克服和不接受那些由对待我们的方式所引起的额外和完全不必要的问题。我们希望以后社会和心理问题的"专家"团队能找到更有生产性的工作。②

1977 年 4 月 5 日，美国多地爆发了残疾人群体抗议当局的静坐活动。他们的诉求是颁行"康复法案"的 504 部分。该部分要求接受联邦财政支持的任何机构不能以残疾为由歧视公民。虽然数年前对该法案的起草就已经展开了，但因为各种各样的阻力，它迟迟未获颁布。不满的残疾人冲入了旧金山等城市的健康、教育与福利部门，静坐了数周，最终迫使政府在 4 月 28 日签署了施行该法案的 504 部分的规定。"康复法案"的 504 部分被看作 1990 年颁布的《美国残疾人法案》（*Americans with Disabilities Act*）的先驱。静坐的成功对残疾人权利运动起到了推波助澜的作用，此后残疾人参与社会运动的热情得到了极大的提高。1978 年 7 月 5 号，丹佛市（Denver）亚特兰蒂斯社团

① Union of the Physically Impaired Against Segregation and The Disability Alliance，*Fundamental Principles of Disability*，Union of the Physically Impaired Against Segregation and The Disability Alliance，22nd November，1975.

② Union of the Physically Impaired Against Segregation，*Union of the Physically Impaired Against Segregation*，9th August，1976.

(The Atlantis Community）的 19 名肢体残疾人在市区主干道推开轮椅，阻塞交通，抗议公共事业机构新添置的一批公交车没有安装无障碍设施。他们的抗议活动也取得了胜利，促进了美国社会无障碍环境的建设。

1988 年 3 月 6 日，华盛顿高立德大学（Gallaudet University）作为一所为聋人设置的人文教育机构，任命了一位听力正常者为校长。该校的聋人学生决定不再忍受这种惯例，组织起来开展了被称作"现在就要聋人校长"（Deaf President Now）的抗议活动。数日后，学校最终产生了首位聋人校长。

1990 年，《美国残疾人法案》颁布前夕，不同社会力量围绕该法案具体条例的博弈日趋白热化，各种争议迟迟无法解决，谈判也时常陷入僵局。3 月 12 号，数百名残疾人在国家广场推开轮椅和拐杖，在大理石台阶上爬向国会入口。"爬向国会"（Capital Crawl）的许多参与者被警方逮捕，但它成为美国残疾人权利运动的标志性事件，在残疾人斗争史上留下了浓墨重彩的一笔。该事件一方面通过突出国家权力机构门前的台阶，而彰显了美国社会对残疾人群的不友好态度；另一方面显示了批准《美国残疾人法案》的正当性和紧迫性。7 月 26 日，时任美国总统乔治·赫伯特·沃克·布什（George Herbert Walker Bush）签发命令颁布了该法案。法案对残疾人应予满足的需求和保护的权利，以及政府和各种社会组织应尽的义务做出了具体的规定。其中十分突出的是对残疾人就业权的保护：法案要求 15 人及以上的社会组织不能在用人方面歧视残疾人，并且对于残疾雇员要提供合理便利措施，使其更容易适应工作环境。那么什么是合理便利呢？它指的是"改变通常的行事方式以满足残疾人的需求，包括但不限于，允许人们完成工作的特殊设备、改变日程以及改变制定或传送工作任务的方式等。雇主不被要求提供负担过重（极为困难或昂贵）的便利措施。享受这种便利条件的个人仍需履行必要的工作职能，达到通常的业绩要求"①。法案对用人单位的这种合理便利要求很好地保障了残疾人的就业权，广大的残疾人因此踏足职场，极大地改善了自己的生活状况，提高了对不同社会领域的参与度。除了就业保障，《美国残疾人法案》还要求社会生活的其他领域为残疾人提供更多便利条件，包括教育、交通、通讯、餐饮、住宿、娱乐等。2008 年，时任美国总统乔治·沃克·布什

---

① *Americans with Disabilities Act of 1990*, Wikipedia, November 2021, https://en. wikipedia. org/wiki/ Americans_ with_Disabilities_Act_of_1990.

(George Walker Bush) 又签署了该法案的修正案，进一步扩大了对残疾人群体的适用范围。可以说，《美国残疾人法案》及其修正案在法律层面消除了对残疾人的隔离制度，维护了残疾人的各项权利，对提升残疾人的社会地位、改善他们的处境具有重要的历史意义，同时它也是数十年残疾人权利运动的结晶。

受《美国残疾人法案》影响，残疾人权利运动如火如荼地开展起来。1993 年，吉姆·辛克莱（Jim Sinclair）在多伦多自闭症国际会议上的一番讲话推动了神经多样（Neurodiversity）运动的开展。辛克莱针对自闭症患者的父母经常表现出忧伤和失落，说道："你们并不是因自闭症而失去孩子，你们失去的是你们期盼但并未生出的孩子，这并不是已经出生的自闭儿童的过错，也不应该是我们的负担……为了你们破碎的梦，如果想悲痛就悲痛吧，但不要为我们感到悲伤，我们活着，我们存在着，我们等候着你们（的接纳）。"[1]神经多样运动挑战了大众对标准精神状态的认知，强调人的精神状态是多样化的，自闭者所展露的那种"异常"或"偏离"可能不是一种有待纠正的疾患，而是一种有价值的差异。

从 20 世纪 90 年代开始，一场关于帮助严重残疾者或罹患绝症者自杀的争论展开了。一种很强的声音认为这些人活着也没有尊严，不仅作为累赘耗费社会的医疗福利，折腾自己的亲人朋友，让世界不得安宁，而且也经常遭受身体的剧痛、精神的折磨，所以不如帮他们通过死亡解脱。这样的观点主要来自非残疾的医生、学者或普通大众。在他们眼里，残疾是一种洪水猛兽，令人嫌弃和唯恐避之不及，而患上残疾则是一种彻头彻尾的不幸。很多残疾人对这样的观念深恶痛绝，指出其毫无根据。争论催生了残疾人权利组织——"还没死"（Not Dead Yet），该组织在其网页中声明"反对针对老人、病人和残疾人形成致命歧视的有关安乐死和辅助自杀的立法。'还没死'要求法律对所谓'怜悯杀害'（mercy killing）的施加对象平等保护，他们的生命被看作毫无价值"[2]。针对争论涉及的残疾与尊严问题，该组织对"为什么不需要以死获取尊严"的问题答道：

---

① 参见 Julia Carmel，"'Nothing About Us Without Us'：16 Moments in the Fight for Disability Rights"，*The New York Times*，29th July，2020.

② "Who We Are"，*Not Dead Yet*，https：//notdeadyet. org/about.

在一个强调身体机能并使残疾污名化的社会里，机能健全者先前将残疾对等于失去尊严是毫不惊奇的。这反映了普遍但侮辱人的社会判断：面临如小便失禁等其他身体功能紊乱的人毫无尊严。残疾人担忧的是这些与残疾相关的精神–社会因素成为辅助自杀的广为接受的证据。①

2004 年，芝加哥举行了首次"残疾自豪"（disability pride）游行，此后世界各地涌现了很多类似的活动。参与者希望借此向公众展示残疾不是缺陷和弱点，而是一种有价值和力量的身份特质；残疾人也无须掩饰自己的机体状况，而应该大胆地表露自己，张扬自己的个性。但是如前文所言，残疾是十分复杂的现象，某些残疾伴有严重的身心不适，对此不作区分而将拥有异常身心特质与身份政治中的自豪概念勾连起来是有问题的，本书第八章也会涉及这一点。

总而言之，"第一波残疾权利运动通过将拥有尊严和受到尊敬的基本人权与获得教育、雇佣、居住和出行机会这样的具体目标相衔接而谋求把它们确立下来"②。这些权利在运动推动的一系列立法中得以体现，而这些立法则是运动结出的累累硕果，它们包括：美国 1973 年"康复法案"的 504 部分、英国《残疾人权利宣言》（1975）、《美国残疾人法案》（1990）、《不列颠残疾歧视法案》（1995）和《联合国残疾人权利宪章》（2008）等。有了法律的保障，广大残疾人开始摆脱与主流社会相隔离的状态，积极寻求自己的教育、就业和发展机会，在各个领域大胆传递自己的声音。社会环境也得到了极大的改善，新的建筑标准对无障碍要求作了严格的规定，各类企业为新招纳的残疾雇员提供了合理便利方案，娱乐产业中也有了更多的残疾人身影，他们不再表征一种污名化的符号，而是作为习以为常的一般角色出场。大众意识对残疾的认知也有了改善，人们逐渐将残疾看作每个人都会有的经历——那种身心机能健全的状态只是暂时的，而"残疾是普遍的人类条件或共享的人类身份，每个人都会遇到"③。这样的转变也反映到学术界，许多哲学家和文

---

① "Disability Rights Toolkit for Advocacy Against Legalization of Assisted Suicide", *Not Dead Yet*, https://notdeadyet.org/disability-rights-toolkit-for-advocacy-against-legalization-of-assisted-suicide.

② Rachel Adams, etc., "Introduction", in Rachel Adams, etc., eds., *Keywords for Disability Studies*, New York and London: New York University Press, 2015, p. 2.

③ Rosemarie Garland-Thomson, "Integrating Disability, Transforming Feminist Theory", *NWSA Journal*, Vol. 14, No. 3, October 2002, p. 5.

化学家参与的新学科——残疾研究即是明证。

第三节　人文领域中的残疾研究

如上文所言，人文学界的残疾研究是残疾人权利运动在学术界的回响，其中英国肢体残疾人反隔离联盟在 1976 年通过的文件与残疾研究的诞生密切相关。该文件直接催生了认识残疾的新视角——残疾的社会模式，其与对残疾的惯常理解迥然不同。20 世纪 70 年代之前，人们多信守"残疾的医学模式"（medical model of disability），将残疾归结为个人的身体或心理问题。残疾的社会模式产生后，人们将问题的起因从个人转向社会，认为不是个人"不正常的"身心特质制造了残疾人的生存困境，而是整个社会环境没有包容残疾人特殊的身心能力和需求，将他们隔离在主流社会之外。英国肢体残疾人反隔离联盟的这份文件只是区分了"残损"和"残疾"，而并未正式使用"残疾的社会模式"一词。"社会模式"为英国学者麦克·奥利弗（Mike Oliver，1945－2019）所合成，他终生也在捍卫理解残疾的这种立场。《美国残疾人法案》通过后，人文学界对残疾的研究形成热潮。1994 年，雪城大学（Syracuse University）首次创设了残疾研究项目。2005 年，现代语言协会又将残疾研究作为"研究的一个分支"。与残疾有关的研究成果不断涌现，一些高校也设置了残疾研究的本科生或研究生课程。综合来看，残疾研究有跨学科的性质，很多哲学家、社会学家、历史学家以及文化研究者参与其中。就哲学领域而言，20 世纪 90 年代至今，以残疾为主题的学术论文频繁出现在知名的专业期刊中。以《伦理学》（*Ethics*）为例，截至 2021 年，题目中含"残疾"（disability）一词的文章数量高达 289 篇，其中多数刊载于最近二三十年，涉及契约论正义观视阈下的残疾问题、残疾人的身心特质是否为一种价值中立的差异（mere difference view）问题、残疾与其他身份特质（如种族和性别）的关系问题，等等。

伴随研究成果的不断涌现，残疾研究的平台也搭建起来。1986 年，国际性的"残疾研究学会"（Society for Disability Studies）诞生了，其初衷是将残疾研究作为一个严肃的学科领域来推进。在其官网上，它的使命被归结为：

> 促进社会、文化和政治背景下的残疾研究。残疾研究承认残疾是一种至关重要的人类经验，因此研究残疾对包括残疾和非残疾人在内的整

个社会都具有重要的政治、社会和经济意义。通过研究、艺术出品、教育和社会活动，残疾研究学会力求增进对所有文化和历史时期的残疾的理解，唤起对残疾人经验的更强意识，并拥护改善社会。[1]

该学会每年组织一次学术会议，并且出版同行评审期刊——《残疾研究季刊》（*Disability Studies Quarterly*）。除《残疾研究季刊》外，残疾研究领域还有一部专门的学术期刊——《残疾与社会》（*Disability & Society*），它们都极大地推动了该学科的发展。

残疾研究领域也涌现了一大批知名的学者，除了奥利弗，还包括罗斯玛丽·加兰-汤姆森（Rosemarie Garland-Thomson）、大卫·米切尔（David T. Mitchell）、莎伦·斯奈德（Sharon L. Snyder）、谢莉·特里曼（Shelly Tremain）、爱娃·凯蒂（Eva Kittay）、安妮塔·希尔弗斯（Anita Silvers）、伊丽莎白·巴恩斯（Elizabeth Barnes）、托宾·希伯斯（Tobin Siebers）等。作为"无我则无关乎我"的典型表现，上述很多学者本身即有残疾或有照料残疾人的体验，如格兰德-汤普森左手臂残缺、米切尔下肢瘫痪、巴恩斯患有埃勒斯·当洛斯综合征（Ehlers-Danlos syndrome）、凯蒂需要照料先天脑瘫和智力低下的女儿，等等。这些学者用第一人称的视角把对残疾的活生生的经验引入了知识领域，颠覆了一些长期存在的刻板偏见，丰富了人类现存的价值体系，也推进了对一些悬而未决的理论问题的思考。

希伯斯认为："残疾研究的首要目标是使残疾成为常规知识的对象，并因此唤醒应对令人讨厌的所谓'机能歧视'偏见的政治意识。"[2] 残疾现象不为历代哲学家重视，仅仅作为一种缺陷、偏差和低劣的现象来映衬哲学理念的完满。正如残疾人被放逐到主流社会的边缘，残疾范畴也被放逐到知识界的边缘，所以，"当哲学家先前在例如指出正义或福利理论面临的挑战，谈论稀缺医疗资源的分配，或辩论撤去有严重缺陷的新生儿的生命支持手段的时候，他们对残疾仅仅一笔带过"[3]。作为人类经验的一种丰富的来源，残疾却长久

---

① "Mission and History", *Society for Disability Studies*, https://disstudies.org/index.php/about-sds/mission-and-history/.

② Tobin Siebers, *Disability Theory*, Ann Arbor, Mi.: The University of Michigan Press, 2008, p.81.

③ Adam Cureton and David Wasserman, "Introduction", in Adam Cureton and David Wasserman, eds., *The Oxford Handbook of Philosophy and Disability*, New York: Oxford University Press, p. XXIII.

地为人所忽视，这不只是对残疾群体是否公正的问题，更是人类知识是否能够获得可靠前提和稳固基础的问题。新兴的残疾研究打破了这种局面，它不仅有助于取消社会对残疾人群体的隔离，改善其福利状况，提升其社会地位，也有助于加深人类对很多紧迫的社会问题的思考：

> 残疾研究牵涉我们这个时代很多最紧迫的争论：关于生命的始终，关于产前基因检测、堕胎、绝育、安乐死和优生学；关于公立学校、公共交通、住房和工场的空间设置；关于纠正或"治愈"婴儿、儿童和成人的非正常身体的技术；关于战时负伤、创伤后应激障碍、卫生保健和公民权。考虑到残疾人是世界上最大的少数群体，而且任何人都有变残的可能，这些问题太重要了。①

残疾研究虽然起步于 20 世纪七八十年代，但是它的发展非常迅速，涌现了很多发人深思的观点。有人比照性别研究的发展过程，将迄今为止的残疾研究热潮以 2000 年为分界点划为两波。② 其中第一波残疾研究的主题是以对残损和残疾的区分为标志反对残疾的医学模式，解读和宣扬残疾的社会模式。残疾的医学模式为过往的知识界和大众意识所信守，将残疾归结为具有个体性和生物性的现象，将残疾人面临的各种生存困境归结于他们异常的身体和精神特质，将用医疗手段"纠正"或"治愈"这种异常的身心特质看作解决残疾问题的主要途径。而残疾的社会模式将关注点从个人转向社会，强调残疾的社会构成因子，指出与有色人种和女性一样，残疾人的边缘化处境和低下的社会地位根源于主流社会的排斥和隔离：为"正常人"所霸权建构的社会环境没有给残疾人提供适于其发展的医疗、教育和就业条件，也没有给他们的出行、购物和休闲提供合理的便利设施，更不要提保障他们的政治权利。社会模式将这些看作对残疾人的压迫，所以其也被称作压迫模式。由此来看，解决残疾问题的正当途径不是医疗纠正、抛弃或怜悯杀害，而是改变社会环境的结构，为残疾人提供适于其发展需求的更加包容的生存条件。正如希伯

---

① Rachel Adams, etc., "Introduction", in Rachel Adams, etc., eds., *Keywords for Disability Studies*, New York and London: New York University Press, 2015, p. 2.

② 参见 Rosemarie Garland-Thomson, "Disability Studies: A Field Emerged", *American Quarterly*, Vol. 65, No. 4, December 2013, p. 916。

斯所言:

> 不同于医学视角,新浮现的残疾研究将残疾定义为社会非正义而不是个人缺陷的产物,这种社会非正义的产物需要的不是治疗或消除有缺陷的个体而是对社会或建筑环境作深度改动。残疾研究并不医治疾病或残疾,以求治愈或免除它们;它研究附于残疾身份的社会含义、符号或污名,它叩问这些怎样与执行排斥或压迫的(社会)体系相关,它抨击那种广为流行的信念,即身体和精神是否健全决定了某人是否是合格的人类。[1]

如果说第一波残疾研究热潮以残疾的社会模式为主题,关注的是残疾问题的经济、社会和政治向度,那么进入 21 世纪后的第二波残疾研究热潮则以残疾的社会模式作为反思和批判的对象,更加关注残疾问题的文化向度。一些学者发现,解决残疾问题只靠给残疾人开放教育、就业和从政机会,刊印布莱叶(Braille)盲文书籍,修建盲道、坡道、专用卫生间,以及在电梯中播放楼层提示音等是根本不够的。残疾的社会模式将残疾归咎于社会,但是残疾人的生存困境不仅由显性的社会环境造成,也为隐性的文化、语言结构和意识形态层面的因素所生产。陈旧的社会规则和建筑结构这样的因素对改善残疾人的福利状况所制造的阻力,与不仅在大众意识,还在知识界(尤其是医学中)中留存的一些刻板偏见所制造的阻力相比,是十分轻微的。许多学者从社会建构论的理论视阈中跳脱出来,借用很多后结构主义(poststructuralism)、现象学、后人本主义(posthumanism)、马克思主义等理论资源对残疾问题的文化向度进行了深入分析和评判。第二波残疾研究诞生了"批判的残疾理论",其中"批判"主要指文化和意识形态批判,而批判的靶子常常是机能歧视的立场,即对异常的身心特质所产生的歧视、贬损和急欲剪除的态度。加兰-汤姆森即指出:"批判的残疾研究关注的是事实身体和可欲身体在特定文化背景下如何表征。"[2] 第一波残疾研究在作了异常身体(残损)—残疾

---

[1]　Tobin Siebers, *Disability Theory*, Ann Arbor, Mi.: The University of Michigan Press, 2008, p. 4.

[2]　Rosemarie Garland-Thomson, "Disability Studies: A Field Emerged", *American Quarterly*, Vol. 65, No. 4, December 2013, p. 917.

的二元区分后，便将身体层面的因素置之不理，而专注于对社会因素的分析。但是很多学者指出，社会建构论的这种理路把残疾人的残损的身体重新交给了生物学，复刻了残疾的医学模式。特里曼等人即从米歇尔·福柯（Michael Foucault）和朱迪斯·巴特勒（Judith Butler）的理论出发，对第一波残疾研究的笛卡尔式二元论进行了消解，指出残损的身体并非一种客观的生物现象，而是特定历史时期的"知识—权力"系统生产出来的东西，残疾也如性别一样并无任何内在本质，而仅仅存在于残疾人的操演性行为之中。其他一些学者对后结构主义的这种话语分析并不满意，他们从现象学和后人本主义立场出发，指出身体并非仅仅为知识—权力系统或语言结构所塑造，残疾经验是一种活生生的力量，它与特定时代的话语体系相互作用，参与了知识的生产，所以人们应该重视残疾经验和残疾身份。批判的残疾理论极大地拓展了残疾研究的疆域。

　　以上简述了两波残疾研究的特质。还需要指出，残疾研究虽然可作一些一般性的概括，但它也存在一些地域差异，如北美的残疾研究偏重少数群体和民权的话语，北欧国家的残疾研究具有"关系模式"（relational model）的概念框架，英国的残疾研究仍然深受社会模式的影响。本书主要引介和评析英美残疾研究的成果，这里大概介绍一下北欧残疾研究的内容和特点。北欧残疾研究的典型特征在于以残疾的关系模式为理论出发点，既不信从残疾的医学模式，即将残疾完全归咎为个人身体的异常特征；也不信从残疾的社会模式，即将残疾完全归咎为社会环境的排斥，而是认为身体与社会环境间存在一种互动，两种因素在分析残疾时缺一不可。以克里斯蒂安森（Kristian-sen）对精神病的谈论为例，他认为精神病显示了异常的机体状态是实际存在的，并且这种异常能够对个体造成不利影响，而医疗手段能够缓解这种影响，同时他也分析了建构精神病的社会因子，驳斥了精神病难以康复的流行话语。[①] 除了推崇残疾的关系模式，北欧残疾研究还有一个十分明显的特点，即与福利国家政策紧密相关，如安德斯·古斯塔夫松（Anders Gustavsson）等人指出："（北欧）残疾研究的出现和发展，在某种程度上说依旧与福利国家

---

① Tom Shakespeare, "Nordic Disability Research: Reflections, Not Conclusions", in Anders Gustavs-son, eds., *Resistance, Reflection, and Change: Nordic Disability Research*, Lund: Studentlitteratur, 2005, pp. 298 – 299.

（残疾服务与服务体系，新的计划和社会改革）紧密相关。福利国家可以说为残疾研究制订了议程。"① 但是，这不是说北欧残疾研究完全为现实政策服务，失去了社会批判的向度，实际上它蕴含着一种批判实证主义（critical empiricism）的立场，力求"披露社会问题，揭穿非正义现象，识别处于贫穷状态和不可接受的生活状况的群体"②。北欧残疾研究在 20 世纪 90 年代中期之前的研究对象主要是精神残疾，研究主题是正常化（Normalisation）、融合（Integration）和去体制化（deinstitutionalisation）；其后的研究动向则涉及种类繁多的残疾，主题也更趋多元化。

最后再谈一下残疾研究与哲学的关系。由本节以上内容可以看出，新兴的残疾研究与哲学有千丝万缕的关系。许多热点问题涉及形而上学、认识论以及道德和政治哲学的内容，该领域也有为数众多的哲学家参与其中，如玛莎·努斯鲍姆（Martha Nussbaum）是著名的道德和政治哲学家，她的"能力方法"（Capacities Approach）新近为国内理论界所引入。努斯鲍姆即以残疾为例讨论了能力方法比罗尔斯的契约论的优越性。在《正义的前线》（Frontiers of Justice）一书中，她举了三个残疾人的例子：哲学家凯蒂的患先天脑瘫的女儿，自己的患阿斯伯格综合征（Asperger's syndrome）和妥瑞综合征（Tourette's syndrome）的侄子，文学批判家米歇尔·贝吕蓓（Michael Bérubé）的患唐氏综合征的儿子。努斯鲍姆结合他们的日常生活和对他们的照料经验，批判了契约论对残疾人的排斥和康德的道德理论对理性能力的过度推崇，进一步论证了能力方法的包容性。

虽然残疾研究有大量的哲学家参与其中，但是"残疾哲学"（Philosophy of Disability）的提法并不常见。维基百科检索"残疾哲学"，检索结果会直接导向"残疾研究"词条，这在某种程度上显示了二者的密切关联。特里曼在其《福柯和女性主义的残疾哲学》（Foucault and Feminist Philosophy of Disability）一书中谈到了残疾哲学的说法，并说自己在博士论文中第一次使用了该

---

① Anders Gustavsson, etc., "Introduction: Approaches and Perspectives in Nordic Disability Research", in Anders Gustavsson, eds., *Resistance, Reflection, and Change: Nordic Disability Research*, Lund: Studentlitteratur, 2005, p. 23.

② Anders Gustavsson, etc., "Introduction: Approaches and Perspectives in Nordic Disability Research", in Anders Gustavsson, eds., *Resistance, Reflection, and Change: Nordic Disability Research*, Lund: Studentlitteratur, 2005, p. 25.

词。她指出当下很多哲学工作者对残疾仍有偏见，认为其不应是哲学的研究主题，对他们而言，"哲学问题及研究方法都是预先确定好的，残疾现象处于该领域之外。在我的同事（和许多其他在世和去世的哲学家看来），残疾现象并不是哲学探索的恰当对象"①。尽管如此，残疾话题近几十年在哲学界频繁出现仍是不争的事实。特里曼指出，当代哲学界有一种把残疾哲学划到生物伦理学或应用伦理学的倾向，很少把它同对性别、种族和性倾向等的哲学研究一样看作价值理论范畴。特里曼指出，这种倾向会产生有害的结果，如延续了哲学传统中残疾的医学化和去政治化观念，模糊了对残疾范畴之批判性的哲学分析，也对残疾人哲学家的事业发展造成了不利影响。特里曼认为，哲学界亟须提升残疾哲学的地位，高校等科研机构也需要设置更多的相关研究岗位，以吸引更多学者尤其是残疾人学者参与到对残疾问题的哲学思考中。

---

① Shelly L. Tremain, *Foucault and Feminist Philosophy of Disability*, Ann Arbor: University of Michigan Press, 2017, pp. vii-viii.

第二章　社会建构论对残损/残疾的区分

上文已提及，英国肢体残疾人反隔离联盟在 1976 年通过的文件催生了残疾的社会模式，促进了当代残疾研究的兴起。残疾的社会模式对残损和残疾作了区分，将残疾人面临的多种生存困境归咎于社会对异常身体的排斥和隔离。这将社会建构论引入对残疾现象的认识之中，而这种理论勾画了当代残疾研究的底色，有学者即指出："社会建构论是残疾研究的至关重要的存在论和认识论基础，它已经成为理解残疾是什么，以及如何解读有关它的信息的框架……社会建构论提供了一种根据，以质疑理解残疾的主导性的医学视角，因此它已成为有解放意义的政治立场。"① 无论第一波还是第二波残疾研究热潮都围绕社会建构论而展开，区别在于第一波集中于对社会建构论的阐释和发展，第二波集中于对社会建构论的反思和批判。本章将分析残疾的社会模式的特质、意义及其理论问题。

第一节　残疾的超自然和医学模式

当今社会，"残疾"一词的外延已十分复杂。残疾现象的复杂性不仅在于其种类繁多，而且在于同种残疾对不同个人或对同一个人的不同适应阶段来说可能意味着会有不同的体验。所以，以"残疾"一词来概括殊为不同的身体和精神现象可能归根究底是有问题的。这里可以看出残疾与种族、性别、性倾向等身份特质相比存在一个重大差异：后者的生物基质较为单一和稳定，而前者则是复杂和多元的；如果要求获得后者这样的特性，我们可能不应该言说统括性的残疾身份，而应该具体化为肢体残疾人、盲人、聋人、自闭症

---

① Simo Vehmas, "What Can Philosophy Tell Us about Disability", in Nick Watson, etc., eds., *Routledge Handbook of Disability Studies*, London and New York：Routledge, 2012, p. 299.

患者、唐氏综合征患者、纤维肌痛综合征患者、创伤后应激障碍患者等。毕竟失去右腿而使用拐杖的人与患严重强迫症的人面对的生活问题极为不同，语前聋患者与多发性硬化症患者的利益诉求也有很大差异，他们之间的差异从某种层面上说可能比种族、性别和性倾向等之间的差异大。但是他们之间也有足可归纳的相同点，如都拥有异常的身体和精神特质，都面临社会的污名化，都享有较低的福利水平，等等。当我们以残疾人一词来指代某个社会群体时，需要时刻谨记，我们是仅就这些相同点而言来指代它，而这个群体内部可能存在着不能忽视的差别。

对残疾的认识模式的研究也需如此。上文已指出，英文"disability"一词在16世纪才开始指代"限制个人运动、感觉或活动的身心状况（或）处于这种状况的事实或状态"。在此之前，英文中并没有对所有身心异常的这种概称，存在的只是对某一特定残疾的称谓，如跛、聋、盲等。而对这些特定残疾的认知，也从未在某个历史时刻达成一以贯之的观点。我们只能说解读某些特定残疾的某种模式在人类的某个发展阶段上比较突出，但它并不具有完全的普适性。

社会模式产生之前，西方社会出现了对残疾的两种解读模式，分别是超自然模式和医学模式。残疾的超自然模式将残疾理解为一种超自然现象，或者昭示某种神谕，或者是罪恶的化身。如米切尔和斯奈德所言：

> 在更早期的文本（古苏美尔人的楔形文）中，出现了一种将残疾视为某种征兆的叙事，展露了身体、认知和感觉差异施加于发展中的文化意义体系的力量……残疾对确立早期叙事形式具有核心作用的例证是亚述人凭借"畸形胎儿""异形牛崽的肝脏"来预测丰年。[①]

残疾的超自然模式典型地体现在对盲这种现象的理解上。盲人失去了双眼，但是古人认为他们能看到视力正常者看不到的事情，甚至能够与神灵会通，通晓过去、预测未来。古希腊悲剧《俄狄浦斯王》中的盲人忒瑞西阿斯即是如此。剧中忒拜城的新任统治者俄狄浦斯曾向他求教：

---

① David Mitchell and Sharon Snyder, "Narrative", in Rachel Adams, etc., eds., *Keywords for Disability Studies*, New York and London: New York University Press, 2015.

　　俄狄浦斯：啊，忒瑞西阿斯，天地间一切可以言说和不可言说的秘密，你都明察，你虽然看不见，也能觉察出我们的城邦遭了瘟疫；主上啊，我们发现你是我们唯一的救星和保护人……如今就请利用鸟声或你所掌握的别的预言术，拯救自己，拯救城邦，拯救我，清除死者留下的一切污染吧！我们全靠你了。一个人最大的事业就是尽他所能，尽他所有帮助别人。

　　忒瑞斯阿斯：哎呀，聪明没有用处的时候，作一个聪明人真是可怕呀！这道理我明白，可是忘记了；要不然，我就不会来。①

　　盲人可以通晓天地间可以言说和不可以言说的秘密，能够通过辨音而理解神谕、拯救城邦，他们也被看作智者。这里没有像后世那样将盲看作一种缺陷，而是赋予了其更多的积极含义。剧中的俄狄浦斯也有残疾，他一出生便跛脚，被视作某种凶兆而为父母所抛弃。经历种种磨难长大后他在不经意间杀父娶母，最终悔恨不已而戳瞎了自己的双眼。俄狄浦斯的跛脚在剧中也有一种积极的意义，它帮助俄狄浦斯解答了斯芬克斯之谜。

　　进入中世纪，各种残疾现象带有了更多的宗教含义。这时盲不再被视作与智慧相关，而是被看成罪恶的表征。除此以外，一些精神残疾人更是常常被看作魔鬼的化身，遭受了残酷的折磨和迫害。

　　残疾的医学模式古已有之。19 世纪中叶随统计学发展而形成了"正常态"（normality）概念。② 与此有关，偏离这种状态的身体和精神特质被归结为异常和缺陷，推给蓬勃发展的医药技术加以处理，此时残疾的医学模式才得以确立了其在知识领域（包括生物伦理学、认知心理学和政治哲学等）以及大众意识中的支配性地位。具体来说，"残疾的医学模式将残疾理解为个人身体或精神层面的残损及其引起的个人或社会的后果。它把残疾人遇到的限制看作主要或仅仅由其残损造成"③。把残疾等同于个人身心特质的问题，这

---

　　①　［古希腊］索福克勒斯：《索福克勒斯悲剧五种》，罗念生译，上海人民出版社 2005 年版，第 80 页。

　　②　参见本书第六章。

　　③　David Wasserman, etc., "Disability: Definitions, Models, Experience", *The Stanford Encyclopedia of Philosophy*, Summer 2016, https://plato. stanford. edu/archives/sum2016/entries/disability/.

种观点十分容易理解。它有两个特点：一个是强调残疾的个体性，另一个是强调残疾的生物性。

残疾的医学模式也被称作残疾的个体模式，原因即在于它把残疾人遭受的生存和发展障碍都归咎于残疾人个体，认为其与整个社会环境无关。在大多数人都能享有住房、出行和购物等各种便利，拥有教育、就业和从政等各种机会，并且在文化或娱乐产业中看到类似身影在表征这种生活样式时，少数的残疾人却无法企及这种生活标准，常识很容易将错误归咎于残疾个体，而非社会环境。理由大概如此：为多数人提供了一种司空见惯的生活环境或福利水平的社会不可能出错，问题只可能出在个人身上——他们自己没有能力适应这样的社会。奥利弗即指出："个体模式把残疾人体验到的问题看作他们自身残疾的直接后果。因此专业人员的主要任务是让个人适应这种使其失能的（disabling）特殊条件。"① 有些人可能看到这里不只是个人适应社会的问题，社会在某种程度上也应该为个人的生存和发展提供便利，但认为给残疾人提供这种便利花费高昂，在改善残疾人的福利水平上是不划算的，同医药技术取得的效果相比也是相形见绌的。所以，从这种观点来看，残疾归根结底还是一个个体问题。

医学模式的第二个特点是强调残疾的生物性，"这里残疾被认为等同于一种客观的生物特质（如人类的有害的自然特质），或者是其对人体机能造成的无法避免的有害后果，这种客观的生物特质也就是残损"②。根据这种观点，残疾源于人的生物性特质，是人的身体或精神机能出现了缺陷和异常，也就是偏离了人正常该有的生物特征。这里所谓的正常人应该五官端正、耳聪目明、四肢健全、言语流畅、意识清醒、精神稳定等。这并非人的一种无法企及的完美状态，因为现实中大多数人都能符合这样的描述。它构成了判断人是否正常和健康的蓝本，而缺失其中的某个或某些生物性特征则被认为构成一种缺陷，也就是处于残疾状态。因此残疾的医学模式认为残疾对等于人体展露的残损，是生物性的，也就是客观和自然的，与社会和文化无关。不仅如此，因为它的生物性特点，所以在任一历史时期，它都会出现，古希腊有

---

① Mike Oliver, *Social Work with Disabled People*, London：Macmillan Education，1983，p. 15.

② Shelly L. Tremain, *Foucault and Feminist Philosophy of Disability*, Ann Arbor：University of Michigan Press，2017，p. 86.

盲人，中世纪也有盲人，近代以至现当代乃至未来都会有盲人。这种以生物性为出发点而认为残疾是超历史的观点在解释某些精神残疾时遇到了困难，比如自闭症，它在 20 世纪 40 年代才为人发现，并在 1980 年以前并未为医学领域所重视，《精神障碍诊断和统计手册》（*Diagnostic and Statistic Manual of Mental Disorders*）收录它后情况才发生了变化，诊断出的相关病例数出现了极大的增长。自闭症对医学模式的挑战不仅在于其并非古已有之，以某些人表现出来的亘古不变的异常的生物特征为基础，还在于医学界对于它至今仍未找到一个令人满意的病理学解释。正像阅读障碍在没有文字的历史时期并不被注意到也不会被看作残疾，自闭症的发现也脱离不了社会和文化因素的影响："自闭症可以被理解为通常被看作优秀品质的个性、自主和自立的过度化……代表着西方世界最为看重的品质的病态的过度化，这种品质即个体自主性及其对自由（liberty and freedom）的允诺，这种品质被重塑为它最担心的东西——痛苦的独处、孤立和丧失社交联系。"[1] 由此可见，残疾仅仅与某种生物性因素相关的看法并不准确。

残疾的医学模式强调了残疾的个体性和生物性，那么理所当然地，它也将应对残疾的任务交给了生物医药技术。后者力图纠正残疾人异常或偏颇的身心特质，使其达到或恢复上述的正常状态，批判的残疾理论称此为"正常化"（normalization）。这样的正常化措施被看作可以使残疾人更为顺利地适应社会。但问题在于，正常化手段不仅仅应对异常身体特质所带来的诸种生活不便，它可能只针对身体，某些没有造成不利影响的身体特质也被拉入需要医学处理的残疾名单中来。福楼拜的小说《包法利夫人》中有个年轻的马夫，虽然跛脚但并不影响干活，身为医生的男主人公偏给他做了一次矫正的手术，致使其落得截肢的下场。[2] 这反映了西方文化对所谓正常身体的图腾崇拜，以科学性为旨归的医学也深受影响。小说的情节也说明并不是所有的残疾都能够轻易矫正，对有些残疾而言，医疗技术尚未突破；对另一些而言，矫正技术价格高昂也并不是所有人都能够承担。医药技术无法挽救的这些残疾人被抛掷和隔离在社会的最边缘，或者被遗忘，或者被消灭。最极端的例子是

---

① Joseph N. Straus, "Autism as Culture", *The Disability Studies Reader*（*Fourth Edition*）, in Lennard J. David, ed., New York and London: Routledge, 2013, p. 461.

② 参见本书第六章。

"二战"时期希特勒秘密实施了 T4 行动（Aktion T4），杀害了 30 余万名身体和精神有残疾的人，这被看作纳粹大屠杀的预演。前文提及的撤掉残疾幼儿的生命支持和辅助重度残疾人自杀的做法也是剪除残疾群体的表现。希伯斯指出，残疾的医学模式将残疾问题归结到个人，而非社会，"把残疾个体异化为有缺陷的人，复制了社会将歧视和羞耻附加于残疾的历史"[1]。也有人将医学模式的逻辑总结为：

> 医学文化——在残疾研究中被描述和批判为医学模式——有某些典型的特点。第一，医学文化把残疾看作病症（pathology），或者是一种缺陷，或者是某些正常标准的过度表现；第二，病症存在于个人体内某个确定和具体的位置；第三，（与残疾有关的）事业的目标是诊断和治愈。如果病症不可治愈——如果不能使异常的状况正常化——那么就需要隔离有缺陷的身体以防止其污染或削弱更大的群体。就此而言，医学文化是加兰-汤姆森（2004）所说的"安乐死的文化逻辑"（the cultural logic of euthanasia）的一个侧面：或者使残疾的身体康复（正常化），或者使其消失（或者使其隔离于家庭或医疗机构而远离公众视线，或者被允许或鼓励死掉）。[2]

第二节　残疾的社会模式

残疾的医学模式强调残疾的个体性和生物性，认为应该利用医药技术来"纠正"异常的身体和精神特质。而残疾的社会模式与此截然不同——"新范式不多不少地涉及一种根本性转向：从关注特定个体的身体限制到关注外在和社会环境给特定人群施加限制的方式"[3]。残疾人面临生存和发展的障碍，无法轻松地适应社会环境，我们可以将此归咎于他们异常的身体，认为在大多数人都能顺利适应社会的情况下，残疾人的问题只能源于其自身；我们也

---

[1]　Tobin Siebers, *Disability Theory*, Ann Arbor, Mi.: The University of Michigan Press, 2008, p. 72.

[2]　Joseph N. Straus, "Autism as Culture", in Lennard J. David, ed., *The Disability Studies Reader (Fourth Edition)*, New York and London: Routledge, 2013, p. 462.

[3]　Mike Oliver, *Social Work with Disabled People*, London: Macmillan Education, 1983, p. 23.

可以归咎于社会，指出社会没有充分包容这个群体，没有为他们提供适应其身心特质成长和发展的条件。这两种立场正相反对，对待残疾问题的方式根本不同。残疾的医学模式把残疾问题归结为生物学或医学问题，而残疾的社会模式将残疾问题归结为社会正义问题——正像种族和性别问题那样，社会也以非典型的身体和精神特质这种生物性因素为理由而对残疾人施加歧视或压迫。解决残疾人生存问题的出路在于平等、公平和包容，在于为所有人的生存发展建构适宜的成长、教育、就业和医疗等环境，在于充分实现社会正义。

这种社会建构论的立场源自英国肢体残疾人反隔离联盟在 1976 年通过的一份文件。如上文所言，这份文件的最大亮点在于区分了"残损"（impairment）与"残疾"（disability）。在文件中，反隔离联盟指出：

> 在我们看来，正是社会使肢体受损的人变残了。残疾是施加于我们的残损之上的东西，由此我们被不必要地孤立和排除于全面地参与社会生活之外了。因此残疾人是社会中的受压迫群体。[1]

这里残疾不再直接被等同为有缺陷或残损的身体，而是被看作社会施加给这些人的限制，是一种社会性因素。所以残疾不是个人残损的折磨，而是非正义的压迫。认识残疾的这种社会建构论立场蕴含着一种残损—残疾的二元结构。其中残损指的是"肢体部分或全部残缺、肢体缺陷以及身体组织或机制缺陷"[2]，这也就是残疾的医学模式所定义的残疾。残疾的医学模式假定人体机能的正常状态是理所当然的，而缺乏某些人体机能或某种机能未达标准水平则被看作一种偏颇或缺陷状态。社会模式承认这种生物基础，但不认为这等同于残疾。根据这种立场，残疾指的是"当代社会组织没有或较少地考虑了机体残损者并将其排除于主流社会活动之外而制造的劣势或活动限制"[3]。问题的关键不再是个人无法顺应社会，而是社会没有顺应个人的生存需求。奥

---

① Union of the Physically Impaired Against Segregation and The Disability Alliance, *Fundamental Principles of Disability*, Union of the Physically Impaired Against Segregation and The Disability Alliance, 22nd November, 1975.

② Bill Hughes, Kevin Paterson, "The Social Model of Disability and the Disappearing Body: Towards a Sociology of Impairment", *Disability & Society*, Vol. 12, No. 3, 1997, p. 328.

③ Bill Hughes, Kevin Paterson, "The Social Model of Disability and the Disappearing Body: Towards a Sociology of Impairment", *Disability & Society*, Vol. 12, No. 3, 1997, p. 328.

利弗合成了"社会模式"（social model）一词，并对这种立场作了充分的解读。在他看来，"残损实际上仅仅是对机体的一种描述"，而"残疾（disablement）与机体无关"①。亚莉克莎·施里姆浦（Alexa Schriempf）也认为："残疾完全和仅仅是社会性的……残疾与机体无关。它是社会压迫的后果。"② 残疾既然是社会性的，与社会环境的特质有关，那么我们可以想象一个与现实相颠倒的世界，这个世界完全契合某些残疾人的生存需求，从而使他们成为"正常人"，而现实世界的正常人，因为其自身特质没有被充分顾及，遂无法在其中顺利地适应下来，从而成为"残疾人"。维克·芬克尔斯坦（Vic Finkelstein）曾是英国肢体残疾人反隔离联盟的领导人，他假想存在这样的地方——整个社会环境完全符合轮椅使用者的利益，少数的四肢健全者则成为其中的残疾人。芬克尔斯坦以此辩护了残疾的社会模式：

> 我们想象一千或以上的残疾人都是轮椅使用者，他们一起聚集在自己的村子上，那里他们获得了完全的管理和民主权利。我们假定身体健全的人不经常来这个村子并且轮椅使用者掌握了他们生活的一切。他们用特种设备生产拿到商店里出售的商品，他们操作清洁街道的机器，经营镇子上的教育机构、银行、邮局和交通系统等。实际上，跟在他们的世界中日常遇见的任何人一样，他们都使用轮椅。他们在电视上看到轮椅使用者的身影，在收音机里听到轮椅使用者的声音。而肢体健全者很少被看到和认识。
>
> 村子上的生活日程是这样的：轮椅使用者根据自己的需求作计划。他们设计符合其身体状况的建筑。村子上使用轮椅的建筑师很快发现因为每个人都坐在轮椅上，天花板就无须建成9英尺6英寸（约2.9米）的高度，门高也无须7英尺2英寸（约2.2米）。很快门高为4英尺6英寸（约1.4米），天花板为5英尺（约1.5米）就成了标准。自然而然地，建筑规章中开列的要求使这种高度成为标准。现在村子里的每个人都很快乐；所有的身体困难都被克服并且这个小的社会做出的改变都顺

---

① 转引自 Carol Thomas, "Disability and Impairment", in John Swain, etc., ed., *Disabling Barriers-Enabling Environment*, London: Sage, 2017, p. 39。

② 转引自 Sharon L. Snyder and David T. Mitchell, *Cultural Locations of Disability*, Chicago and London: The University of Chicago Press, 2006, p. 11。

从其成员的身体特征。最终建筑和环境与他们的需求和谐一致。

我们假定当所有的调整都定下来后，在这个轮椅使用者的社会里，一些肢体健全的人无可奈何地被迫在这个村子安家落户。自然，他们注意到的第一件事就是门和天花板的高度——脑袋不断地碰到门楣。很快，村里所有肢体健全者的额头上都有了黑色瘀伤的标记。他们去看医生，后者自然也是坐在轮椅上的。

很快，坐轮椅的医生、坐轮椅的精神科专家、坐轮椅的社工等，都卷入到肢体健全的村民的问题中。医生们完成了关于社会上健全者的疼痛的学术报告。他们看到瘀伤和（由于经常弯腰走路而导致的）背痛是如何由他们的身体状况所引起。坐轮椅的医生对问题进行了分析并写下他们的定义。他们发现这些肢体健全的人会遭受"机能丧失或降低"，从而形成障碍。这种障碍引起"不利状态或受限的活动"，使他们在这个社会中变残。

不久，坐轮椅的医生和相关专业人士为村里肢体健全的残疾人（the a-ble-bodied disabled）设计了特殊的辅助工具。所有这些人都会得到特殊加固的头盔（村里免费提供）以随时佩戴。特殊支架也被设计出来，它们在提供支持的同时能使肢体健全的使用者保持与轮椅使用者相似的弯曲高度。一些医生甚至建议除非这些可怜的患者也使用轮椅，否则没有希望。甚至有人建议对这些肢体健全的人进行截肢手术以使他们降到合适的高度！

肢体健全的残疾人遇到许多问题。当他们找工作时，没有人愿意雇佣。必须对特教专家进行培训，以了解这些问题；并且为了他们的福利，（社会）必须创造新的职业岗位。

一名肢体健全的残疾人在应聘电视采访员工作时，被安排参加专门的体检，以看他是否适合这份工作。最终决定他不适合。大概所有人都觉得，如使用轮椅的医生在案卷中指出，一直戴着头盔的电视采访者是不被接受的。由于摄像机只会显示他的头顶（因为肢体健全的人总是被他们必须佩戴的安全带弯折），他不适合做采访。众所周知，使用轮椅的医生写道，与肢体健全的人交流得有多么困难，因为在他们弯折的情况下很难看到他们的面部表情，也很难与之对视。

及时地，村里不得不安排了专门设施，为这些肢体健全的残疾人提供谋生手段。志愿社团成立了以募集慈善基金，许多商店和酒吧在柜台上都放了一个倒放的头盔，供顾客施以零钱。头盔上绘有"帮助健全残疾人"的字样。有时，一个小小的石膏模型被摆在商店的角落里——这个人偶以其特有的姿势弯着腰，在人偶的背上有一个开槽的盒子，用来装小硬币。[①]

在这个假想的世界里，所有的一切都由轮椅使用者主导，整个社会环境被建构成完全符合其特定利益和需求。每个人都是轮椅使用者，天花板和门的高度缩减为现实生活中的一半，各种公共设施的设计也可以方便他们使用，他们在媒体和文化产品中看到的明星也都是轮椅使用者，这在这里被看作正常和理所当然的。这样的社会环境培植出的医药卫生知识也都以轮椅使用者为人类身体的范本，对这种范本的偏离被看作异常和缺陷，亟须送到医疗机构加以治疗，以成为一个轮椅使用者，也就是正常人。而来到这个世界的肢体健全者，因为表现出异常的身体特质和直立行走的"症状"，所以既适应不了这里的建筑环境，也无法找到适合自己的就业机会，所以处境艰难。给他们提供的医疗辅助工具，包括避免碰壁的头盔和弯折身体的安全带，也并没有使他们的状况实现多大的改观。这个微型世界的医学权威甚至提出给他们做截肢手术以使他们达到正常人的身心特征。他们是这个微型世界的残疾人，而他们的残疾在于四肢健全。逐渐地，他们在大众意识中被污名化，被当成有缺陷和不健全的人。整个轮椅使用者社会也将福利水平低下和处境维艰的四肢健全的残疾人看作可怜人，丢给慈善机构加以救助。这样的大众意识反映到社会的符号体系中，"四肢健全"逐渐被等同为"偏颇""异常"和"病症"，文艺作品也以此为叙事假体（narrative prosthesis）[②] 而支撑轮椅使用者社会的主流价值体系。

由此可知，并非个体的身体特征，而是社会环境的特点对残疾的形成起到了决定性作用。残疾的社会模式认为身体和精神特征都是中性的，在不同的社会环境中，同样的身体有时会轻松适应，有时则遭遇种种障碍，比如上述乘坐轮椅的瘫痪者在轮椅使用者自己构造的社会里就没有任何生存问题，

① Vic Finkelstein, "To deny or Not to Deny Disability", *Physiotherapy*, Vol. 74, No. 12, December 1988, pp. 650 – 651.

② 参见 David T. Mitchell and Sharon L. Snyder, *Narrative Prosthesis*：*Disability and the Dependencies of Discourse*, Ann Arbor：The University of Michigan Press, 2000。

相反四肢健全的人则处处碰壁，后者成了这个社会的残疾人；有阅读障碍的人在文字尚未出现的历史时期也不被认为有残疾；聋人遭受的困境可能不是来自听觉丧失，而是与环境紧密相关，"假定人们使用的'语言不是说给耳朵听，而是描绘给眼睛看''聋人遭受的劣势将会消失'"[1]；再如有苯丙酮尿症的人群在食物不含苯丙氨酸的环境中也不会表现出身体发育迟缓、智力低下、抽搐等症状。这样看来，社会环境对残疾问题的出现起到了很重要的作用。而被标注为"残损"的身体特质，并无优良好坏之分，只可作描述性而非规范性的解释。正如特里曼所言，社会模式所称"残损"的东西"并不是（如医学模式所假定的）要被纠正或消除的内在缺陷，而是具有描述性的中性（descriptively neutral）的人类特质，它们对于人类的存在十分重要，而且社会性的劣势会加于其上"[2]。巴恩斯也指出："并不存在客观的残疾身体特征，以使全部有且仅有那种特征的身体可被看作残疾。相反，我认为残疾是社会建构而成的。"[3] 社会模式把人类的身体和精神特质看作中性的，认为就其自身而言无法作价值判断，换句话说，它承认这种特质的多样化，认为没有一种占据优越的地位，以成为一种标准。耳聪和耳聋是两种不同的身体特征，普通人都以前者为优，以后者为劣，但是这在聋人群体看来是一种偏见和歧视。聋人群体以其对生活世界的独特体验和表征而形成了独特的文化形态，而这样的文化为我们认识世界提供了一种特殊的路径，所以"聋与其说被一种根本性的缺陷所定义，即听力丧失（hearing loss），不如说是其反面，是一种理解人类丰富性的工具，即获得聋（Deaf-gain）"[4]。前文也曾提及神经多样运动，它将医学上称作自闭症等的精神状态看作人类精神状态的多种表现形式之一，而不是一种需要治疗的疾病。人们已经认识到生物多样性和语言多样性的重要性，并采取行动保护这样的多样性，但是对于人类自身的身体和精神特征多样性而言，人们却并没有贯彻这样的精神。人们总是以人的某

---

[1] Douglas C. Baynton, "Deafness", in Rachel Adams, etc., eds., *Keywords for Disability Studies*, New York and London: New York University Press, 2015.

[2] Shelly L. Tremain, *Foucault and Feminist Philosophy of Disability*, Ann Arbor: University of Michigan Press, 2017, p. 90.

[3] Elizabeth Barnes, *The Minority Body: A Theory of Disability*, Oxford: Oxford University Press, 2016, p. 7.

[4] Douglas C. Baynton, "Deafness", in Rachel Adams, etc., eds., *Keywords for Disability Studies*, New York and London: New York University Press, 2015.

种形象［如达·芬奇《维特鲁威人》（*Uomo Vitruvianus*）所描绘的完美比例的人体］为蓝本来褒贬不同人的身体和精神特征，接近这种形象的则为优，远离的则为劣。对于后者，医学上建构了不同的病理模型来加以研究，以期寻找纠正它们的治疗手段。这可能在初衷上就出错了，人类的身体形式和精神状态可能如自然界的物种和人类社会的语言一样是多种多样的，不能以多数人具有的特征为正常和优越，并霸权地采用医疗技术消除其他身体特征。如上文所言，残疾的社会模式将残疾问题归结为社会正义问题，要求社会为包容不同人的身体和精神特征提供合理便利的条件。

残疾的社会模式将残损看作一种中性的生物性因素，将残疾看作社会制造的劣势，突出了残疾的社会性和历史性。残疾不是亘古不变的，它随社会历史条件的变化而变化。在不同历史时期，人们对每种残疾的认知也不同。如上文所言，盲在古代曾意味着一种会通神灵和鉴往知来的能力，在中世纪则代表着一种宗教意义上的恶，在近代逐渐成为医药科学领域的研究对象，当下的残疾研究又拒斥了盲的病理学模式，强调了盲体验的价值[1]；对一些精神疾病的认识也是如此，如 20 世纪 40 年代自闭症在被发现和命名的时候，也被看作一种疾病，但现在很多残疾研究学者将其看作一种文化现象。可以看出，残疾的这种社会建构论诠释有马克思主义的影子。确实，20 世纪七八十年代的英国，无论是残疾人权利运动本身，还是芬克尔斯坦和奥利弗这样的学者，都深受马克思主义的影响。就残疾问题而言，人们把残疾人群看作社会的受压迫群体，关注点也更多地放到改变不公正的社会体制上。如特里曼所言：

> 不列颠社会模式（British Social Model 或 BSM）的核心原则的制订者，以及最近它的很多主要支持者，都或多或少地赞同历史唯物主义（historical materialism）；因此，他们从不同角度论证了残疾人面对的有限机会并不是其残损的不可避免的后果，而是由可以改变的社会和经济结构或条件所导致。[2]

---

[1] 参见本书第一章第一节。

[2] Shelly L. Tremain, *Foucault and Feminist Philosophy of Disability*, Ann Arbor: University of Michigan Press, 2017, p. 90.

这里对残损/残疾的区分也容易让人们想起女性主义对生物性（sex）/社会性（gender）的区分。20世纪下半叶，第二波女性主义浪潮的核心论点，即把女性受到的社会劣势与其生物特质剥离开来，认为性别不平等并不根源于男女的生物性差异。人们常常以为，男女两性的生物差异很大，男人左脑发达，更加理性；女人右脑发达，更加感性。所以男人更适合在职场和政治舞台打拼，女人更适合照顾家庭，如约翰·格雷（John Gray）的畅销书《男人来自火星，女人来自金星》（*Men are from Mars*，*Women are from Venus*）指出男女之间在对生存意义的理解、应对压力的方式、获得激励的途径、语言表达方式等方面都存在不同。例如在应对和缓解压力时，"火星人倾向于解决和安静思考什么事使他们困扰；金星人本能地感到需要谈论什么事让他们困扰"①。对两性差异的这种解读在某种程度上为男女不平等的社会地位作了辩护，掺杂着对公共空间中女性从业者的歧视。女性之所以饱尝经济上的劣势，甚至沦为男性养家者的附庸，常常被归结为她们的生理差异。第二波女性主义浪潮区分了生物性和社会性，认为二者没有必然的关系，女性面临的生存困境仅仅来自男性化的社会结构，而这样的社会结构是握有话语权的男性为自己量身打造的，根本没有顾及女性群体的特殊利益和需求。女性要想在其中功成名就，"唯一的方式是必须像男人一样为人处世"②，或者说，作为女人是女人在公共场合面对的最大问题和必须克服的最大障碍③。所以女性解放的出路在于改变不合理和歧视性的社会结构，打造适合自身发展的生存环境，只是强调生物决定论则回避和容留了这种问题。残疾的社会模式对残损与残疾的区分也与理解性别不平等的这种视角相似，它反对医学模式把残疾归结为生物问题，指出社会结构只符合大部分"正常"人的身心需求，没有考虑身体特征"异常"者的利益，从而将后者抛到社会的边缘位置。残疾不是生物学或医学问题，而是社会正义问题。所以英国肢体残疾人反隔离联盟将其行动的目标定义为：

> 用可以让我们充分参与社会的举措取代给身体残障人士设置的所有

---

① ［美］约翰·格雷：《男人来自火星女人来自金星》，苏晴译，中央编译出版社1996年版，第5页。

② Anne-Marie Slaughter, "Why Women Still Can't Have It All", *The Atlantic*, July/August 2012.

③ Joan Williams, *Unbending Gender：Why Family and Work Conflict and What to Do About It*, New York：Oxford University Press, 2000, p. 69.

隔离设施。这些举措必须包括国家给予的必要的财政、医疗、技术、教育和其他帮助，使我们在日常生活中能够尽可能地获得独立性，实现行动自由，从事生产性工作，以及在完全掌控自己生活的情况下选择生活在哪里和怎样生活。①

残疾的社会模式的拥护者提出了一系列的社会改革方案。他们将解决残疾问题的主战场放到社会运动和政治斗争上，以追求改变残疾人的受压迫境况。这将残疾人群体和少数种族以及女性的身份政治联系了起来，他们都是社会中的弱势群体，受到主流社会的排挤和打压，有相似的权利和利益诉求。少数种族的身份政治反对的是种族歧视，女性群体反对的是性别歧视，而残疾人群体反对的则是机能歧视（ableism）②，卡罗尔·托马斯（Carol Thomas）认为机能歧视：

> 指的是对那些被所谓"正常人"（the normal）归类为（身体）"受损的人"（the impaired）的生命活动、偏好和精神—情感福利施加的可以避免的社会限制。如同性别主义、种族主义、年龄主义和恐同症一样，机能歧视也是社会—关系性的，构成了当代社会的一种压迫形式。除了在个人与个人之间的交往中出现，机能歧视也在体制性和其他的社会 - 结构性形式中表露。③

这里"可以避免"意指残疾人面对的一些生活限制，可以通过改变外界环境而规避。大众意识通常将这种限制看作残疾人特定的身心特征所招致，而这样的观念即机能歧视的一种表达。机能歧视认为人都应该具有所谓"正常"的身体和精神机能，缺乏某种或某些则被指异常或缺陷，因此必然在社会环境中受阻。正如托马斯所言，机能歧视既可能表现在私人关系中，也可能表

---

① Union of the Physically Impaired Against Segregation, *Union of the Physically Impaired Against Segregation*, 9th August, 1976.

② 国外有些学者作"disableism"，同指对残疾人的社会歧视，本书使用"ableism"一词，是为了同种族歧视（racism）、性别歧视（sexism）的叫法一致。另外，ableism直译为"能力歧视"，但能力歧视在汉语中不容易使人联系到身体机能和残疾现象，故译为"机能歧视"。

③ Carol Thomas, "Disability and Impairment", in John Swain, etc., ed., *Disabling Barriers-Enabling Environment*, London：Sage, 2017, p.37.

现在社会结构中。本书第七章将对此做详细论述。

残疾的社会模式自提出以来，也影响了一些官方文件对残疾的定义。1980 年世界卫生组织的《国际残损、残疾和残障分类》（*International Classification of impairments，disabilities and handicaps*，ICIDH）从三个方面解析残疾，分别是残损——"心理上、生理上或解剖的结构或功能上的任何丧失或异常"；残疾——"由于残损的原因使人的能力受限或缺乏，以至于不能在正常范围内和以正常方式进行活动"；残障（handicap）——"由于残损或残疾，限制或阻碍一个人充当正常社会角色（按照年龄、性别、社会和文化的因素）并使之处于不利的地位"。① 可以看到，ICIDH 虽然提及残疾人在社会层面面临的障碍，但是仍受残疾的医学模式影响，强调了生物性因素的前提地位。2001 年第 54 界世界卫生大会通过的《国际功能、残疾和健康分类》（*International Classification of Function，Disability and Health*，ICF）则将残疾概念建立在社会模式的基础上，"从残疾人融入社会的角度出发，将残疾作为一种社会性问题（即残疾不仅是个人的特性，也是社会环境形成的一种复合状态），强调社会集体行动，要求改造环境以使残疾人充分参与社会生活的各个方面"②。2006 年第 61 届联合国大会通过了《残疾人权利公约》（*Conventions of the Rights of Persons with Disabilities*），也强调了残疾的社会构成性："残疾是伤残者和阻碍他们在与其他人平等的基础上充分和切实地参与社会的各种态度和环境障碍相互作用所产生的结果"，"残疾人包括肢体、精神、智力或感官有长期损伤的人，这些损伤与各种障碍相互作用，可能阻碍残疾人在与他人平等的基础上充分和切实地参与社会"。③《中华人民共和国残疾人保障法》于1990 年通过，并经过 2008 年和 2018 年两次修订，现行法律对"残疾人"的定义是"残疾人是指在心理、生理、人体结构上，某种组织、功能丧失或者不正常，全部或者部分丧失以正常方式从事某种活动能力的人"④。从这段文字看，中国维护残疾人权益的主要法律仍以残疾的医学模式为范本来理解残疾，将残疾人受限的活动能力归结为个体的生物学或医学问题。

---

① 王玉龙等：《康复功能评定学》，人民卫生出版社 2018 年版，第 4—5 页。
② 王玉龙等：《康复功能评定学》，人民卫生出版社 2018 年版，第 5 页。
③ 王玉龙等：《康复功能评定学》，人民卫生出版社 2018 年版，第 6 页。
④ 《中华人民共和国残疾人保障法》，转引自中国残疾人联合会，https://www.cdpf.org.cn/ywpd/wq/flfg/gjflfg/512a32375fc240b88a94cc82c7e2ffd8.htm。

残疾的社会模式的诞生标志着人类认识残疾现象的一次哥白尼革命。它与以往的医学模式有着截然的区别，后者将残疾看作个人问题、看作生物学或医学问题；而社会模式则把残疾归结为社会问题，要求消除对异常身体特征的污名化和歧视，反对对残疾人的体制化（institutionalization）隔离，反对普通大众对他们惯有的怜悯和倨傲态度，认为残疾问题是社会非正义的表现而非医学或慈善问题，要求改变不包容的社会结构以为残疾人提供适合其身体特征的发展环境。残疾的社会模式产生于残疾人权利运动，也对其后汹涌澎湃的社会运动产生了推波助澜的影响，体现于新通过的一系列法律文件中，也催生了人文学界的新学科——残疾研究。由此来看，残疾的社会模式具有十分重要的历史意义。有残疾人学者指出，残疾的社会模式"培育了我们免于残疾（压迫）限制的形象，指明了献身社会改革的出路。它在提升残疾人的自我价值、集体身份和政治组织上扮演了核心角色……说残疾模式能救命毫不夸张"①。希伯斯也认为：

> 社会建构论改变了认识残疾的图景，因为它拒绝将残疾人看作有缺陷的公民，也因为它对社会环境的关注给出了一个他们能开展政治活动的理由。一般而言，社会建构论为残疾人的政治出场提供了便利条件，理由是它表明了基于自然属性的政治身份所提出的诉求的虚妄性。它揭示了社会性别、种族、自然性别、民族和身体机能都是多种多样、不确定和人造的范畴，而这些范畴（却）被想要维护其政治和社会优势的人群看作恒定不变和自然而然的。因此，近年来许多主要的残疾理论家都赞同社会模式就毫不奇怪了。②

第三节　社会模式的理论问题

残疾的社会模式虽然代表了人类认识残疾现象的一次革命性变革，但这并不意味着它没有争议。上文已提及，残疾现象纷繁复杂，用"残疾"一词

---

① Carol Thomas, "Disability and Impairment", in John Swain, etc., ed., *Disabling Barriers-Enabling Environment*, London: Sage, 2017, p. 36.
② Tobin Siebers, *Disability Theory*, Ann Arbor, Mi.: The University of Michigan Press, 2008, p. 73.

来统称如此多变的现象并不绝对准确，用单一理论模式认识它们也是有失偏颇的。残疾的社会模式产生于英国肢体残疾人的社会运动，对于主要使用轮椅的人群来讲，他们在生活中面对的问题可能是道路和建筑中的各种台阶，公交车没有放置供轮椅上下车的翻板，公共洗手间的门口过窄以及没有坐便器或坐便器周围没有扶杆，等等。很多肢体残疾人日常感受到的障碍是这种社会环境不友好所带来的诸种不便。这种情形也适用于一些盲人和聋人，如上文所言，西方聋人文化并不认为聋人"听力丧失"，而是"获得聋"，聋这种特定体验对于理解世界具有十分独特的价值。而聋人碰到的不方便很多也源自环境的不友好，如电视节目没有字幕等。这些残疾人面临的主要问题来自社会环境，而不是其特殊的身体，奥利弗所言残疾与机体无关，仅仅是社会压迫的一种形式对其是适用的。但是对于另外一些残疾，如癫痫、多发性硬化、肌肉萎缩以及很多智力和精神残疾等[1]，其问题可能并非仅仅来自外部环境，只依靠社会活动和政治斗争也无法很好地改善他们的生存困境。

综合来看，社会模式主要有三个理论问题。

其一，不重视残损。上文已提及，合成"社会模式"一词的学者奥利弗认为残损仅仅是对机体的一种描述，而残疾与机体无关；施里姆浦也认为，残疾完全和仅仅是社会性的，与机体无关，是社会压迫的后果。就很多残疾人来说，他们在日常生活中确实面临着教育和就业机会的匮乏、建筑设施的阻碍、周围人的歧视、恐惧和倨傲的态度等；有些人的身体被医学机构判定为异常或缺陷时，还被不必要地用医药技术加以"修正"；也有些残疾人终身禁锢在医疗或福利机构中，无法融入整个社会。但是如果只把残疾归结为社会压迫则忽视了残疾的生物基础，忽视了一些特殊的身体或精神特征给相关主体带来的病痛与各种不便，而这些问题不能完全归结为社会性因素。如有人指出：

> 社会模式传统中一些程式性的问题在于其低估了社会现象之必要的机体基础的重要性，这导致了这样的后果：这些论述好像仅仅建立在存

---

① 有人指出："不列颠社会模式由肢体残障者为了其自身而发展出来，因此它不能直接适用于智力残疾和精神健康的问题。" Tom Shakespeare, "Nordic Disability Research: Reflections, not Conclusions", in Anders Gustavsson, eds., *Resistance, Reflection, and Change: Nordic Disability Research*, Lund: Studentlitteratur, 2005, p. 297.

在层级（ontological ladder）的上层。因此，忽视了残疾的身体基础导致了存在论意义上不充分、甚至错误的论述。①

残疾的社会模式借鉴女性主义对生物性—社会性的二分，假定了残损—残疾的二分。从这种视角出发，残损如生物性别一样是生物因素，而残疾则如社会性别一样是社会因素；正如性别主义将女性在传统社会所处的劣势地位归结为她们低下的生物特质，医学模式也将残疾归结为个体的生物因素。这里可以看出社会模式的批判性所在。它同时把个人的身体和精神特征看作多种多样的，不认为某种身体具有完整的、标杆性的优越地位，而其他样式的身体只能归类为异常或病症，这里它仅仅承认生物意义上的身体的描述性含义，而否认其规范性含义，认为"把机体或精神表现出来的多种样态归类为残损可能是在统计学意义上而言的，基于相关群体的一般特征；或者是在生物学意义上而言的，基于一种人体机能的理论；或者是在规范论意义上而言的，基于人类繁荣（human flourishing）的一种观点"②。但是个人身体表露出来的某些残损，与生物学意义上的性别差异并不一样，女性身体很难说有什么消极含义，性别不平等在很大程度上确实来自男性化的社会结构。而某些被标记为"残损"的身体特征却能给相关主体带来痛苦的体验，如复杂性局部痛综合征（complex local pain syndrome），常继发于某些身体损伤，伴有难以忍受的顽固性疼痛，并且向病灶周围扩展；癫痫由大脑神经元突发性放电导致脑功能障碍，表现为多种多样的感觉、运动、意识或精神障碍；重度强迫症患者也会有痛苦体验，无法顺利参加一些社交活动。极端版本的社会模式完全无视这些特定的身心状态给主体施加的活动限制，而只是强调残疾的社会构成性，这表明了它的不充分性。

残疾的社会模式试图从社会层面寻找多种多样的残疾群体共有的特征：他们的利益和需求没有在以所谓"正常人"为蓝本而设计的社会结构中得以体现，正像女性多数情况下必然会有的生育需求，没有在以男性化的"理想工人"为蓝本而设计的职场结构中得以体现一样，因此她们构成了社会的受

---

① Simo Vehmas, "What Can Philosophy Tell Us about Disability", in Nick Watson, etc., eds., *Routledge Handbook of Disability Studies*, London and New York：Routledge, 2012, p. 300.

② David Wasserman, etc., "Disability：Definitions, Models, Experience", *The Stanford Encyclopedia of Philosophy*, Summer 2016, https：//plato. stanford. edu/archives/sum2016/entries/disability/.

压迫者。但是这样一种归纳，筛除了残疾人群体很多重要的内部差异，而这些差异与称作"残损"的生物性因素以及残疾人日常生活中对自己身体的具身经验密切相关。残疾的社会模式把残疾看作社会正义问题，而非生物学或医学问题，要求通过普遍设计（Universal Design）① 而尽可能地建构一种对具有不同身心特征的所有人而言都"无障碍"（barrier-free）的社会环境。这种无障碍的乌托邦尤其为社会模式的早期宣传者所看重，如奥利弗曾说，"同飞机是不能飞的人的运动辅助器械一样，轮椅是无法行走的人的运动辅助器械"，他把"正常人"和肢体残疾者面对的运动限制看成具有相似性。然而使用轮椅的人群面对的不仅是外部环境的障碍，也面对一些来自自己身体的劣势，仅靠改造外部环境无法有效应对后一方面。针对奥利弗的说法，有学者即反驳说：

> 很难想象一个（无论如何组织的）现代工业社会，其中，例如运动性或灵敏性的严重缺乏，或感觉障碍，不在（造成）某种程度的活动限制的意义上是致残性的。把障碍还原到社会活动的参与性不能消解全部残疾。②

所以残疾问题不能类比种族和性别问题加以解决。残疾人面对的不只是社会环境的歧视和压迫，他们还面对身体的残损给生活带来的诸种不便、病痛和折磨。莎士比亚即指出：

> 残疾人权利斗争甚至曾经被称作"最后的解放运动"。但是虽然残疾人像女性、男女同性恋者和少数种族那样确实面对歧视和偏见，虽然残疾人权利运动在其形式或活动上确实像许多其他这样的运动，但是（它们之间）存在一个核心和重要的差异。作为女性或具有不同的性取向，或具有不同的肤色和体型，并无内在问题。这种体验与对消极自由的错误限制有关。铲除社会歧视，女性、有色人种和男女同性恋者能够获得良好的发展以及顺利参与社会生活。但是残疾人既面临歧视，也面临身体内部的限

---

① "普遍设计"是将建筑和产品等设计迎合最大多数人的需求，而不是仅限于所谓的"正常人"。

② 转引自 Tom Shakespeare, "The Social Model of Disability", in Lennard J. David, ed., *The Disability Studies Reader (Fourth Edition)*, New York and London: Routledge, 2013, p. 220。

制……很难像以作为黑人、同性恋者和女性为傲那样来以作为残疾人为傲。①

所以，国外一些残疾人组织的残疾自豪运动是有问题的。残疾的社会模式区分了残损和残疾，只将残疾问题归结为社会对残疾人活动形成的外部限制，而无视残疾人因残损身体而体验到的内部限制，面临着同样的问题。

其二，残损—残疾的二元论是不成立的。残疾的社会模式建构了残损—残疾的二元结构，但是很多学者指出很难区分形成一种现象的生物因和社会因，多数情况下，两者相互作用、相互渗透、缺一不可。就残损而言，其并不是纯粹的生物现象，而与社会因素密切相关。一方面，残损可能产生于工业事故、环境污染、战争和医疗实践②，这可能使一些人群直接变残，也可能通过对基因的有害影响而导致先天残疾后代的出生。另一方面，残损也绝不是一个纯粹的医学或生物学问题，对于它的认识，甚至残疾人对于它的体验在某种程度上都受社会的符号系统或文化因素的影响。本书第三章涉及后结构主义对残疾的解读，其主要特征即在将残损看成为社会的"知识—权力"结构或意义体系所生产。就残损—残疾二元结构中的残疾而言，它也并非仅仅具有社会性，如果没有生物性的残损，这样理解的残疾也不会出现。特里曼即指出，不列颠的社会模式有两个假定——"（1）残疾不是残损的必然结果；（2）残损不是残疾的充分条件"，但是该模式有一个隐含的前提，即"残损是残疾的必要条件。"③ 所以"这种残疾模式所确定的残损和残疾范畴间的截然区分似乎是一种虚构"④。社会模式的支持者多诉诸女性主义对生物性和社会性的区分，但是这样的区分所引起的争论被认为很难解决，已为女性主义学者所抛弃⑤，如第三章提及的朱迪斯·巴特勒（Judith Butler）即用性别

---

① Tom Shakespeare, "The Social Model of Disability", in Lennard J. David, ed., *The Disability Studies Reader（Fourth Edition）*, Routledge, 2013, p. 220.

② 转引自 Carol Thomas, "Disability and Impairment", in John Swain, etc., ed., *Disabling Barriers-Enabling Environment*, London: Sage, 2017, p. 40。

③ Shelly L. Tremain, *Foucault and Feminist Philosophy of Disability*, Ann Arbor: University of Michigan Press, 2017, p. 92.

④ Shelley Tremain, "Foucault, Governmentality, and Critical Disability Theory: An Introduction", in Shelley Tremain, ed., *Foucault and the Government of Disability*, Ann Arbor: University of Michigan Press, 2005, p. 10.

⑤ 参见 Anita Silvers, "Feminist Perspectives on Disability", *The Stanford Encyclopedia of Philosophy*, Spring 2021, https://plato. stanford. edu/archives/spr2021/entries/feminism-disability/。

操演（performativity）概念消解了这样的区分。所以：

> 残损和残疾既包括机体的也包括社会的维度。例如，脊柱裂是医学研究的对象，但是患有脊柱裂的人参与社会活动既是医学也是政治上的事情。换句话说，残损一般而言通常既属于原生性的（brute）事实，也属于制度性的（institutional）事实，并且残疾是基于不同事实间的等级关系的制度性事实，这些事实终究依赖于原生性的事实。①

因此，并不存在残损—残疾的截然二分，两者实际上相互渗透、相互影响。而认识残疾必须既从社会文化维度，也从残疾人对其特定身体状态的体验的维度出发，缺乏任一维度都有失偏颇。

其三，残疾的社会模式与医学模式的区别可能并不大。残疾的社会模式区分了残损和残疾，并将残损抛掷一边，而主要关注致残的社会性因素。这看起来站在了医学模式的对立面。但很多学者，包括希伯斯、特里曼、托马斯和比尔·修斯（Bill Hughes）等都指出两者的区别并没有看起来那么大。一方面，社会模式对残损的理解与医学模式无二，即将其理解为一种先在的生物性因素，与历史和文化因素毫无关系，但这种对身体的理解实际是很抽象的，正如凯文·帕特森（Kevin Paterson）和修斯所言："在残疾研究中，'身体'（body）一词用起来没有多少身体（bodiliness）的含义，就好像身体仅仅是骨和肉。"② 医学模式把异常的身体交给医疗手段来修正，当社会模式把注意力放在改善外部环境时，它也隐含着一种将残损交给医学的含义。另一方面，如特里曼所言，社会模式隐含着一个前提，即残损是残疾的必然条件。在确定一个人是否残疾时，社会模式也需要诉诸医学诊断，希伯斯指出："在不给人们的身体和精神作诊断时就无法揭露环境哪里有问题，我并不是说社会模式与医学模式一模一样……认识残疾的当代视角，其中医学和社会模式是两个极端，几乎都要求诊断个体的残疾症状：除非有人有了可归结为残

---

① Simo Vehmas, "What can Philosophy Tell us about Disability", in Nick Watson, etc., eds., *Routledge Handbook of Disability Studies*, London and New York: Routledge, 2012, p. 301.

② Kevin Paterson and Bill Hughes, "Disability Studies and Phenomenology: the carnal politics of everyday life", *Disability & Society*, Vol. 14, No. 5, 1999, p. 600.

疾的特征，否则这些特征无法被看到、定义、批判、断言和治愈。"① 所以，从某种程度上讲，社会模式并没有完全超越医学模式，它仍然承认医学模式的很多前提和方法，一种更合理的途径在于将残损也拉入对残疾的定义和研究中，而不是将它分割出去，交给生物学或医学来处理。也就是说，社会模式的问题在于它建构起来的残损—残疾这种笛卡尔式的二元结构：

> 社会模式——尽管它批判医学模式——事实上把身体交给了医学，并用医学话语来理解残损。为重新夺取这个丢失的身体空间而不倒退回身体决定社会地位的反动观点，社会模式需要对其二元论遗产作批判，并且，与认识论的必然性一致，承认残损的身体是历史、文化和意义领域的一部分，而并不是——如医学的观点——非历史、前政治和纯自然的事物。②

2013 年，奥利弗在《残疾与社会》上发表了一篇题为"残疾的社会模式三十年"（"The Social Model of Disability：Thirty Years on"）的文章，总结了社会模式的形成、传播和发展，也回应了很多对它的批判。奥利弗说自己对这些批判的态度是"无所谓的"（fairly relaxed），因为他仅仅将社会模式看作改善残疾人生活状况的一种工具，并且"很高兴它没有做反对者批判它未做的事情"。针对社会模式忽视残损的批评，奥利弗认为强调残损以及残疾人群体之间的差异会使社会模式"去政治化"（de-politicise），这在经济状况尚好的情况下无伤大雅，但在经济状况恶化的局面下，受这种观点影响的政策会淡化残疾人面对的体制障碍，分化残疾人群体，回到慈善老路。③ 无论奥利弗的回应是否恰切，为残疾的社会模式所开启的残疾研究已经突破了社会建构论的藩篱，引入了后结构主义、现象学和后人本主义等多种视角来解读残疾现象，极大地加深了人们的认识，以下两章将分别加以介绍。

---

① Tobin Siebers, "Returning the Social to the Social Model", in David T. Mitchell, etc., eds., *The Matter of Disability：Materiality，Biopolitics，Crip Affect*, Ann Arbor：University of Michigan Press, 2019, pp. 40 – 41.

② Bill Hughes, Kevin Paterson, "The Social Model of Disability and the Disappearing Body：Towards a sociology of impairment ", *Disability & Society*, Vol. 12, No. 3, 1997, p. 326.

③ Mike Oliver, "The social model of disability：thirty years on", *Disability & Society*, Vol. 28, No. 7, 2013, pp. 1024 – 1026.

第三章　后结构主义与批判的残疾理论

社会建构论对残疾的诠释蕴含着残损—残疾的笛卡尔式二元结构。在当代残疾研究不断深入推进的过程中，这种结构暴露出越来越多的问题，其中最主要的是它同医学模式一样都将残损仅仅看作一种生物事实，而没有对其作社会和文化意义的分析。一些受后结构主义①影响的学者着力于颠覆这种二元论，指出"那些所谓'真实的'残损现在必须被看作规训性的知识/权力体系的建构物，它们被融入一些主体的自我理解中"②。社会模式区分了残损/残疾，这里残疾仅仅是社会对残疾个人的活动限制，而后结构主义的残疾观把残损也看作社会生产出来的东西，它不是一种纯粹的生物事实，而是与社会的权力关系密切相关，在此意义上可以说"残损一直都是残疾"③。后结构主

---

① 作为指代一种学术运动的"后结构主义"（postsructuralism）如同"后现代"一样，含义并不十分明晰。有学者指出，该词源于美国，指的是 20 世纪下半叶以来美国学界对法国哲学家德里达、福柯、德勒兹和利奥塔等人的思想的接受和运用——"原初意义上，与其说后结构主义指的是一种一以贯之的哲学教义，不如说它是从当代法国哲学实践中直接拿来的一系列新的方法论原则"，并且该词很少为上述这些法国哲学家所使用。后结构主义对于瑞士语言学家弗迪南·德·索绪尔（Ferdinand de Saussure）所开启的结构主义运动的"后"在于它怀疑结构的自足性以及其中包含的二元对立框架："就其原初（亦即法国的）形式而言，在先的结构主义和在后的后结构主义的区分点并不仅仅在于不同哲学路向的哲学家在其各自的领域开始使用一种特定方法的事实，还在于该运动构成了一次理论革命，把所有关于人、性、历史、意义、现实以及理性和真理观念的在先的意识形态的确定性都看成是有问题的。"虽然后结构主义的起源和含义有争议，但是 1966 年 10 月德里达在国际批判语言学和人学论坛上提交的一篇文章对理解它的特质有重要作用。德里达在其中阐明了后结构主义的理论实践，指出它"不仅与核心结构概念决裂，而且也与统领作为表象（presence）的存在概念的所有观念和给予基础、原则、中心和真理概念的所有意义决裂……这样的决裂是为了整个地破坏结构主义的核心概念"。尼采是后结构主义的先驱，对存在和真理的形而上学观念做过深刻批判，并影响了福柯。参见 Réda Bensmaïa, "Poststructuralism", in L. Kritzman, ed., *The Columbia History of Twentieth-Century French Thought*, New York: Columbia University Press, pp. 92 – 94。

② Shelley Tremain, "On the Government of Disability", *Social Theory and Practice*, Vol. 27, No. 4, October 2001, p. 632.

③ Shelley Tremain, "On the Government of Disability", *Social Theory and Practice*, Vol. 27, No. 4, October 2001, p. 632.

义的残疾观强调对社会权力话语的分析，把残疾看作权力的产品，因此表现出一种比社会建构论更加具有批判性的特点，所以也被称作"批判的残疾理论"。有学者指出"批判的残疾理论"主张："残疾根本不是一个医学或健康问题，也并非仅仅是个感觉和同情的问题；确切地说，它是一个政治和权力（或没有权力），权力施予（power over），权力指向（power to）的问题。"①

第一节　福柯的知识/权力论和巴特勒的性别操演概念

福柯提出了一种新的权力概念。这种权力与政治哲学家对权力的惯常认知有很大不同。过去的政治哲学家包括亚里士多德、洛克、卢梭，直至当代的罗尔斯和罗伯特·诺奇克（Robert Nozick）等人，都更加关注权力的合法性之类的问题。如罗尔斯即将合法性问题归结为公民们具有不同的世界观，那么如何合法地对他们施用同一种法律呢？他给出的答案是政治自由主义："只有当我们行使政治权力的实践符合宪法——我们可以理性地期许自由而平等的公民按照为他们的共同人类理性可以接受的那些原则和理想来认可该宪法的根本内容——时，我们行使政治权利的实践才是充分合适的。"② 除了关注合法性的根据，政治哲学家还关注"主权的本质是什么？""最公正的政府形式是怎么样的？""权利基于什么样的基础？"等。③ 从这些话题中可以看到这些哲学家对权力有一种共同的理解，即将权力理解为福柯所说的"司法—话语"（juridico-discursive）概念，"根据这种司法概念，权力从根本上说是一种为外在权威如特定的社会群体、阶级、机构或国家所拥有或施加给别人的压制性的东西"④。这样的权力概念区分了统治者和被统治者，其中统治者能够用手中的权力压制被统治者。这样的压制不一定是不合法的，因为统治者的权力可能暂时来自被统治者一方，并且受到充分和有效地监督。由此可见，这种权力本质上讲可以交换、让渡和收回，虽然实际上常常为某些个人或群

① 转引自 Melinda C. Hall，"Critical Disability Theory"，*The Stanford Encyclopedia of Philosophy*，Winter 2019，https://plato. stanford. edu/archives/win2019/entries/disability-critical/。

② ［美］约翰·罗尔斯：《政治自由主义》，万俊人译，译林出版社 2011 年版，第 126 页。

③ Shelly L. Tremain，*Foucault and Feminist Philosophy of Disability*，Ann Arbor：University of Michigan Press，2017，p. 3.

④ Shelley Tremain，"On the Government of Disability"，*Social Theory and Practice*，Vol. 27，No. 4，October 2001，p. 620.

体所篡夺。这种压制性的权力在其行使过程中也有其自身特点，福柯在《规训与惩罚》中指出它的"基本功能不是考虑一系列可观察的现象，而是诉诸必须记住的法律和条文。它不是区分每个人，而是根据一些普遍范畴来确定行为；不是排列等级，而仅仅是玩弄允许与禁止的二元对立；不是加以同化，而是对罪名做出一劳永逸的划分"①。也就是说，这样的权力在行使过程中具有一定的明确性和可见性。什么是允许的，什么是禁止的，无论来自统治者专横的意志，还是来自合法的立法机构颁布的法律条文，都是十分明确的，并为被统治者所知悉。

福柯认为近代逐渐发展起来了一种截然不同的权力概念，这种权力与其说是压制性的，不如说是生产性的；与其说是可见的，不如说是不可见的；与其说是消极的，只"玩弄允许与禁止的二元对立"，不如说是积极的，与施予对象的主体性的生成和行为的塑造密切相关。规训权力是这种权力的典型形式，福柯认为规训权力实施的检查行为具有这样的特点：

> 在传统中，权力是可见、可展示之物，而且很矛盾的是，它是在调动自己力量的运动中发现自己力量的本源。受权力支配的人只能留在阴影之中。他们只能从被让与的部分权力或者从他的暂时拥有的部分权力的折光中获得光亮。但是，规训权力是通过自己的不可见性来施展的。同时，它却把一种被迫可见原则强加给它的对象。在规训中，这些对象必须是可见的。他们的可见性确保了权力对他们的统治。正是被规训的人经常被看见和能够被随时看见这一事实，使他们总是处于受支配地位。此外，检查是这样一种技术，权力借助于它不是发出表示自己权势的符号，不是把自己的标志强加于对象，而是在一种使对象客体化的机制中控制他们。在这种支配空间中，规训权力主要是通过整理编排对象来显示自己的权势。②

压制性的权力是可见和可展示之物，它表露在权力拥有者那里，经常通

---

① ［法］米歇尔·福柯：《规训与惩罚》，刘北成、杨远婴译，生活·读书·新知三联书店2012年版，第206页。

② ［法］米歇尔·福柯：《规训与惩罚》，刘北成、杨远婴译，生活·读书·新知三联书店2012年版，第210—211页。

过"献祭、加冕和凯旋"等场面来加以炫耀。这种可见性表现在君王等统治者那里，是为了让臣民看见和畏服，以更好地驾驭臣民，如中国清王朝乾隆皇帝对其"十全武功"的夸耀也是出于这样的目的。这种压制性的权力在统治者身上表露，对于被统治者来说既是可见的，也是外在的。而规训权力则是不可见的，这种不可见性是从统治者身上不容易看到的意义上而言的。这里君主不再炫耀自己治下的武功和荣誉，而是将自己的权力用另一种更隐蔽和有效的方式施展出来——将其表露在被统治者身上，使权力在被统治者身上可见，也就是福柯所说的"被迫可见原则"。这里权力行使的焦点发生了对位改变，压制性权力的"演员"是君主等统治者，"观众"是臣民，"剧情"是为了让后者慑服；而规训权力的"演员"是臣民，"观众"是统治者，"剧情"是为了确保对前者的支配。福柯以纪念1666年3月15日"太阳王"路易十四的一次阅兵而制作的徽章为例，指出君权开始与规训权力结合在一起。当时军事检阅的场面极为宏大，纪念章上的图案是这样的：

> 在图的右方，国王右腿向前，持杖指挥操练。在左方，几行士兵眉眼清晰，纵深排列。他们的右手平举与肩部同高，手持直立的步枪，右腿稍稍向前，左脚向外。在地面上，有几条线垂直相交，构成几个长方形，指示操练的不同阶段和位置。纪念章背景是一副古典主义建筑图。宫殿的圆柱是士兵队列和直立步枪的延伸。但是，在建筑物顶部的横杆上面是舞蹈造型：线条曲折，姿势匀称，衣褶细致。大理石云纹是统一而和谐的运动线条，但是人物则被凝固为整齐划一的队列与线条。这是一种精心设计的对比统一体。建筑物和构图在顶端释放出自由的舞蹈造型，但对地面上被规训的人则用秩序的准则和几何学来加以限制。这是权力的圆柱。①

在纪念章中，士兵整齐划一，队列遵守着严格的"秩序准则和几何学"，映衬着背后建筑图案的"自由的舞蹈造型"。纪念章里不仅有雄才大略的国王，也出现了被完全规训的士兵，这些士兵用整齐的队列和军姿展示了国王"规训

---

① ［法］米歇尔·福柯：《规训与惩罚》，刘北成、杨远婴译，生活·读书·新知三联书店2012年版，第212页。

权力的仪式"。福柯评论说，徽章表现了"君主难得的可见状态变成臣民必不可免的可见状态。正是在规训运作中的这种可见状态的转化，将会保证权力的行使，即使权力以最低级的形式出现。我们正在进入无穷尽的检查和被迫客体化的时期"①。虽然施展压制性权力和规训权力都是为了统治，但是二者的形式已经发生了根本性变化。对于被统治者来说，规训权力不是显性和外在的，而是隐性和内在的，如同徽章中的士兵，权力已经渗透进他们的认知、行为和意图中，渗透进他们的每一个细胞和毛孔中。被统治者已经不单单是因为慑服于一种外在的权力而成为被统治者，如果处于这种情况，一旦权力的威力不再能保证对它的慑服，那么被统治者也就不复存在了，他们甚至能趁机抢占这种权力而转换自己的身份。对于规训权力来讲，情况完全不同，被统治者的身份甚至都由这种权力所建构和生产，是为了权力的行使而出现的，或者说他们就是这种权力的化身，只不过是消极的化身。这些权力的产品不再需要慑服于任何外在的权力，因为要求他们服从的权力是无形的，他们也很难知道怎样抢占这种权力，以转换自己的身份。作为权力的产品，他们在某种程度上说已经成为权力的忠诚的维护者。如福柯曾经给德勒兹和菲力克斯·伽塔利（Felix Guattari）的《反俄狄浦斯》写过一篇序言，指出该书将矛头指向了"法西斯"（fascism）。这里福柯所说的法西斯"不仅是历史上的法西斯，希特勒和墨索里尼的法西斯……而且是我们所有人头脑和日常行为中的法西斯，使我们爱慕权力，使我们欲求支配和剥削我们的那些东西的法西斯"②。所以福柯以及残疾研究领域受其影响的特里曼都不信任有色人种、女性和残疾人的身份政治，认为这些少数群体的身份是主导性的社会权力生产出来的，而以这种身份为根据来寻求政治解放，从某种程度上讲不是反抗而是维护了压迫他们的社会权力，本书第五章"残疾与哲学主体性问题"还会对这一问题作进一步论述。

从上例徽章中士兵整齐划一的动作里可以看到规训权力塑造主体行为的强大功能。福柯认为近代产生的这种权力主要与塑造、引导和影响人的行为有关，也就是他所说的"对行为的行为"（the conduct of conduct）。实现对被

---

① ［法］米歇尔·福柯：《规训与惩罚》，刘北成、杨远婴译，生活·读书·新知三联书店2012年版，第212页。

② 转引自Ladelle Mcwhorter, "Foreword", in Shelley Tremain, ed., *Foucault and the Government of Disability*, Ann Arbor：University of Michigan Press, 2005, p. xvi。

统治者之行为的行为，政府不仅要采用惯常那种发布禁令或施加惩戒的手段，还要运用"有助于系统地将主体对象化为聋子、罪犯、疯子等的正常化（normalizing）技术，以及如减肥项目和健身机构、自信心（assertiveness）培训、肉毒杆菌注射、隆胸、心理疗法和康复等技术。因为尽管权力似乎仅仅是压制性的事实，福柯认为权力的最有效施加在于对行为可能性的引导和对可能结果的设定"①。这样，既然主体的行为已被对行为的行为所规制，主体行为的后果也完全脱离任何不确定性、完全处在规训权力的掌控中，那么权力对主体的控制就变得更加彻底了。

由此可见，福柯的主要工作既是分析权力，也是分析为权力所支配的人之主体性的历史生成，而这种分析同时也是对知识的分析。福柯认为他的著述是要明确"尤其对主体而言的'知识对权力和权力对知识的持续表达'。他认为，权力——亦即权力的行使——永远在创造知识，同时知识也在持续地引起权力效应"②。近代形成的规训权力是不可见的，但它却生产了服从于它的主体，塑造了主体的意识和行为。之所以能实现这样的效果，一个重要的原因在于它与知识的相互纠缠。福柯对犯罪学、社会学、精神病学和心理学之类的"关于人的科学"十分感兴趣，认为它们与近代人类主体性的生成密切相关，与对人的分类和管控密切相关。而这样的管控，不是通过以往压制性权力的最高功能——杀戮——的威胁而实现的，而是要做到"从头到尾地控制生命"。③ 这种新出现的"生命权力"（bio-power）的作用领域，已经渗透到公民的出生、成长、健康程度、疾病发生率和寿命等方面，相关问题逐渐成为学术研究的对象，而这种研究终究是为了更好地控制生命的始终。以性问题为例，它已"不再是严格意义上的禁忌，而是通过各种有用的公共话语对性进行必要的调节"。福柯在《性经验史》中指出：

> 到了 18 世纪，权力技术的最大新变化就是出现了作为政治经济问题

① Shelly L. Tremain, *Foucault and Feminist Philosophy of Disability*, Ann Arbor: University of Michigan Press, 2017, p. 8.

② Shelley Tremain, "Foucault, Governmentality, and Critical Disability Theory: An Introduction", in Shelley Tremain, ed., *Foucault and the Government of Disability*, Ann Arbor: University of Michigan Press, 2005, p. 6.

③ ［法］米歇尔·福柯：《性经验史》，佘碧平译，上海人民出版社 2012 年版，第 90 页。

的人口现象：富裕人口、手工业者或者有着劳动能力的人口，维持人口增长和人口所使用的资源之间的平衡。各个政府发现，它们对付的对象不是臣民，也不是"人民"，而是"人口"，以及它的特殊现象和各种变量：出生率、发病率、寿命、生育率、健康状况、发病频率、饮食形式和居住形式。所有这些变量都处在各种生命运动和各种机构的特殊影响之间的交叉点上："国家的人口分布不是根据自然人口的繁衍，而是根据它的工业、它的产品以及各种不同的机构……人口增长就像地里的庄稼一样，它是与劳动资源和劳动中获得的利益成正比的。"性就处于人口这一政治、经济问题的中心。我们必须分析出生率、结婚的年龄、合法和非法的出生、性关系的早熟和频率、提高生育率和节育的方式、单身的后果或者禁忌的影响、节育行为的影响。在法国大革命的前期，人口学家们就已经知道这些著名的"致命秘方"在乡间已是司空见惯的事情。当然，长久以来人们认为一个国家想要富足和强大，它就必须有人口，但是一个社会认为它的未来和命运不仅仅是与公民的人数和德行相关，也不仅仅与公民之间的婚姻规则和家庭的组织有关，而是与每位公民使用他（她）的性的方式有关，这在历史上还是第一次。大家开始从对富人们、单身汉们和浪荡子们的放荡不羁的行为的哀伤转向一个以人口的性行为分析为对象和干涉目标的话语之中。我们也从重商主义时代的大量人口学主题转向尝试根据鼓励生育的或者反对过多生育的目标和要求，而对人进行更细致和精确的调节。通过人口，政治经济学逐渐形成了一整套对性的观察结果，并且出现了在生物学和经济学的范围内分析性行为及其规定和影响。[①]

围绕对性行为的管控，产生了许多新的学科和研究方法。对它的研究，如同对公民身体和生命其他领域的研究一样，都并非纯然地源自亚里士多德所说的"对自然万物的惊异"，研究成果也并非仅仅具有描述性意义。这样的知识生产活动，表面上显得极具中立性和客观性，实际上它已与社会的权力结构紧密联结，具有隐匿的政治动机和深刻的规范性含义。本章第三节将以歇斯底里的历史兴衰为例阐明这一点，该病症的历史即显示了关于它的医学知识

---

① ［法］米歇尔·福柯：《性经验史》，佘碧平译，上海人民出版社 2012 年版，第 16—17 页。

的生产并不是一种远离意识形态的科学活动，而是承担了规训女性身份和性别角色的社会使命，维系了顽固存在的性别等级关系。霍布斯所言"知识就是力量"（*scientia potentia est*）① 通常被诠释为知识可以认识世界和改造世界，有知识则能充分发挥人的主体性，在自然万物中灌注人的意图或目的，从而达到超越人的自然必然性的程度。但是霍布斯时代尚未出现的状况是知识也可以是一种权力，一种不是针对自然界而是针对人自身的权力。这种以知识形态展现的权力可能塑造了人的行为和意识，形成了人的主体性；它并不一定能够增益人类的幸福，却可能体现了某些占据优势地位的社会群体对另一些群体的支配和压制。这样的知识/权力结构将劣势群体牢牢地禁锢在社会的底层，它的强大之处在于它总是显得具有十足的科学性，并且使这些群体产生爱丽丝·杨（Iris Young）所说的"双重意识"（double consciousness）——常常以优势群体的视角来认识，或更准确地说贬损自己。

残疾的社会模式假定了残损—残疾的二元结构，认为残疾是社会结构对残疾人的活动和机会施加的限制，这里蕴含的权力概念等同于那种压制性的权力——权力对于残疾主体而言是外在和消极的，对他们行为的限制表现为禁止和惩戒，并未表现出塑造、引导和影响的积极效用，因此没有承担"对行为的行为"的角色。从福柯的权力观出发，一些学者认为社会模式所理解的残疾并不深刻，它除了只在表面考察权力对残疾主体的压迫，还把残损看作纯粹的生物学或医学范畴，没有对其作深入剖析和解读。这些学者指出：

> 生产和管理残疾的权力/知识网络也生产和管理能力、机能和正常形态。区分例如"身体正常""理智"以及"完整"和"残损""精神疾病"以及"缺陷"的实践和体制也创造了我们生活的所有条件；它们形塑了我们遇见自己和拥有一种生活方式的情形。"正常"有一个历史，一整套的前提，以及产生它，支撑它，在条件满足的时候改变它的支持和假定。②

所以对后结构主义的残疾研究理论家来说，身体上的残损不仅仅是一种生物

---

① 一般认为这句拉丁文出自弗朗西斯·培根（Francis Bacon），但是在培根的著述中只能找到"*ipsa scientia potestas est*"（知识本身是力量）。它的真实来源是《利维坦》，其作者霍布斯曾是培根的秘书。

② Ladelle Mcwhorter, "Foreword", in Shelley Tremain, ed., *Foucault and the Government of Disability*, Ann Arbor: University of Michigan Press, 2005, p. xv.

事实，也可能源于一种霸权性的权力话语。

残疾研究中后结构主义路向的另一个理论来源是巴特勒的性别操演（gender performativity）概念。巴特勒是当代西方女性主义最有影响力的学者之一，她的研究范围极广，其中20世纪八九十年代的性别操演理论为人们所熟知，并极大地推进了第三波女性主义运动。前文已经指出，以往女性主义学者假定了生物性别（sex）/社会性别（gender）的笛卡尔式二元结构。他们之所以强调这种区分是为了切割生物特征与社会地位之间的关系，反对性别等级制的生物论据。在他们看来，女性并不因为拥有某些特定的身体器官或性激素而只适合待在家庭这样的私人领域，不适合在工作和政治这样的公共领域有所追求；这种流行的性别偏见，表达了特定历史文化所塑造的社会性别，而没有所谓的生物必然性。实际上，社会角色没有性别属性，正如男性也可以并应当承担家务，女性也可以在公共领域中取得成功，其中的关键在于消除长期以来形成的有关性别的刻板偏见以及建基于其上的社会体制。巴特勒在1988年发表的《操演行为和性别建构》（*Performative Acts and Gender Constitution*）对社会性别作了新的诠释。她认为社会性别不具有任何内在性和本质性的东西，而是"操演性的，这意指其仅仅在被操演的意义上是真实的"[1]。操演发生在不同性别的不同行为中，而这样的行为逐渐沉淀为文化传统中的性别分殊，并具有稳定不移的表象，巴特勒指出：

> 社会性别不能被理解成能表现或遮掩一种内在"自我"的角色，无论这种"自我"是否被想象为以生物性别为基础。作为一种操演的出场，社会性别是一种普遍构建起来的"行为"，它又构建了自己的心理内在性的社会幻象……这种自我不仅是社会话语编织起来的绝对的"外在物"，而且这种内在性的归因本身即是本质虚构过程的一种被公共管控和支撑的形式。那么，性别既非真亦非假，既非实在物亦非只存留于表象。[2]

---

① Judith Butler, "Performative Acts and Gender Constitution: An Essay in Phenomenology and Feminist Theory", *Theatre Journal*, Vol. 40, No. 4, Dec. 1988, p. 527.

② Judith Butler, "Performative Acts and Gender Constitution: An Essay in Phenomenology and Feminist Theory", *Theatre Journal*, Vol. 40, No. 4, Dec. 1988, p. 528.

巴特勒的操演概念容易让人们想到让·鲍德里亚（Jean Baudrillard）的"拟像"（simulacra），后者指表象和对表象的复制，而且这样的表象并没有实在对应物，没有来源。与第二波女性主义的主要观点不同，巴特勒并不认可生物性别与社会性别的区分。她认为那种常常拿来佐证性别不平等的生物差异，本质上也是文化构建的，是社会中优势的权力话语生产出来的。在 1990 年出版的《性别麻烦》（*Gender Trouble*）一书中，巴特勒指出，生物性别本身即社会性别：

> 如果检验下生物性别的"永恒不变的"品质，那么或许这个被称作"生物性别"的产物正如社会性别一样也是文化构建的；实际上，它或许一直是社会性别，这导致了这样的后果，即生物性和自然性的区分变成了没有区分。①

巴特勒的这种观点乍看起来难以理解。生物性别本身看起来建立在生物事实的基础上：男女两性有不同的生殖器官，并在生育活动中承担不同的角色。这样的事实似乎十分明显，并且在人类历史中一直都如此。巴特勒并非否认这一点，她实际上是在强调社会中传统或主流的权力话语对于塑造人们对生物性别的观念具有根本性的作用，那种试图从一种纯粹中立或客观的立场来言说生物性别的做法或者不可能达到目的，或者只能取得一些抽象和空洞的见解。在其后出版的《身体之重》（*Bodies that Matter*）中，巴特勒即指出：

> "生物性别"范畴从一开始就是规范性的；它是福柯所说的"管控理念"（regulatory ideal）。那么，在这层意思上说，"生物性别"不仅作为一种规范起作用，它也是管控性实践的一部分，而这种实践生产了它要管理的身体，或者说，这种作为一种生产力——生产（划界、传送和区分）它要控制的身体——的管控性实践是清晰明了的。因此，"生物性别"是被迫物质化的管控理念，而且这种物质化发生（或尚未能发生）

---

① Judith Butler, *Gender Trouble*: *Feminism and the Subversion of Identity*, London and New York: Routledge, 1990, p. 7.

在被高度管控的特定实践中。换句话说，"生物性别"是一种理念的建构物，它被迫在时间中物质化了。它并非一个简单事实或身体的恒定状态，而是管控性规范物质化"生物性别"、并通过对这些规范的强制复说（reiteration）而实现这种物质化的一种进程……构成身体的恒定物，它的轮廓，它的运动，是完全的物质性的，但是这种物质性会再被看作权力的效应，权力最具生产性的效应。①

巴特勒颠覆了第二波女性主义对生物性别和社会性别的二元区分，也直接影响到残疾研究领域。正如上文所示，残疾的社会模式中残损与残疾的二元区分也受到第二波女性主义的启发，其将残损归结为同生物性别一样的自然事实，而不对其作深入的研究和分析，这在某种程度上说又退回医学模式的立场。随着残疾研究学科的深入推进，社会模式的笛卡尔式二元结构显得越来越不能适应西方残疾人群体的斗争需求，一些受福柯和巴特勒影响的后结构主义残疾学者开始分析和批判社会模式的不彻底性，运用新的理论视角来研究残疾问题，促成了批判的残疾理论的产生。

第二节　残损身体的社会生产

批判的残疾理论的代表学者是特里曼，她也是位残疾人女学者。为了更好地批驳社会模式，她对其中蕴含的二元论框架作了一番细致梳理。特里曼指出，这样的结构不仅出现在残疾/残损和社会性别/生物性别这两个对子里，还出现在人/自然、理性/情感、精神/肉体、客观性/主观性、工作/家庭、男性/女性、言说/写作等对子中。这些对子中的两方并不是对等的，前者在价值次序上被认为高于后者，并为后者提供了形式和依靠。这种对子在近代以来的西方哲学思想中比比皆是，它们可以被概括为文化（culture）与自然（nature）的区分。这样的区分反映在人们的思维模式中，也反映在社会上存在的政治秩序中。无论哪个对子，它们的结构都显得具有一定的必然性和稳定性，但是也潜藏着被颠覆的危险，特里曼指出，"就这种二分思维而言，任

---

①　Judith Butler, *Bodies that Matter*: *On the Discursive Limits of "Sex"*, London and New York: Routledge, 2011, pp. xi-xii.

何危害前者的稳定存在，或揭露前者的人为制造本色的事物（人、物体或事态），都一定会被遮蔽、排斥或消除"①。很明显，对于女性主义而言，这样的二元结构是维持对女性压迫的一种意识形态："就这种二元论中双方的关系而言，女性自很久以来即被有意地与被贬损的身体、情感、阴性、私人空间、偏向性以及主观性串联在一起，而男性则与被看重的精神、阳性、公共空间、不偏不倚以及客观性串联在一起。"② 女性主义者在反对无论以何种面目展现的男人优于女人的论调时，也自然地把矛头对准了西方文化中普遍存在的这种文化／自然二元论，亦即反对为支配栖居于自然一侧的女性、黑人、动物、无机环境等而张目的权力话语。但是，女性主义者在这样做的时候，却没有对社会性别／生物性别这个对子作同样的处理，因为它对于反对性别文化中的生物决定论太重要了。如上所述，区分社会性别和生物性别可以打破社会地位高低与身体差异之间有关联的神话，把一些惯常的角色分配，如男人适合工作和政治、女人适合打理家务等看作纯然人为规定的，没有任何的客观依据，这也为女性争取更多的社会空间提供了理论武器。但是这样的做法，也使女性主义招致了很多批判，"由于割让了生物性别的领地，女性主义者事实上遭遇了大量的抵制和连续的攻击，这种抵制和攻击以生物差异为根据，源自生物学、医学以及社会科学的重要领域"③。之所以如此，是因为社会性别／生物性别的二元论在反对男性化的社会结构对女性生存活动的限制时，也默认了两性的生理差异，并将这种差异看作无关紧要的生物学或医学问题。

女性主义要想走出这样的困境，必须对文化／自然这样的二元论框架作彻底批判，抛弃社会性别／生物性别的区分，并对有关生物性别的话语作深刻的分析和检视。就此而言，福柯和巴特勒的观点无疑是最有效的工具。福柯本人即认为："'生物性别'的自然化和物质化对于生命权力的运作而言是必不可少的……'生物性别'范畴事实上是霸权的幻影，它伪装为一种自然化的

---

① Shelley Tremain, "On the Government of Disability", *Social Theory and Practice*, Vol. 27, No. 4, October 2001, p. 625.

② Shelly L. Tremain, *Foucault and Feminist Philosophy of Disability*, Ann Arbor: University of Michigan Press, 2017, p. 110.

③ Shelley Tremain, "On the Government of Disability", *Social Theory and Practice*, Vol. 27, No. 4, October 2001, p. 626.

对异性有性欲的起因。"① 换句话说，没有先于权力话语而存在的纯粹的生物性别，那种超越历史时空的性别观念只停留在理论家的脑海里；而现实世界的生物性别是由特定时期的权力话语生产出来的，是物质化了的那种权力话语。巴特勒同样反对有一个先在的"纯粹身体"而等待被社会文化赋予意义的观点，她指出，生物性别是"被迫物质化的管控理念"，它的物质化发生在"被高度管控的特定实践中"。巴特勒认为这种管控是为了维护"异性恋范式"（heterosexual matrix），从这种范式出发，人们能对身体形成特定的文化意识，并据此形成性别差异的观念。在这样的范式中，男女不同的行为方式和性格倾向（社会性别）表征了自然的生理差异（生物性别），而男人对女人或女人对男人的欲望则表征了社会性别。这里编织起来的生物性别、社会性别和欲望的因果链条被看作永恒存在的，其中身体的差异被看作这种永恒性的物质基础。但是这种编织起来的霸权性的知识/权力话语，并非牢不可破，也并非遭遇不到任何的威胁，因为这种"生物性别、社会性别和欲望的观念掩盖了酷儿（queer）、双性恋、女同性恋、男同性恋、跨性别乃至异性恋背景中蔓延的性别身份混乱，在这样的背景中社会性别绝不能被假定为顺从所谓的生物性别，欲望、性行为和性倾向一般而言也不能被假定为顺从社会性别"②。这种知识/权力话语为了维持它的霸权地位，为了继续塑造它稳固的真理形象，便着力于遮蔽、排斥乃至消除这样的性别身份混乱，把它们归结为异常、变态或病态现象，通过污名化它的反叛者而确证自己的合法性，须知，1973 年同性恋才从美国的疾病分类系统中排除，1990 年才从世界卫生组织的疾病名册中消失。

由上述内容可见，后结构主义表现出来的批判性在于它试图解构西方文化中普遍存在的二元论框架，把话语分析的触角伸到以往被看作基础性或本质性的东西上。身体即一个典型的例证。从后结构主义的视角来看，身体并非先于特定历史时期的话语结构而存在，如巴特勒所言，"并不存在对纯粹身体，同时又不是对这个身体加以进一步形塑的指代（reference）"③，任何对身

---

① Shelley Tremain, "On the Government of Disability", *Social Theory and Practice*, Vol. 27, No. 4, October 2001, pp. 626 – 627.

② Shelley Tremain, "On the Government of Disability", *Social Theory and Practice*, Vol. 27, No. 4, October 2001, p. 627.

③ Judith Butler, *Bodies that Matter: On the Discursive Limits of "Sex"*, London and New York: Routledge, 2011, p. 10.

体的描摹，无论宣称多么中立和客观，都在某种程度上构成了对身体的规定，都注入了某种立场和价值的元素，或者说以这种方式描摹的身体是这种立场或价值的物化形式。话语先于身体、先于生物性别，这种说法听起来十分反直觉，因为在一般意识当中，这样的次序是倒置的。后结构主义的这种观点并不是要否认身体和性别的物质性，如特里曼所说，"我应该强调一下，我的论断并不是要否认身体间的物质性差异。更准确地来讲，我的论断指的是这些差异总是已然被话语或体制实践意有所指和形有所成"①。对身体和性别的这种观点可能为一些当代生物学或医学学者所否认，他们研究的出发点即寻求一种客观中立性，力图用精确数据和精细把控的实验对身体的物质性加以描述。特里曼指出：

> 这种论断——"生物性别"是偶然的话语实践的效应——最可能招致进化和分子生物学领域的强烈反对。因此，我强调一下，这些学科并不置身于有关性的知识/权力话语之外。相反，有关生物性别－社会性别的社会和政治话语已经推动了生育生理知识中进化论观点和描述的产生，以及内分泌学科（荷尔蒙科学）中研究对象的确定。从生殖器（genitalia），到性腺的解剖，再到人体化学，社会性别的幻影已经被充分灌注于人体内。例如，弗思托－斯特林（Fausto-Sterling）指出，通过把实际上作为所有身体的化学物质的调控者的细胞组定义为"性荷尔蒙（sex hormones）"，研究者把身体化学"社会性别化"了，并且使这些调控者在无论"男性"还是"女性"的发育中所承担的有重要影响、并且与性别归属无关的角色变得不可见了。②

从某种程度上说，这样的科学实践本身即知识/权力话语的组成部分，它和其他的知识生产领域共同制造了上述所说的有关生物性别、社会性别以及性欲的因果链条。本章第三节所举的例证——歇斯底里——能更充分地说明这一点，历史上有关它的一些所谓的医学、心理学和精神病学知识，都着力于维

---

① Shelley Tremain, "On the Government of Disability", *Social Theory and Practice*, Vol. 27, No. 4, October 2001, p. 627.

② Shelley Tremain, "On the Government of Disability", *Social Theory and Practice*, Vol. 27, No. 4, October 2001, pp. 628 - 629.

护传统的女性性别身份和角色，是规训权力的一种现实表现。

后结构主义解构了女性主义理论中社会性别与生物性别的二元论，把生物性别也看作知识/权力话语的建构物，这样的认识也可以照搬到残疾研究中，对社会模式中残损与残疾的二元论作同样处理。上文已经指出，把社会结构对残疾人生活的限制看作残疾有一定的解放意义，这推动了无障碍环境的建设，也为残疾人的成长、教育和就业等开放了更多的机会，改善了残疾人的福利状况。但是残疾人不同于少数种族和女性，对于后者而言，破除社会体制给他们制造的机会瓶颈，提高社会的包容度，一般而言就可以了，少数种族和女性并不面临身体的任何内在限制。但是对于残疾人来说，事情就极为不同——他们除了遭遇外部环境对其异常身体特征的不包容问题，也遭遇这种身体特征本身所制造的麻烦。社会模式局限于二元论立场，无法对它称为残损的东西的社会文化意义作深入分析，而只将其弃置一边，最终也就把残损交给了医学和生物学。从这一点看，社会模式与医学模式并没有截然的区别。社会模式对残疾的理解具有这样的不彻底性，因而为许多残疾研究学者所诟病。当代残疾理论与女性主义理论有亦步亦趋式的、十分紧密的关系[1]，如果说社会模式对残损/残疾的区分受第二波女性主义对生物性别/社会性别区分的影响，那么对残损/残疾二元论的解构也一定受第三波女性主义对生物性别/社会性别之框架解构的影响。特里曼在其诸多著述中正是结合女性主义对生物性别的知识/权力话语分析来对残损身体的社会生产加以论述。借用了后结构主义的很多理论资源，特里曼指出残损如生物性别一样并非纯粹的生物事实，并非先于权力话语而存在的超历史现象，也并非对残疾的社会文化构建承担一种基础性角色。她认为：

那些所谓"真实的"残损现在必须被看作规训性的知识/权力关系的构造物，这种关系已经为主体的自我理解所吸纳。作为历史性的特定政治话语（亦即生命权力）的效应，残损通过对关于（例如）人体机能和结构、熟稔程度、智力和能力的具有特定文化属性的管控性规范和理想

---

① 参见 Rosemarie Garland-Thomson, "Integrating Disability, Transforming Feminist Theory", *NWSA Journal*, Vol. 14, No. 3, October 2002, pp. 1 – 32 以及 Anita Silvers, "Feminist Perspectives on Disability", *The Stanford Encyclopedia of Philosophy*, Spring 2021, https://plato.stanford.edu/archives/spr2021/entries/feminism-disability/。

的不断重复，而物质化为主体的普遍特征（品质）。而且，作为主体的普遍化的特征，残损被自然化为一种内在的身份或本质，对其而言，文化作用于其上以遮掩把它们物质化为自然因素的历史的和偶然的权力关系。

……

简而言之，残损一直都是残疾。引导和区分主体的规训性实践也生产了他们拥有一个话语之前就有的，或自然的，先在物（残损）的幻象，这种幻象反过来为该实践的管控效应的增殖和扩张提供了辩护。残疾主体的明证、行为和展示就他们要显露和表明的所谓"自然的"残损并无先于或脱离那些构成性的操演行为的存在而言是操演性的。①

特里曼在这里指出，残损并不脱离于有特定历史性的知识/权力关系而存在，它一直是这种关系的产品，并被物化为一种客观和中立的生物事实，而这种物化是为了更好地支撑这种规训实践。这种权力关系或规训实践与对人体结构和机能的文化观点有关，它把随现代统计学形成的对大多数人的身体特征的认知看作一种标准，把符合这种认知的个人身体看作正常的，把不符合这种认知的个人身体看作异常或缺陷的，并竭力用医疗技术修正或消除这样的身体。这就是机能歧视的观点。机能歧视对人的身体作了优劣好坏的价值排序，它不同于古代流行的完美身体只存在于凡人不可企及的理念界的观点，认为完美身体是大部分人都会有的，在统计图中表征为钟形线的中间部分的身体特征。所以人只要四肢健全，有视听嗅味触的五种感觉，并且有相对稳定的心理或精神状态，那么他就符合现代对完美身体的定义，就是正常和健全的人。如果他在某一方面达不到这样的标准，他就是有缺陷的，就是有残损的身体，这时问题就出在他自身，而非专为所有身体特征处于正常形态或幅度的人所建构的社会环境。为迎合这样的社会环境，他必须用医疗技术或者其他什么手段来修正自己的身体，在无法实现的时候，他只能承受主流社会所给予的污名标签，或者面临医学或福利机构的禁锢，或者被抛入社会的边缘位置。

这种机能歧视的知识/权力关系是近代以来逐渐产生的认识和掌控人的身

---

① Shelley Tremain，"On the Government of Disability"，*Social Theory and Practice*，Vol. 27，No. 4，October 2001，p. 632.

体的一种方式。通过对何谓正常，何谓异常的身体的规定，机能歧视在纷繁多样的身体形态中建构了一种秩序，这样的秩序符合齐格蒙特·鲍曼（Zygmunt Bauman）所说的现代性的特点，即为使复杂的生活样态显得具有条理和可知性，现代性要不断地排斥不确定和未知的因素。具有异常身体特征的"陌生人"构成了对现代性的威胁，为了能认识和掌控他们，规训权力会运用福柯所说的检查（examination）手段。特里曼即指出："检查的引入开放了两个相互关联的可能性：第一，为了能一劳永逸地抓住……个人的自然能力，他被建构为可描述和可分析的对象；第二，一种比较体系建构起来了，使得评估全部现象，描述不同群组，说明集体事实，计算个体差异以及他们在特定群体中的分布成为可能。"[1] 规训权力的这种检查既是个体化的（individualizing），也是总体化的（totalizing），它的个体化表现在"检查产生的信息把主体与成为知识对象的个体性、个人身份和可辨识度联结了起来"；总体化表现在"主体被安放在涵涉更广的社会范畴和标示中，这种范畴和标示即以对所获信息的认知和解读为基础"[2]。也就是说，通过检查，一方面，个人身体特征的不确定性得以消除，由不可知物成为知识的对象，并明确了自己的独特性；另一方面，检查也把对身体的认知置于比较系统中，明确它的价值次序和优劣等级。由此，现有的秩序得以维持，某种名号的残损终于被生产出来。特里曼举了英国残疾生活补贴（Disability Living Allowance）的例子，这种福利制度为帮助残疾人克服生活中的困难而设立，但是领取补贴需要潜在的受益者填写调查问卷。而调查问卷包含诸多项目，填写者要记录自己遭受何种运动不便、疼痛的细微体验、生理不适的周期等。这种问卷在力图尽可能地获得潜在受益者的个人信息时，也抽离了他们具有纷繁异质性的身体特征，生产了具有同质性且方便管理的范畴，亦即某种残损，理由在于，"量表上的确定参数和政策背后的动机本身预设了一个先在和稳定的实体（残损），该实体以有关（例如）机能、效用和独立性的管控性规范和理念为根据"，并且"通过文本陈述的操演（'你告诉我们的越多，我们越容易形成你需要什么的清晰认识'），潜在的受益者……被制造成残损的主体，并且被驯服，也就是

---

[1]　Shelly L. Tremain, *Foucault and Feminist Philosophy of Disability*, Ann Arbor: University of Michigan Press, 2017, pp. 98 – 99.

[2]　Shelly L. Tremain, *Foucault and Feminist Philosophy of Disability*, Ann Arbor: University of Michigan Press, 2017, p. 99.

成为可以被利用、赋能、压制和改善的主体"。① 由此来看，并不是先有一种身体残损，而等待调查问卷的核实、记录和分类，而是通过这种问卷对个体信息的收集和记录，才有了残损，才有了被归类为残疾人的主体，也才有了政府福利发放中的受益者。这样的问卷筛掉了受益者身上纷繁复杂的诸多信息，遮掩和排斥了不确定和未知的东西，从而把他们归入可知和可控的范畴中。

第三节　残损身体的社会生产：一个例证②

残损并不是纯粹的生物特质，而是特定历史时期的知识/权力话语生产出来的，是这种话语的物化或客观化形式。这种观点自然难以理解和接受。本节将以歇斯底里的历史兴衰为例，对这种后结构主义的残疾观作进一步阐释。历史上，歇斯底里的症状被认为包括眩晕、躯体运动麻痹、（视、听、嗅等）感觉丧失、呼吸窘迫（包括癔球症），以及过度的情绪反应等。即便按照今天对残疾的一般理解，也可以把它划为一种残疾。历史上，人们曾长期将歇斯底里的病因归结为"游走的子宫"（wandering womb），换句话说，这种病症仅为女性所患，这在柏拉图的著述中也有所体现。"歇斯底里潜在于女患者的身体"的这种观点曾长期流行，甚至近代解剖学的发展也未使之失势。即便在当代精神医学将歇斯底里逐出疾病门类时，这种病因说还"改头换面"地出现于其他的妇科疾病中，最典型的即是子宫内膜异位症。实际上，这种病因说，或对女性残损身体的建构，与一种规训女性身份和生育角色的权力话语有关，而并不是对生理现象的客观和中立的描述。

20世纪末西方学术界重新燃起了对歇斯底里的兴趣，引来了所谓的"新歇斯底里研究"（new hysteria studies）。它不同于19世纪末让－马丁·夏尔科（Jean-Martin Charcot）、约瑟夫·布罗伊尔（Josef Breuer）、西格蒙德·弗洛伊德（Sigmund Freud）等人对相同主题所做的工作，原因在于它是历史的、政治的和文化的，而非临床的和科学的。它表明，一部歇斯底里史"体现了科

---

① Shelly L. Tremain, *Foucault and Feminist Philosophy of Disability*, Ann Arbor: University of Michigan Press, 2017, pp. 96 – 97.

② 本节内容主要取自笔者课题研究阶段性成果——《被规训的女性身体：歇斯底里及相关病症认识史中的权力逻辑》，其已发表于《自然辩证法研究》2021年第3期。

学、性与哗众取宠的难以抗拒的掺杂"①，4000 年前古埃及医学文献中那种
"游走的子宫"观念仍然深刻地影响着时至今日的医学话语。这种观念与其说
使女性特定的机体和精神表现病态化（pathologize）了，不如说把女性对传统
性别规范的偏离病态化了，承担着规训女性性别身份和生育角色的社会使命，
强化着古往今来的性别等级关系。

　　新歇斯底里研究对我们思考性别与权力、身体与政治、正常化（normal-
cy）与病态化、科学与文化等有重要意义，以下将分四个部分加以简介：第
一，"歇斯底里与'游走的子宫'"指出在大部分历史时期内，歇斯底里的病
因被看作子宫脱离原位，向身体上部游走，这是对女人身体的病态化、性欲
化和道德化塑造的一种形式，服务于男性对她们的社会统治；第二，"男歇斯
底里者的命运"论述近代医学话语对男人也会患歇斯底里这一事实的抵制策
略，以使建构起来的男性性别特质——健康、理性、能进行"我思"和改造
世界等——免受挑战和威胁，维护社会的性别乃至阶级结构；第三，"子宫内
膜异位症对歇斯底里病因理论的承袭"，指出在歇斯底里失去其历史地位
时，子宫内膜异位症从某种意义上说又承袭了它的病因理论，占据了曾经
为它所占据的诊断学和文化位置，扮演了规训女性身体和维护性别等级关
系的角色；第四，"结论"联系女性主义认识论的有关观点总结上述研究的
批判性价值。

一　歇斯底里与"游走的子宫"

　　歇斯底里是最早为人类医学史所记载的病症之一，在公元前 1900 年左右
的古埃及莎草纸文献中即出现过。纵观医学史，它一直是谜一样的存在：人
们并不明晰它的症状②，也很难讲清楚它的病因，在治疗手段上也处于无政府
状态。随历史发展，人们不断给"歇斯底里"一词增添新的含义，以致到 19
世纪末它负载含义过多而"不能指称任何东西。它不再有语言的基本指称功
能"③。歇斯底里在现代的命运更为奇特，有人认为现代动力精神病学（dy-

---

　　①　Mark S. Micale, *Approaching Hysteria*: *Disease and Its Interpretations*, Princeton, NJ: Princeton U-
niversity Press, 1995, p. 3.

　　②　据说维多利亚时代一位医生开列了一份长达 75 页的症状清单。参见 Elissa Stein and Susan
Kim, *Flow*: *the Cultural Story of Menstruation*, New York: St. Martin's Press, 2009, p. 51。

　　③　Cara E. Jones, "Wandering Wombs and 'Female Troubles': The Hysterical Origins, Symptoms,
and Treatments of Endometriosis", *Women's Studies*, Vol. 44, 2015, p. 1096.

namic psychiatry) 史肇端于对歇斯底里的研究①；也有人认为如果没有歇斯底里这种流行的神经症，精神分析理论就不会产生②；20 世纪下半叶歇斯底里又与轰轰烈烈的女性主义运动结合起来，过去的女歇斯底里者被赞誉为时代英雄。

虽然歇斯底里的前世今生十分复杂，但是仍然有考察它的一些线索。关于它，人们知道英文"歇斯底里"（hysteria）一词源自意为"子宫"的古希腊文。从词源上看，它仅仅与女人有关。这符合它的历史表现：很长一段时期，它被看作只有女人才会患的疾病。关于它的症状，不同时期的人们有不同的认识，概而言之，典型的有眩晕、躯体运动麻痹、（视、听、嗅等）感觉丧失、呼吸窘迫（包括癔球症），以及过度的情绪反应等。古埃及人认为女人身上的这些反常表现由子宫脱离盆腔原位向上游走而挤压其他组织造成。这种解释在古希腊人的著述中也能够找到，如柏拉图在《蒂迈欧篇》中说：

> 在女人身上有称为子宫的东西，是一生命体，有怀胎的欲望。如果超过定期而长期没有结果，它就会烦躁不安，痛苦不堪，漫游于身体，阻塞呼吸，进而带来极度的难受而引发各种病乱，直至传种爱神和怀胎欲望相聚。③

这里柏拉图将游走的子宫与女人生育迟滞联系在一起。希波克拉底学派的很多文献也对歇斯底里作了类似的解释，指出它主要发生在成年女性身上，如果她们长期独身而不能婚育，子宫这种活体就会向体腔上部游走以寻求欲望满足。既然病因是这样的，那么治疗由此产生的各种身体和精神异常就需要使子宫回归原位。这既可以通过一些物理手段，如倒置身体，吞服恶臭之物或在阴部放置香料以求驱使或诱使子宫归位，也可以通过性交和怀孕来做到。后者使子宫湿润而不再寻求其他器官的湿气，被看作最佳的治疗手段。如此说来，婚育对女人预防各种身心异常具有重要作用，古典和古代晚期的医学权威即认为女人结婚的最佳年龄是 14—15 岁，约在月经开始一年之内④。

---

① Mark S. Micale, *Approaching Hysteria：Disease and Its Interpretations*, Princeton, NJ：Princeton University Press, 1995, p. 4.

② Elaine Showalter, "Hysteria, Feminism, and Gender", in Sander L. Gilman, etc., eds., *Hysteria Beyond Freud*, Berkeley, Los Angeles and London：University of California Press, 1993, p. 320.

③ ［古希腊］柏拉图：《蒂迈欧篇》，谢文郁译，上海人民出版社 2005 年版，第 65—66 页。

④ Camran Nezhat, Farr Nezhat and Ceana Nezhat, "Endometriosis：Ancient Disease, Ancient Treatment", *Fertility and Sterility*, Vol. 98, No. 6S, December 2012, p. s9.

柏拉图—希波克拉底学派对歇斯底里的解释逐渐演化成一种教条，后人不断回归这种传统，将歇斯底里那些古怪的症候与子宫异常联系起来。即便在"黑暗的中世纪"之后，在女歇斯底里者被妖魔化并受到公开迫害的时期结束之后，自然主义思想的兴起也没有阻止人们信守游走的子宫观念。如17世纪以其对血液循环的研究为医学进步作了卓越贡献的威廉姆·哈维（William Harvey）也重述过上述观念，认为"子宫是最重要的器官，使整个身体与它交感"，并宣称：

> 最贫乏的经验也不会对此无知，当子宫或者上升，或者下垂，或者无论以何种方式失位，或者处于痉挛状态，多么痛苦的症候都会出现——精神异常、发狂、忧思、阵发的暴怒有多么可怕，好像人受符咒驱使。这些都源自子宫的非自然状态。[①]

19世纪上半叶让-巴蒂斯特·卢耶-维勒迈（Jean-Baptiste Louyer-Villermay）曾被选举为法国医学会主席。他对歇斯底里的研究在法国产生了重要影响，实质上也与捍卫希波克拉底传统有关。他认为，"子宫是一种黑色、神秘和无所不能的存在"，这种"生殖器官的帝国"有其"专横的法律"，能够对女人的整个身心施加巨大的影响。而歇斯底里是"子宫窒息"（suffocation of the uterus）、"子宫上升"（ascension of the womb）和"子宫钳制"（uterine strangulation）的同义词。卢耶-维勒迈同样认为子宫异常的最常见起因是"绝对和非自愿的独守童贞（chastity）"，而治疗这种病症需要结婚和生育。[②] 同时期的法国医生朱利安·约瑟夫·维雷（Julien Joseph Virey）也认为未被满足的子宫会"变成发狂和贪得无厌的动物"，而歇斯底里最可能折磨"完全独身的年轻女人，或年轻无子的寡妇，或失去童贞而没有结果的不孕女子"。[③]

不难看出，对歇斯底里病因的上述解读暗含着子宫控制女人身心的观念。

---

① Mark S. Micale, *Hysterical Men*：*The Hidden History of Male Nervous Illness*, Cambridge, Ma. and London：Harvard University Press, 2008, pp. 14 - 15.

② Mark S. Micale, *Hysterical Men*：*The Hidden History of Male Nervous Illness*, Cambridge, Ma. and London：Harvard University Press, 2008, pp. 62 - 63.

③ Mark S. Micale, *Hysterical Men*：*The Hidden History of Male Nervous Illness*, Cambridge, Ma. and London：Harvard University Press, 2008, p. 70.

子宫的特殊性在于它是"唯一没有男性身体对应物的女性器官"①。长久以来，这种具有繁育生命功能的器官也被看作与其他器官密切相关。有人即认为，女人胃、肝、肾、心、肺等内脏疾病不是独立的器质性疾病，而是子宫异常的交感反应或症状表现②，换句话说，子宫是女人身体的全部，定义了女人的生物机能。同时子宫又被看成最活跃的器官——不稳定、反复无常、难以预测。时至今日这样的观念还存在于人们的意识当中，从某种程度上可以解释剖腹产手术日益盛行的现象。子宫最活跃，它又控制着女人的肉体和精神，所以女人的本性也应该是不稳定、反复无常和难以预测的。歇斯底里那些难以名状的症候正是表达了女人的这种本性：女人都是不健全、非理性和病态的。

马克·米卡勒（Mark S. Micale）认为对歇斯底里的这种解释既是科学观念史的一部分，也是一种"跨性别的表征"（cross-gender representation），因为它几乎都来自男性医学权威。米卡勒说：

> 长时间以来，歇斯底里成了男人在异性身上发现的难以解释和难以掌控之处的夸张的医学隐喻。这种疾病的剧烈变化的身体症候被看作反映了女人的不稳定和不可预测的本性。女歇斯底里者的夸张的情绪被理解为女人天生的敏感气质的病态激化。歇斯底里的发作被看作一种过度女人化的发作，模仿了生育和性高潮。正如本世纪（20世纪）两位医生所观察到的，对歇斯底里的诊断是"男人话语中的女人形象……那种描述听起来像女人气质的讽刺画"。③

爱丽丝·杨（Iris Marion Young）在《正义与差异政治》中指出强势的社会群体会将其他群体显露的差异塑造为"缺陷和否定"，以使其成为"他者"（Other）。④ 一部歇斯底里史也正是这种塑造过程的典型表现。

---

① Elissa Stein and Susan Kim, *Flow：the Cultural Story of Menstruation*, New York：St. Martin's Press, 2009, p. 51.

② Cara E. Jones, "Wandering Wombs and 'Female Troubles'：The Hysterical Origins, Symptoms, and Treatments of Endometriosis", *Women's Studies*, Vol. 44, 2015, p. 1094.

③ Mark S. Micale, "Hysteria and Its Historiography：A Review of Past and Present Writings", *History of Science*, Vol. 27, No. 4, 1989, p. 320.

④ Iris Marion Young, *Justice and the Politics of Difference*, Princeton, NJ：Princeton University Press, 1990, pp. 58 - 59.

从歇斯底里历史中不仅可以看到对女人身体的病态化形塑，还可以看到对女人身体的性欲化（sexualisation）和道德化（moralisation）形塑。子宫控制着女人的身心，意味着它不仅定义了她们的生物机能，也定义了她们的社会职能。古典妇科学正是通过将女性归结为生殖系统而实现男性对她们的性统治和社会统治。这种生物决定论是要确证女人作为男人欲望对象的宿命，任何对这种宿命的违背都被认为会使子宫紊乱，从而给她们的身体和精神招致极大的凶险。女人只能及早地结婚和生育，这也是在劝慰她们，她们的天然领地是家庭，而不是工作和政治；公共生活会使她们的生育倾向萎靡不振，损害她们的气质和健康。这种性别统治也有道德应然的意味：女人的天职是婚育，而离经叛道不仅危险，而且可鄙。因为病因在于独身或不育，所以尽管歇斯底里的历史十分复杂，但其中不变的是它的贬义色彩。维多利亚时期的医生即谴责歇斯底里病人道德堕落，认为她们"自私、撒谎成性和好摆布人"，"她们唯一的瘫痪只是意志瘫痪"，对付她们需要用恐怖和惩罚。[①] 总而言之，无论歇斯底里历史中对女人的病态化形塑，还是性欲化和道德化形塑，都佐证了福柯的观点——"人体是权力的对象和目标……是被操纵、被塑造、被规训的"[②]；通过这种规训，女性被牢牢地置入一种于其不利的权力关系中。

二　不被承认的男歇斯底里者

歇斯底里由游走的子宫导致，只有女人会患。这种观念流行了数千年。随着人类对身体的认识不断加深，游走的子宫说受到了一定的挑战。近代以来，男人也会患歇斯底里在某些特定的历史时期得以承认，但是这样的认识不但没有一以贯之地坚持下去，反而不断地被漠视和抵制。米卡勒指出，对男人会患歇斯底里及类似病症的抵制"构成了西方医学史的一个章节，其标志不是稳定和理性的知识积累，而是焦虑、自相矛盾和选择性遗忘"[③]。

在17世纪最后二三十年的英国，人们发现歇斯底里与子宫异常并无关联，而是源于脑和神经系统，因此男人也会患这种病。如牛津大学自然哲学

---

① Elaine Showalter, "Hysteria, Feminism, and Gender", in Gilman, Sander L., etc., eds., *Hysteria Beyond Freud*, Berkeley, Los Angeles, and London: University of California Press, 1993, p. 302.

② ［法］米歇尔·福柯：《规训与惩罚》，刘北成、杨远婴译，生活·读书·新知三联书店2012年版，第154页。

③ Mark S. Micale, *Hysterical Men: The Hidden History of Male Nervous Illness*, Cambridge, Ma. and London: Harvard University Press, 2008, p. 7.

教授托马斯·威利斯（Thomas Willis）认为"这种以子宫命名的紊乱主要是痉挛性的，决定于受影响的脑和神经（系统）"①。威利斯认为歇斯底里同样会折磨青春期前或绝经后的女性以及成年男性。他可能在 1667 年首次记录了男性歇斯底里病例。在其后的 18 世纪，歇斯底里被看作一种"神经紊乱"（nervous distempers），此时虽然人们仍然认为女性患这种病的比例比男性高，但是去性别化的理论基础至少建立起来了，之前歇斯底里所负载的那种道德说教意味和污损性含义也大为减轻了。

然而到了 19 世纪，一系列社会力量的影响，如反启蒙情绪、革命后的反动、基督教福音派、布尔乔亚的家庭结构等，使西欧社会开始重新强调男女差异，歇斯底里的子宫病因说又被搬出，而男歇斯底里者则隐匿不见了。此时，"男歇斯底里者的科学表征，或者作为要被医生和病人坚决根除的情感或心理娇气的转瞬即逝的幽灵，或者作为社会、医学和语义学的不可能性而消失了"②。

19 世纪七八十年代巴黎著名的萨佩特里尔医院院长夏尔科把歇斯底里称作"大神经症"（the great neurosis），并对它进行了深入的研究，从而为人类解答歇斯底里之谜做出了突出贡献。通过大量观察，他指出歇斯底里不仅会折磨成年女性，也会折磨男人和孩子。夏尔科将病因解读为遗传性的神经缺陷和能够触发它而导致创伤体验的外部事件，这对男女同等适用。夏尔科在演讲中曾讲述过这样的病例：一名男子在被马车撞击后受了轻伤，醒来后却具有了一系列看似不相干的症状，包括头痛、手抖、健忘、头皮超敏反应、除脚趾外下半身对冷热无感等。③ 夏尔科有时极为强调歇斯底里症状的心理病因，认为伴随外部事件的情绪震动足够解释这种神经症，而身体损伤却并非发病的必要条件。这种观点为某种转换理论（conversion theory）——机体症状的心理解释——的提出做好了铺垫。弗洛伊德曾短暂受教于夏尔科，受过他的影响，精神分析正是起步于弗洛伊德对歇斯底里的研究。

---

① Mark S. Micale, *Hysterical Men：The Hidden History of Male Nervous Illness*, Cambridge, Ma. and London：Harvard University Press, 2008, p. 17.

② Mark S. Micale, *Hysterical Men：The Hidden History of Male Nervous Illness*, Cambridge, Ma. and London：Harvard University Press, 2008, p. 10.

③ Mark S. Micale, *Hysterical Men：The Hidden History of Male Nervous Illness*, Cambridge, Ma. and London：Harvard University Press, 2008, p. 142.

米卡勒通过仔细考察指出，夏尔科的歇斯底里理论中也有性别成分的掺入，如他认为男女病患的比例仅为1：20，男歇斯底里者的神经缺陷仅仅遗传自母亲，并且他对男女病因作了稍许不同的解释：男人会因为过度的"男子气质"，如在做工中，在饮酒和通奸中患病；女人会因为过度的"女子气质"，如敏感脆弱，不能控制情感而患病。但是总体上而言，在夏尔科的理论中性别因素不占主导地位。

数世纪之久，在"男病人和男医生之间"似乎有"一种无意识的共谋以避免那种臭名昭著和可耻的诊断"。① 而在19世纪末那种保守的社会氛围中，夏尔科将男歇斯底里者作为医学主题进行严肃研究本来就是惊世骇俗的，他的研究成果又对人们笃信千年之久的教条构成了威胁。此时，简单地否认存在男病患已经不够了，欧洲医学界不得不运用多种策略来抵制夏尔科的新学说：①用别的、贬义色彩较轻的疾病名称指代男性的歇斯底里症状，如疑病症（hypochondria）、忧郁症（melancholia）、歇斯底里—癫痫（hystero-epilepsy）、急性脑—迷走神经神经病（acute cerebro-pneumogastric neuropathy）等；②断言男病人有不同于女病人的病因起源，如贫血、多发性硬化，消化不良等；③认为男歇斯底里者性别特征或性倾向不正常——他们是"女人气的异性恋者、公开的同性恋者，或者身体或情感上的阴阳人"②；④指出容易患这种病的男性主要来自劳动者阶层、某些地域、某些国家（如法国男子被嘲笑为没有男子气概，更容易患歇斯底里，这引发了德法医学界的文化战争），以及某些种族（如阿拉伯人、黑人和犹太人等），等等。③

① Mark S. Micale, *Hysterical Men：The Hidden History of Male Nervous Illness*, Cambridge, Ma. and London：Harvard University Press, 2008, p. 196.

② Mark S. Micale, *Hysterical Men：The Hidden History of Male Nervous Illness*, Cambridge, Ma. and London：Harvard University Press, 2008, p. 200.

③ Mark S. Micale, *Hysterical Men：The Hidden History of Male Nervous Illness*, Cambridge, Ma. and London：Harvard University Press, 2008, pp. 195－208. 同医学领域相反，19世纪中叶之后西欧文学领域涌现了很多敢于表现男性神经症倾向的作家，如居斯塔夫·福楼拜（Gustave Flaubert）、查尔斯·皮埃尔·波德莱尔（Charles Pierre Baudelaire）、托马斯·哈代（Thomas Hardy）、普鲁斯特（Marcel Proust）等。这些作家本人如其作品中的主角一样，大多也有与歇斯底里相关的情绪崩溃乃至濒临发疯的经历。米卡勒认为这种经历源自他们对传统家庭结构中父亲权威的抗争以及扮演标准男性角色的社会期望所导致的焦虑感。对其中一些作家来说，这种神经症倾向可以激发有利于智识进步的直觉和灵感，而且塑造这样的男主角有助于打破当时的性别成见，探索和表现不同的男性性别身份。可参见 Mark S. Micale, *Hysterical Men：The Hidden History of Male Nervous Illness*, Cambridge, Ma. and London：Harvard University Press, 2008, pp. 208－216。

米卡勒认为医学领域不愿正视男歇斯底里者的背后隐藏着深刻的政治动因：

> 从 18 世纪到 19 世纪，文明、可敬和理性的男性主体被决定性地塑造出来，这对中产阶级席卷部分欧洲的政治和经济跃进是十分必要的。然而，维护父权制，既要求使强势的布尔乔亚男性的德性理想化，也要求否认其缺陷。在医学领域广泛地承认肆虐男性的神经软弱倾向会明显损害强壮、成熟、有自制力并因而有资格统治世界其余地方的物种形象。综合考虑，男歇斯底里者（这种形象）隐含着颠覆支撑当时社会的性别结构的意味。所以男性医学共同体一致设法忽视这个潜在的研究领域。[①]

女人具有歇斯底里倾向的观念长久地统治着医学领域，上文曾指出，通过对女人身体的这种病态化塑造，处于社会统治地位的男性将女性标记为他者。无论是认为女人有反复无常的子宫，而男人没有，还是认为神经系统对应女人，而肌肉组织对应男人，都是在强化一种性别差异，并将女人不同于男人的地方看作匮乏和缺陷。根据这种意识形态，男人是健康的、理性的、能够进行"我思"和改造世界的，而女人则是病态的、非理性的、承担不了认识主体和实践主体角色的。这样的意识形态服务于延续良久的性别等级结构，而这种社会结构很难被触动，它在社会的表征系统中不断被复制。这可以通过 19 世纪末的两幅画作看出来。一幅是托尼·罗伯特–弗勒里（Tony Robert-Fleury）的"皮内尔解放疯子"（*Pinel Freeing the Insane*），描绘了 1793 年法国医生菲利普·皮内尔（Philippe Pinel）如解放巴士底狱一般解放疯人院中被拘禁的女疯子的画面：画中有的女疯子蜷缩着，有的像玩偶一样任由监护人摆布，有的跪下亲吻站在人群显著位置并面无声色地俯视着她们的皮内尔的手。伊莱恩·舒瓦尔特认为这表征了女人和疯病之间的一种人为建构的关联，"在语言和表征的双重系统中，女人很典型地被置于非理性、沉默、自然和身体一端，而男人被置于理性、言谈、文化和精神一端"。[②] 另一幅画作是安德

---

① Mark S. Micale, *Hysterical Men: The Hidden History of Male Nervous Illness*, Cambridge, Ma. and London: Harvard University Press, 2008, p. 280.

② Elaine Showalter, *The Female Malady: Women, Madness, and English Culture, 1830–1980*, New York: Penguin Books, 1985, pp. 3–4.

烈·布劳耶（André Brouillet）的"萨佩特里尔医院中的临床课程"（*A Clinical Lesson at the Salpêtrière*），它的复制品曾悬挂于弗洛伊德的咨询室中。该画描绘了夏尔科授课时的场景：一名女歇斯底里者衣冠不整地晕倒在男助教怀里，而夏尔科则冷静地向围坐在房里的兴致勃勃的男医师们讲述他的活标本。夏尔科对女歇斯底里者的研究手段在这幅画里被突出出来，它传达了一种性别含义：男性占据医学知识猎奇者的位置，而女性则是病态的、受检视的对象。女性主义者甚至将这种研究和讲述女病人的方式比作"活体解剖"[1]，因为它展现了一种极度不平等的权力关系，女人在其中对自己的命运完全无能为力。承认男性也有歇斯底里倾向会损害这种权力关系，所以男歇斯底里者难以为医学界所接纳。即便少数男病人得到承认，也只是说他们的性别特征模糊——是有女人特质的男人。这里不是反思性别主义的医学话语，而是仍然将问题与性别等级结构中的弱势一方关联起来，维持对后者的污名化。

三　子宫内膜异位症对歇斯底里病因理论的承袭

夏尔科之后，歇斯底里的命运也颇为奇特。弗洛伊德继承了夏尔科有关歇斯底里的创伤起源说，但是否认这种创伤与机体因素相关，认为它只存在于心理层面：歇斯底里症候是埋藏于潜意识中被压抑的心理体验的表达。弗洛伊德的研究主题也牵涉男歇斯底里者（包括他自己），因而他的探索在当时的学术环境中同样历尽曲折。米卡勒即指出，弗洛伊德的研究历程既表明当一名学者勇敢越过"雷池"时会有多么大的收获，也表明"超越已有的男性和女性范畴，打破历史上的'性别禁锢'（prison of gender）对当时的任何男性科学家而言有多难"。[2] 弗洛伊德构建了歇斯底里的心理病因模式，这有别于上文提及的机体（子宫或神经系统）病因模式。在 20 世纪下半叶，歇斯底里的社会病因模式又兴起了，它与女性主义运动紧密相关。[3] 女性主义者指出歇斯底里是性别等级结构制造出来的、使不顺从性别角色安排的女性病态化的一种压迫工具；歇斯底里与其说是一种神经症（neurosis），不如说是一种

---

① Elaine Showalter, "Hysteria, Feminism, and Gender", in Gilman, Sander L., etc., eds., *Hysteria Beyond Freud*, Berkeley, Los Angeles, and London: University of California Press, 1993, p. 311.

② Mark S. Micale, *Hysterical Men: The Hidden History of Male Nervous Illness*, Cambridge, Ma. and London: Harvard University Press, 2008, p. 275.

③ 张虎：《"奇怪的婚姻"：歇斯底里与女性主义的第二次浪潮》，《中国社会科学报》2019 年 10 月 29 日第 2 版。

社会病（sociosis）。女性主义者还指出，歇斯底里病人既是时代文化的牺牲品，也是时代文化的控诉者：实际上她们对这种文化展现了完全的愤怒和敌意，虽然这常常转化成自己的抑郁感和自虐性的心身（psychosomatic）疾病；那些女歇斯底里者，如夏尔科的奥古斯丁①（Augustine）、布罗伊尔的安娜·欧（Anna O.）以及弗洛伊德的多拉（Dora）是真正的女英雄，她们用非言语的身体讯号传达了女性主义的反抗之声。

在精神医学领域，渐渐地歇斯底里不再被看作一个明确的疾病范畴。在美国精神医学会于 1980 年出版的《精神障碍诊断与统计手册》（DSM-Ⅲ）中，"歇斯底里"被"躯体化障碍"（Somatization Disorder）一词所取代。② 在 2013 年的 DSM-Ⅴ中已完全找不到该词的影子，其已归类到"躯体症状及相关障碍"（Somatic Symptom and Related Disorders）中。在对后者的病因学解释上，DSM-Ⅴ既考虑了遗传和生物性因素，也考虑了文化和社会性因素。③

作为数千年来规训女性身体和维护性别等级结构的一种医学工具，歇斯底里在风云变幻的 20 世纪逐渐失势了。但是它真得彻底退出历史舞台了吗？结合女性主义身体研究（feminist body studies）和歇斯底里研究的相关成果，美国学者卡拉·琼斯（Cara E. Jones）通过考察有关子宫内膜异位症的医学文献［尤其是自助书（self-help books）］，指出自 1921 年被首次命名以来，"子宫内膜异位症（以下简称异位症）占据了曾经为歇斯底里所占据的诊断学和文化位置"，"歇斯底里那种游走的子宫的幽灵（仍然）盘旋在 20 世纪末和 21 世纪初的医学和自助文献中，强化着传统的性别和社会角色，并且不时地将这种角色看作对疾病的治疗手段"。④

有数据指出，子宫内膜异位症可能影响美国 15 岁至 44 岁之间 11% 的女性。⑤ 英文"子宫内膜异位症"（endometriosis）一词中的"endo"意为"内

---

① 法国导演爱丽丝·威诺古尔曾以夏尔科与奥古斯丁的关系为主题拍摄了一部历史剧情片，名为《奥古斯丁》（*Augustine*），于 2012 年上映。

② American Psychiatric Association, *Diagnostic and Statistic Manual of Mental Disorders*：*Third Edition*, Washington：American Psychiatric Association, 1980, p. 241.

③ American Psychiatric Association, *Diagnostic and Statistic Manual of Mental Disorders*（*Fifth Edition*）Arlington, VA：American Psychiatric Association, 2013, p. 310.

④ Cara E. Jones, "Wandering Wombs and 'Female Troubles'：The Hysterical Origins, Symptoms, and Treatments of Endometriosis", *Women's Studies*, Vol. 44, 2015, p. 1084.

⑤ "Endometriosis", *U. S. Department of Health & Human Services*, April 1999, https：//www. womenshealth. gov/a-z-topics/endometriosis.

部"，"metri"同"hysteria"一样也与意为"子宫"的希腊文有关，而"os-is"指异常或疾病状态。[1] 子宫内膜异位症与歇斯底里不仅在词源上有关，在症状上也有相近之处。前者除了表现盆腔疼痛、痛经和胃肠问题外，也有躯体化症状、疑病症、躯体幻想（somatic delusions）等类似歇斯底里的症状。有人甚至推断，历史上无数女性之所以饱受"被杀戮、被拘禁于疯人院以及身体、社会和心理层面的无休止的痛苦生活"，源于规模庞大的将子宫内膜异位症当成歇斯底里的误诊。[2] 二者的联系不止于此，对歇斯底里来说，历史上影响最大的病因理论是游走的子宫说；而对子宫内膜异位症来说，20世纪影响最大的病因理论是"经血倒流"（retrograde menstruation）说——经血没有通过阴道排出，而是经由输卵管进入腹腔，其中裹挟的子宫内膜细胞可以异位种植在腹腔等体内位置，周期性地生长和脱落而形成病灶。在前一种病因理论中，子宫被看作独立的生命体，可以不安分地在体内游走；而在后一种病因理论中，子宫内膜细胞同样被看作具有活性，可以违反常理地在体内游走。由此看来，子宫内膜异位症似乎是歇斯底里的幻化形式，在后者的历史衰退期承袭了它的病因理论。这样的承袭，同样是在维系一种流传甚久的文化观念，即"女性的月经、生育、性和社会难题实际上与她们的生殖器官，尤其是子宫紧密相关"[3]。也就是说，当代医学话语仍然难以摆脱子宫左右女人身体和心理状况的观念。它通过这种观念，延续了对女人身体的病态化形塑。

同游走的子宫说一样，经血倒流说也执行了对女人身体的性欲化和道德化规训。古人认为女人延迟婚育会使欲望不能满足的子宫向身体上部游走，导致歇斯底里；今人同样认为女人晚婚晚育可能会使无法停止来潮的月经倒流进入身体其他部位，引发子宫内膜异位症。二者都与长期独身或婚后不及早生育的女性关联起来，如琼斯所言，"子宫内膜异位症患者的标准原型是30到35岁之间的中上阶层的女性，她们为了事业而推迟生育。异位症病人——

---

① Cara E. Jones, "Wandering Wombs and 'Female Troubles': The Hysterical Origins, Symptoms, and Treatments of Endometriosis", *Women's Studies*, Vol. 44, 2015, p. 1093.

② Camran Nezhat, Farr Nezhat, and Ceana Nezhat, "Endometriosis: Ancient Disease, Ancient Treatment", *Fertility and Sterility*, Vol. 98, No. 6S, 2012, p. s1.

③ Cara E. Jones, "Wandering Wombs and 'Female Troubles': The Hysterical Origins, Symptoms, and Treatments of Endometriosis", *Women's Studies*, Vol. 44, 2015, p. 1092.

如其百年前患歇斯底里的姐妹一样——都不顺从女性角色和行为的社会期望。她争强好胜、男性化、求全责备和出类拔萃"①。对于歇斯底里，古人认为最有效的治疗手段是回归传统的性别角色——结婚和生育；对子宫内膜异位症，今人同样认为怀孕可有效克制病情。值得注意的是，即便这种推荐没有被公开算作治疗病症的标准方法，但是很多疗法，如口服避孕药或丹那唑，注射亮丙瑞林等，都为了使病人身体达到怀孕后的那种激素状态，属于假孕疗法和假绝经疗法。所以，子宫内膜异位症不仅承袭了歇斯底里的病因说，也承袭了歇斯底里的文化和社会规范功能。这种功能与一种生物决定论的论调紧密相关，即女人身体天然不稳定，她们最适合承担生育角色；任何对这种"天性"的违背都会导致病乱，而平抑病乱需要回归传统的性别角色。

当怀孕和激素疗法不起作用时，切除子宫（甚至连输卵管以至卵巢一并切除）就会作为一种"无计可施的最后选择"推荐给被病痛折磨的女性。琼斯从游走的子宫观念中区分出两种含义：一种是生物学意义上的子宫（the uterus），它可以形成月经和怀孕；另一种是文化和社会学意义上的子宫（the womb），它是"欲望的符号，以及标准女性之文化和社会形象的符号"，是"建立在子宫生物功能基础上的传统性别角色的药方"。② 无论对歇斯底里还是子宫内膜异位症而言，子宫的这两种含义常常被混淆起来，用子宫切除术寻求治疗异位症实际上代表着生物学意义上的子宫替代了文化和社会学意义上的子宫的位置。从 19 世纪末以来，女性的"异常"行为，如发疯、情绪低落、不听丈夫的话、不做家务等，常常被归结为子宫或卵巢异常，并要求进行医疗干预，包括切除问题器官。这种医学话语不反思对女性"异常"行为的社会定义是否已经不合时宜，反而通过将问题归咎于女性自身而使其牢牢地禁锢于传统的性别身份中。正如琼斯所言，"如果这个女人不那么'女人'，子宫统治（身体的）理论通过威胁摘除它而提醒她要为社会生育的义务"③。

然而没有充分的科学证据支持子宫切除术能缓解症状，而且有基因测试

① Cara E. Jones, "Wandering Wombs and 'Female Troubles': The Hysterical Origins, Symptoms, and Treatments of Endometriosis", *Women's Studies*, Vol. 44, 2015, p. 1104.

② Cara E. Jones, "Wandering Wombs and 'Female Troubles': The Hysterical Origins, Symptoms, and Treatments of Endometriosis", *Women's Studies*, Vol. 44, 2015, p. 1090.

③ Cara E. Jones, "Wandering Wombs and 'Female Troubles': The Hysterical Origins, Symptoms, and Treatments of Endometriosis", *Women's Studies*, Vol. 44, 2015, p. 1109.

显示病灶细胞与子宫内膜细胞并不相同。另外，类似歇斯底里的情形，与流行的病因说相冲突，人们在无月经经历的人如男性、胎儿和青春前期的女孩身上，也发现了异位症症状。[①] 问题看起来越来越复杂，于是"权威的医学话语给这种病症加上了神秘的光环，制造了一个令人不得不相信的神话故事，暗示它远超凡人之力所能解决……"[②] 通过这种神话，固执成见的医学话语不在疾病的社会建构和文化意义中寻找失败的原因，反而将责任推卸给了病症本身和患者本人。

四　结语

由上文可见，无论对歇斯底里还是对子宫内膜异位症来说，人类历史中的科学或医学话语并非是从纯粹客观和价值中立的立场出发对其进行诠释的。当然，这样的立场或许从来就没有。就二者来说，由男性主导的科学共同体总是有意或无意地把关于性别的社会和文化含义加入对它们的研究中，并从这种含义中寻找解决异常症状或行为的灵丹妙药。由此而来的治疗方法往往要求病患守住自己的本分，回归惯常的性别角色。这样的病因解读有时会遇到难以解读之处，如男歇斯底里者，但是它们或者被否认，或者被粗略处理以维系这种性别化的含义；这样的疗法也常常是无效的，但是医学话语会将问题抛给病症本身，加强对（女）病患的污名化；疾病的这种建构也会在某些时期宣告失败，但是又会有新的变形的疾病类型出现于历史舞台，延续前者的价值内涵和规训功能。就此而言，歇斯底里和子宫内膜异位症十分典型，其他的例子还有很多，如花痴。格罗曼曾经考察了作为一种疾病范畴的花痴的历史，指出它也是被社会生产出来的疾病："花痴是一个隐喻，展示了古往今来与女人性欲有关的诸多幻想和恐惧、焦虑和危险。"[③] 如在 19 世纪，西方中产阶级和上流社会的理想女性是在壁炉和育婴床旁传播爱的天使，她们应该比男性更加谦逊服从、性欲冷淡并且忠贞不渝。与这种形象相冲突的任何举动，如挑逗、嬉笑、眉来眼去等，对女性而非男性来说都可能被看作出格

---

① "Endometriosis", *Wikipedia*, July 2020, https://en. wikipedia. org/wiki/Endometriosis.

② Cara E. Jones, "Wandering Wombs and 'Female Troubles': The Hysterical Origins, Symptoms, and Treatments of Endometriosis", *Women's Studies*, Vol. 44, 2015, p. 1098.

③ Carol Groneman, *Nymphomania: A History*, New York and London: W. W. Norton & Company, 2000, p. XXII.

的行为，看作花痴的症候，医学领域甚至推荐对这样的"病人"实施阴蒂或卵巢摘除手术。很明显，花痴在这里起到了规训女性性欲的社会功能。与歇斯底里和子宫内膜异位症如出一辙，通过限定女性的欲望表达方式，通过病态化越轨的行为，它也发挥了维护当时的性别等级结构乃至阶级结构的作用。医学领域针对女性的这种规训手段，如同其他领域，最终目的是为了保证女性"物质劳动的果实转移到男性手里，养育和性爱的能量也转移到男性手里"①。

同歇斯底里的命运一样，在今日的医学文献中花痴也不再是一个疾病范畴。它和歇斯底里以及子宫内膜异位症一样，都是披着科学外衣的"关于女人的更老旧的刻板偏见的重新加工"②。由这些疾病类型的病因论及其兴衰可见，如特里曼所言：

> 就并不存在对纯粹身体，同时又不是对这个身体加以进一步形塑的指代（巴特勒）而言，科学事实物质化了它们宣称（仅仅）要揭示和表征的身体。有关人类解剖学和生物化学的科学陈述实际是一种负载价值的人类行为，而只有当"科学的"话语被看成是操演性的，并与处于复杂且生成了体制性实践，非对称的社会权力，不同类型的主体性、体验和身份，社会决策，医疗设备，管制性的模式和分类方法，主体间关系等的权力关系模式之中的其他（"非科学的"）历史性的偶然和变动不居的话语相纠缠，这样的行为才可以被正确认识。③

这也提醒我们在科学主义日渐盛行的今天需要时刻保持一种怀疑和批判的精神，如费耶阿本德（Paul Feyerabend）所言：

> 科学同神话的距离，比起科学哲学打算承认的来，要切近得多。科学是人已经发展起来的众多思想形态的一种，但并不一定是最好的一种。

---

① Iris Marion Young, *Justice and the Politics of Difference*, Princeton, NJ: Princeton University Press, 1990, p. 50.

② Carol Groneman, *Nymphomania: A History*, New York and London: W. W. Norton & Company, 2000, p. XXIII.

③ Shelly L. Tremain, *Foucault and Feminist Philosophy of Disability*, Ann Arbor: University of Michigan Press, 2017, pp. 120–121.

科学惹人注目，哗众取宠而又冒失无礼，只有那些已经决定支持某一种意识形态的人，或者那些已接受了科学但从未审察过科学的优越性和界限的人，才会认为科学天生就是优越的……科学是最新、最富有侵略性、最教条的宗教机构。①

20 世纪下半叶以来女性主义认识论已经对人类以往的认识实践进行了一定程度的批判。它揭示了很多为人们所信从的科学真理实质上都属于"情境化知识"（situated knowledge），反映了认识主体所处的情境，亦即认识主体与认识对象之间、不同认识主体之间的关系。这与人们所理解的科学的特质十分矛盾，因为自 17 世纪以来科学的进步似乎都建立在对主—客、心—身、人—自然等的严格区分上，研究者认为如此才能保证科学思维的自主性和科学知识的客观性。但是这样的认知风格恰恰是一种男性化的思维方式，体现了男性中心的（androcentric）视角，反映了为社会所建构起来的性别含义。如上文所指，过去的男性知识生产者在使歇斯底里女性化并负载很多规范性意义时，却"小心翼翼地培育了对自己的无知"②。这种以男性为中心而构建的知识/权力关系不断地生产游走的子宫或倒流的经血这种身体残损观念，它所具有的局限性已经慢慢地显露出来，时不时地成为科学进步的绊脚石，如歇斯底里及其现代衍生品涉及心—身之间的相互作用，可能是建立在笛卡尔主义基础之上的旧科学范式所容纳不了的，停留在这种范式中只能把它们看作无法解答的谜题。无论对歇斯底里，还是对子宫内膜异位症以及花痴来说，人类需要寻找的"病因"或许就在这里。

第四节　消除身体？对批判的回应

批判的残疾理论既可以说是对残疾的社会模式的颠覆，也可以说是对它的突破性发展。它的颠覆性在于它解构了残损/残疾的二元论，认为这样的区分如以往女性主义者对生物性别/社会性别的区分一样是站不住脚的；它对社

---

① ［美］保罗·法伊尔阿本德：《反对方法：无政府主义知识论纲要》，上海译文出版社 1992 年版，第 255 页。

② Mark S. Micale, *Hysterical Men*: *The Hidden History of Male Nervous Illness*, Cambridge, Ma. and London: Harvard University Press, 2008, pp. 277 – 278.

会模式的突破性发展体现在：它不仅承认社会环境对具有异常身体特征的人的限制构成残疾，也认为残损不是一种纯粹的生物事实，而由特定历史文化中的知识/权力话语生产出来。对残损的这种理解与以往人们的认识有很大不同。克里斯汀·阿芙拉乐（Christine Overall）借鉴这种后结构主义的残疾观来分析年龄现象，也得到了不同以往的结论。她指出，对于年龄，也存在社会建构论的观点，认为"变老（aging）在最低限度上是一种受文化影响的进程，在这样的进程中青年人、中年人、不太老的人和很老的人出现了。一个人在哪个时间段变老，如何变老，看待老人的方式和老人看待自己的方式都被认为在最低限度上是为社会所决定的"①。这样的看法有一定的合理性，但仍然假定了年龄的生物基础，认为这种基础是客观稳定的和不受历史文化因素所左右的。如同机能歧视在压制和排斥残疾人的时候建构了残损这种貌似生物事实的东西，年龄主义（ageism）在歧视和边缘化老年人的时候也生产了年老的生物基础。这种知识/权力话语的建构物或产品，也就是它的物化或自然化，是为了辩护、维持和支撑它本身而出现的，实际上并没有先于这种话语而存在的残损，也没有先于这种话语而存在的年龄。所以阿芙拉乐指出："年老，如同残损一样，并不是生物性和给定的，而从概念上和实质上来说都是社会建构的。残疾和变老为一种生物给定性因素所决定（的看法）是一种幻象，这种幻象维护和促成了能够延续机能歧视和老年歧视的压迫性的社会机制。"②

上述对性别、残疾和年龄的后结构主义式解读是新颖的，也是激进的，它在理论界招致了诸多非议，许多学者从现象学和新唯物主义的立场出发对此进行了批判。本节余下内容将主要介绍特里曼对这些批判的回应。首先，特里曼把来自残疾研究和女性主义的批判观点作了总结："福柯著述中存在两个根本性问题使其对想要引起社会改变的批判理论来说是不合适的：（1）福柯给出了一个很薄的主体性和身份的概念，去除了它们的根基，并因此使它们成为'虚构出来的'；（2）福柯（和后结构主义）对物质性身体和具身性（embodiment）的观点类似一种语言学观念论（linguistic idealism），或者无论

---

① Christine Overall, "Old Age and Ageism, Impairment and Ableism: Exploring the Conceptual and Material Connections", *NWSA Journal*, Vol. 18, No. 1, Spring 2006, pp. 128 – 129.

② Christine Overall, "Old Age and Ageism, Impairment and Ableism: Exploring the Conceptual and Material Connections", *NWSA Journal*, Vol. 18, No. 1, Spring 2006, p. 134.

如何，过于注重语言和表征（representation）。"①

关于第一个问题，残疾研究的许多学者认为残疾人的主体性和身份是残疾人政治斗争的出发点，而这种主体性和身份与残疾人特殊的身体特征又有密不可分的关系。正是身体的这种独特性使残疾人同黑人和女性一样，被主流社会贴上了污名的标签，遭受了被排挤和压迫的厄运，但是这种独特性也是残疾人形成自我和群体观念，提出相应的政治诉求并开展社会运动或政治斗争的基础。从现象学角度研究残疾的学者指出，残疾人关于自己身体的经验，对痛苦和不适的切身感知，对污名化和歧视的理解都具有重要的意义，亦即经验可以作为可靠的证据（experience as evidence）。但是如上文所引，福柯更强调知识/权力话语分析的重要性，认为"人体是权力的对象和目标……是被操纵、被塑造、被规训的"②，这就把残疾人或其他弱势群体所赖以形成主体性或自我身份的基础消解为一种话语，也就把他们的权利和政治诉求的根据抽掉了。对于来自弱势群体的第一手经验，后结构主义并不信任，认为它已经失真了，已经为权力话语所浸染和改造，只是琼·斯科特（Joan Scott）所说的"一种语言学事件"③。既然这样的经验与社会主流的权力话语有着千丝万缕的联系，或者说是这种话语的反映，那自然不能以残疾人切身的经验为根据而开展政治斗争，否则就触动不了这种话语的根本，甚至会巩固这种话语的统治性，这是特里曼在其文章中多次强调的。从这里可以看出，后结构主义视阈下的主体和身份似乎没有任何主动性，它为权力所彻底规训，是完全消极被动的。但是以往残疾人的身份政治确实取得了光辉的成就，从实践层面直接证伪了后结构主义的残疾观，这是希伯斯等许多残疾研究学者所引以为据的。

对于第一个批判，特里曼评述了斯科特和希伯斯关于少数群体的经验的认识论价值之争。她认为希伯斯对斯科特的理解有误，后者没有说少数群体关于身体的经验及其身份仅仅是社会建构的幻象，而没有任何"批判性价

---

① Shelly L. Tremain, *Foucault and Feminist Philosophy of Disability*, Ann Arbor: University of Michigan Press, 2017, pp. 82 – 83.

② ［法］米歇尔·福柯：《规训与惩罚》，刘北成、杨远婴译，生活·读书·新知三联书店 2012 年版，第 154 页。

③ 转引自 Linda Martin Alcoff, "Phenomenology, Post-structuralism, and Feminist Theory on the Concept of Experience", in Linda Fisher and Lester Embree, eds., *Feminist Phenomenology*, Dordrecht: Springer Science + Business Media Dordrecht, 2000, p. 47。

值"。在她看来，希伯斯过分强调了福柯及后结构主义者对权力话语重要性的论述，而没有看到这些人思想的另一面：

> 希伯斯只是关注了福柯有关权力关系塑造主体的论述，而忽视了，对福柯来说，主体被建构的过程也牵涉自我主体化（self-subjectification），自我生成，和潜在的自我改造（self-transformation）……经验，虽然提供了批判的重要元素，但是不应被看作自明的，看作解释建基于其上的"证据的基石"，也不应被看作派生出解释的"无可置疑的证据"，而应该被看作解答（例如）这些问题的起点：经验的建构性本质；个人如何首先被建构为少数群体的一员；这样的主体地位如何通过话语实践而确立下来；主体地位如何维护；它如何构成了这样的主体——他们可以在世界上以他们所为的方式而理解和行动。①

这里，特里曼强调指出福柯所说的主体被生产的过程也包含主体的自我生产，主体被改造的过程也包含主体的自我改造，而并非完全消极和被决定的。但是她还是更关注知识/权力话语对主体经验和身份的先在性，认为后者是一种活动，而不是一件事物（Identity is an activity, not a thing），不能为少数群体的解放提供有力的论据。特里曼认为对于源自受压迫群体的经验，应该历史地加以认识和处理：它是特定历史时期产生的，也为社会文化的力量所支撑，并最终面临消亡的结局；它是需要解释的对象，而不是解释其他东西的依据；它是知识的产物，而非知识的来源。就此而言，上文有关后结构主义对生物性别和残损的分析，与此有相似结论。所以批判的残疾理论认为无论少数群体特殊的身体特征（不一样的肤色、性别、身体机能、性倾向等），还是与这样的身体特征相关的经验，都是特定的知识/权力话语的产物，需要历史地加以认识：

> 对经验的历史化理解也就是我们自身的批判存在论（critical ontologies），目的既是为了涵括对限制我们现在是谁的历史性和偶发性条件的认识，也是为了涵括对无批判地按照惯常的方式思考经验和身份所给我

---

① Shelly L. Tremain, *Foucault and Feminist Philosophy of Disability*, Ann Arbor: University of Michigan Press, 2017, pp. 104 – 105.

们制造的认识论限制的认识。因此，对经验的这种历史化理解——亦即，这种少数群体身份的批判存在论——确实部分地，仅仅是部分地倚赖于源自被压迫的立场的见解：如重新发掘的被囚禁的疯人和被嘲笑的驼背者的知识，被钳制的无社会归属感的瘸腿者、鼓动起来的残疾人活动者和参与政治斗争的自闭症学生的知识等。经验的历史化理解也要求我们考虑这些被钳制的知识本身，如何成为它们所由以建构起来的时期的历史性的先验条件的产物，并为之所限制。①

可以看出，特里曼对残疾人主体性和身份问题的回应并无任何新意。她还是坚持从福柯的后结构主义立场出发强调（残损或女性）身体、（日常生活或被压迫的）具身经验以及主体性对特定权力话语的依附性。特里曼不信任少数群体的第一人称视角，不信任他们的生活经验，认为无论他们对整个社会，还是对自身所形成的信念、态度和观点都已经失去了真实性和可靠性，都可能受到了主流的知识／权力话语的影响，都仅仅是这种话语的一种操演。从某种程度上来说，特里曼的观点有一定的合理性。前文曾提及，杨认为社会中的弱势群体会形成一种"双重意识"，即他们常常用主流社会看待自身的方式来看待自身，很多时候他们并不觉得社会加诸自身的污名标签是不公正的，而常常觉得是合情合理的；再举一例，20世纪中叶，美国中产阶级家庭的女性觉得照料家庭是自己正当的性别角色，反而会蔑视那些在职场中打拼的女子，对于她们而言，这样的"适应性偏好"（adaptive preference）也不可谓不真诚，但是却明显地内化了男权社会的性别意识形态。然而，特里曼在分析残疾人的主体性的时候过于极端化。她看到残疾人群体的意识和经验受权力话语影响的一面，由此则不信任它们，认为它们完全是权力话语生产出来的。根据这样的理解，残疾人的主体性只是权力话语的映现，是完全被决定的和消极的，那这样说来，这个群体该以何为据开展反抗和政治斗争呢？特里曼并没有给出明确的答案，她只是说"对残疾主体、少数派身份和经验的历史化理解在观念层面开放了一种抵抗以及改造个人与社会的可能性……"② 总而言之，特里曼对后

---

① Shelly L. Tremain, *Foucault and Feminist Philosophy of Disability*, Ann Arbor：University of Michigan Press，2017，p. 106.

② Shelly L. Tremain, *Foucault and Feminist Philosophy of Disability*, Ann Arbor：University of Michigan Press，2017，p. 107.

结构主义残疾观的政治意义表述得含混不清，这或许表明批判的残疾理论的批判性是值得怀疑的。

第二个问题指出福柯的理论不关注身体的现实性和物质性，"过于重视语言和话语或语言和表征的重要性"而可以称作一种"语言学观念论"①。前文已指出，福柯强调了权力或实际体现权力的知识对人体的塑造和规训。后结构主义并不认为"存在对纯粹身体，同时又不是对这个身体进一步加以形塑的指代"，换句话说，语言和话语对于认识身体而言是逻辑在先的，而纯粹生物学意义上的身体则十分抽象，只存在于人们的想象中。这并不是说后结构主义否认身体的现实性和物质性，而是说它认为这样谈论身体毫无意义，它强调需要谈论的是社会和文化因素的物质化或自然化，以及通过这样的进程它们对自己施展控制作用的遮蔽。从它的视角来看，生物性别是虚幻的，残损也是人为制造的。这里作为具身经验的来源，活生生的身体好像被消除了，留下的只是符号、文本、指称或鲍德里亚所说的拟象，只是某种话语支配的不断重复的操演行为。英国学者修斯认为这种取消身体的观点最终只能导向虚无主义或宿命论。②

对于这样的批判，特里曼一直强调批判的残疾理论不是要消除身体，而是要历史地对其加以理解，她指出：

> 身体的物质性是非历史的和先于话语而存在的观念——亦即，那种远离和先于历史、语言以及社会实践与政策而存在的自然的、物质性的人类身体的观念，可以被直接和明确地经验到的身体的观念——本身是关于人类（一种建构物）的历史性的特定话语的产物。对于残损和残疾身体的历史主义和相对主义的方法，也就是把对这种身体的物质性和对这种物质性的经验看作历史性的特定物质条件——包括内在于这种条件的偶发的权力关系——之效应的方法，能够识别、抵制和改变这些现象物化它的方式，亦即，能够识别、抵制和改变这些条件以及内在于它们之中的权力关系把残损和残疾身体物化为一种特定的身体，并且把残损

① Shelly L. Tremain, *Foucault and Feminist Philosophy of Disability*, Ann Arbor: University of Michigan Press, 2017, p. 108.

② Bill Hughes, "What Can a Foucauldian Analysis Contribute to Disability Theory?" in Shelley Tremain, ed., *Foucault and the Government of Disability*, Ann Arbor: University of Michigan Press, 2005, p. 86.

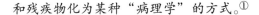

和残疾物化为某种"病理学"的方式。①

从特里曼的回应可以看出她还在坚持她对残疾身体的观点。这样的观点把身体看作特定历史文化的建构物，不但如此，它还把认为有一个自然的和生物的身体的观念，以及我们能够感知这种身体的观念看作一种特定话语的产物。我们身体的物质性，以及对这种物质性的切实感受在她眼中仅仅是"历史性的特定物质条件的效应"，我们的主体性和我们长期以来形成的对自己身份的认知也在这种效应的波及范围内。特里曼认为认识到这一点就可以抵制和改变它的影响，但是如果我们的主体性的根据被抽调了，如果我们对身体的切切实实的经验都仅仅是知识/权力话语的幻象，那么这样的抵制和改变又从何而来呢？

---

① Shelly L. Tremain，*Foucault and Feminist Philosophy of Disability*，Ann Arbor：University of Michigan Press，2017，pp. 119 – 120.

第四章　现象学和新唯物主义视阈中的残疾

　　残疾的社会模式和后结构主义的残疾观在理解身体时运用了两种对立的视角，一种把身体（残损）交给了生物学或医学，而只是把残疾归结为社会给人的活动施加的限制；另一种则认为身体（残损）不是纯粹生物学意义上的，而是一种知识/权力话语的物化形式。这两种立场都面临多重理论困境。一些受现象学传统影响的学者借用了梅洛－庞蒂"身体是我们关于世界的观点"（our point of view on the world）的思想来理解残疾，指出现象学对残疾研究的价值在于"可以用它把感觉（sentience）和情感（sensibility）的品质嫁接到压迫和排斥的概念上"①，以克服上述两种立场的缺陷。与现象学传统有千丝万缕联系的新唯物主义学者也指出"人的身体的核心矛盾在于它既是我们受奴役也是我们获取自由的源头。福柯没有这样辩证地看待身体"②。理解残疾的这种新视角强调了身体的能动性，强调了身体既为社会文化因素所改造，也积极地影响、突破和改造社会文化因素的特性，所以如希伯斯所言，残疾是一种知识体，而残疾人也是名副其实的知识生产者。

第一节　两种对立的身体观念

　　我们这些社会活动者和学者有时忘记了我们的身体，忽视了我们的身体，或重塑我们的身体以使其适应我们的理论和政治策略。最近几十年，从黑人民权运动到妇女解放运动，从残疾人权利运动到酷儿解放运

---

① Kevin Paterson and Bill Hughes, "Disability Studies and Phenomenology: The Carnal Politics of Everyday Life", *Disability & Society*, Vol. 14, No. 5, 1999, p. 598.

② Bill Hughes, "What Can a Foucauldian Analysis Contribute to Disability Theory?" in Shelley Tremain, ed., *Foucault and the Government of Disability*, Ann Arbor: University of Michigan Press, 2005, p. 89.

动的各种社会斗争的参与者一直在不断地说，任何被边缘化的群体面对的问题不在他们的身体，而在他们受到的压迫。但是在把社会非正义的外部、集体和物质本性看作与身体无关时，我们有时把连接我们的身体与我们是谁，我们如何感知压迫的十分重要的关系放到一边了。①

上文已指出，长期以来与歧视和排斥少数种族、女性和残疾人等弱势群体紧密相关的是一种二元对立的意识形态，亦即理性与非理性、精神与肉体、主动与被动、文化与自然等。而少数种族、女性和残疾人等被放置在了非理性、肉体、被动和自然等一边。按照这种意识形态，这些群体之所以处于低下的社会地位，主要是因为他们的身体或精神有缺陷，如亚里士多德即认为女人可以被看作"畸形的男人"，黑皮肤在美国曾被视为罪恶和堕落的胎记，同性恋也长期地被看作身体病态的表现。这里生物决定论为主流社会歧视和排斥这些群体提供了依据，按照这种看法，这些弱势群体天然地不适合享有为有异性恋倾向的白人男性所享有的机会，不能广泛地参与各种社会活动。为了抵制这种意识形态，为了谋求社会解放，这些群体把反对生物决定论作为自己斗争的焦点。他们着力表明，问题并不是出在他们特殊的身体特征上，而是出在社会制度的设计和安排上，正是后者才限制了他们的生活机会，给他们的发展和成就人为地制造了天花板。女性主义者曾激烈反对以男女身体差异为理由来佐证他们在社会表现上的"性别鸿沟"，指出某些所谓的生物差异，如男人天然偏重理性思维，女人天然偏重感性思维这样的说法毫无根据，即便男女在统计数据上显现出这样的差异，也是社会环境缓慢培育的结果；而另一些明显的生物差异，如女人可以生育、有月经周期，等等，也并不是女人应得不利的社会地位的明证，因为这些因素的社会文化含义并不是明确和必然的。就此而言，女人之不同于男人，正如男人之不同于女人，造成男女不平等的主要因素在于社会环境有选择地"偏爱"男性，而边缘化了女性，如职业场所惯常的时间安排即假定从业者不需要生养孩子。反对讲男女身体差异曾是女性主义的一个普遍观点，女性解放运动的着力点也常常放在抨击女人不如男人的意识形态以及为女性开放更多的生活机会上。前文指出，残疾的社会建构论深受这种女性主

---

① 转引自 Elizabeth Barnes, *The Minority Body: A Theory of Disability*, Oxford: Oxford University Press, 2016, p. 9。

义观点的影响，类比第二波女性主义对生物性别和社会性别的区分，20 世纪七八十年代涌现的一批残疾研究理论家也区分了残损与残疾，把残损的身体归结为一种生物性因素，认为这样的生物性因素是中性的，正如自然界的物种是多样的，人的身体和精神特征也是多样的，并没有一种身体和精神特征是好的和健全的，而其他样式的则必然会给主体制造障碍；残疾只是社会环境给这些人添加的污名标签，以及给他们的生活机会施加的限制，所以残疾人权利运动以及残疾研究的焦点是反对机能歧视的意识形态，改造包容性不足的社会环境，为残疾人的发展打开机会瓶颈。

无论第二波女性主义所说的生物性别，还是奥利弗等残疾研究者所说的残损，都被看成仅仅是一种生物因素，与妇女解放和残疾人解放没有关系。反对生物决定论在某种意义上说也就是反对建基于其上的性别主义和机能歧视的立场，也就是反对社会不平等，为女性和残疾人等弱势群体赢得更多的生活空间，所以生物性别/社会性别、残损/残疾这样的二元框架具有一定的进步意义。但是如上文所指，这样的观点有很大的争议。就残疾问题而言，"这种二元论的问题在于它使社会模式持有一种空洞的残疾观念和非社会的残损观念"①，亦即根据社会模式，残疾被看作与身体无关，而身体被看作与社会无关。社会模式在把残损的身体归结为生物性因素后，就把它抛在一边了。很多学者指出，这种做法实际上把身体又交给了医学和生物学，又退回到残疾的医学模式。难道身体仅仅是一种生物性因素，仅仅要靠一些所谓的科学来研究，与历史和文化没有任何关系吗？修斯即批判道：

> 在社会模式中，身体被看作与病损和机体紊乱相同。这是说，它——至少含蓄地——被用纯粹的生物学术语来定义。它没有历史。它是一个本质，一个超越时间的和存在论的基础。因此残损在性质上与残疾相反：它不是社会生产出来的。就身体和残损而言，社会模式没有向建构论和认识论相对主义（epistemological relativism）妥协：它认为身体没有历史。②

---

① Kevin Paterson and Bill Hughes, "Disability Studies and Phenomenology: the carnal politics of every-day life", *Disability & Society*, Vol. 14, No. 5, 1999, p. 599.

② Bill Hughes and Kevin Paterson, "The Social Model of Disability and the Disappearing Body: Towards a Sociology of Impairment", *Disability & Society*, Vol. 12, No. 3, 1997, pp. 328 – 329.

身体没有历史，只是纯粹的、中性的和稳定的生物性存在。它与文化无关，永远栖居在自然的一面。这样的观点也为残疾的医学模式所认可，区别在于社会模式割裂了个人身体的残损与受到的活动限制二者的关联，而医学模式认为二者有必然联系。但是特里曼等人指出，社会模式的二元论只存在于表面，它实际假定残损是残疾的必要条件。[①]

与社会模式的这种身体观念相反，一些受后结构主义影响的残疾研究者指出，身体不是非历史的生物性因素，而与特定的社会文化具有重要的关系。如巴特勒所说，并不存在对身体的指称，同时又不是对它的进一步规定，所有对身体的分析和认识，即便表面上看起来具有十足的客观性和中立性，也蕴含着一种价值立场，是特定话语体系的一种重复性操演。特里曼指出，身体之所以会有物质化和自然化的假象，是因为知识/权力话语为巩固自身的支配，为更好地实现规训而生产出来的。就残疾问题而言，并没有与历史文化相绝缘的残损，它的含义也不能纯粹依靠医学或生物学来揭示，分析残损需要结合特定历史时期的权力话语。上文曾经以英国残疾生活补贴政策为例指出那种收集残疾人身体信息的问卷，筛掉了残疾人具有纷繁异质性的身体特征，而把他们纳入到同质的和方便管理的病人分类范畴中，由此这些残疾人身体的残损名称便为了更加有效的规训而被生产出来。以第三章所述的歇斯底里症为例，历史上它的病因常常被归结为"游走的子宫"，深入分析下去，女歇斯底里者这种身体的所谓病变，实际上是男权社会为了更好地规训女性的生育角色而生产出来的。所以就后结构主义的残疾观或批判的残疾理论来说，区别于残疾的社会建构论，找寻身体的影子不是要去医学或生物学领域，而是要在特定的话语、文本、符号或拟像等之中。身体不是没有历史，而是历史的产物，与特定历史时期的权力结构紧密相关。福柯曾经指出，人体是权力的对象和目标，尤以近代为甚，这是因为近代诞生了一种新的权力模式，即生命权力，这种权力与以往那种外在的压制性权力极为不同，它是内在化的，渗透在个人的全部生命周期。希伯斯如是评论批判的残疾理论：

> 生命权力的技术——统计学、人口统计学、优生学、医学化、绝育——对于残疾研究学者而言很熟悉。它们创造了现代国家知识与权力

---

① 参见本书第二章第三节。

间的政治同盟，但是生命权力并不仅仅是为一个或两个政治机构所掌控的政治性力量。对于福柯而言，生命权力决定了人类主体感知他们身体物质性的方式。在作为表征的主体化进程（subjection as representation）发生之前，人类主体没有身体，主体也不存在。身体仅仅是首先为表征之层序本身，其次为依赖于这种层序的整个社会意识形态所驱动的语言学效应。①

身体是一种语言学效应，是知识/权力话语的物化形式，这不是说批判的残疾理论不承认身体的物质性，而完全把身体看作一种话语的幻化形式。它承认这一点，但是认为对身体物质性的谈论十分空洞，毫无意义。在它那里，不只身体有一个物质化的进程，主体也有一个主体化的进程，它们都是特定话语系统的产物，并不先于话语而存在。对于批判的残疾理论来说，身体、对身体的经验、自我身份的意识以及主体性都是被社会的话语系统所生产出来的，都是一种被决定的存在。所以特里曼等人并不相信身份政治，也不认为经验可以作为社会和政治斗争的依据。这种立场遭遇一个很大的问题，即它在把身体化约为一种话语的产物时，也就将身体看作完全被驯服的东西。被社会体制边缘化的一些群体的意识、经验和信念等，无论在这些群体自身看来有多么真实可靠，都被这种立场看成是权力话语为维护自己而建构起来的幻影，都是没有什么认识论意义上的价值的。但是如此说来，这种立场就有修斯所说的强烈的虚无主义和宿命论倾向：身体仅仅是语言学效应，是完全消极和被决定的。即便特里曼提出主体在被话语系统建构起来的过程中，也有影响和改变这种系统的一面，并指出这是其立场具有批判性的表现，但是这样的影响和改变是停留在意识当中吗？是需要在意识中抵制主体性的被动生成吗？② 后结构主义残疾观所宣称的那种绝对批判性的品格，可能仅仅是一种假象。

除了批判品格可疑之外，希伯斯还独到地揭示出后结构主义残疾观的另一缺陷，即它背后隐藏着一种机能歧视的立场。后结构主义残疾观的身体是

---

① Tobin Siebers, *Disability Theory*, Ann Arbor, Mi.: The University of Michigan Press, 2008, p. 55.

② 参见 Tobin Siebers, *Disability Theory*, Ann Arbor, Mi.: The University of Michigan Press, 2008, pp. 77 – 80。

被知识/权力话语完全驯服的身体，希伯斯指出："在这种被驯服的身体（为近代历史所发明，并被认作唯一的身体）之下隐藏的是身体机能健全的身体……被驯服的身体需要支撑物和限定物，它的一举一动都基于计算。"① 这是一种宿命论的观点。福柯反对为权力话语所建构的这种身体，认为它是畸形和有缺陷的，换句话说他眼中好的身体应该摆脱种种限制，更加自由快乐。希伯斯认为这种隐藏的身体观念遍布福柯对疯狂、性和犯罪的论述中："在每一种情况之下都有一种更自由和更无拘无束的（身体）版本——疯狂对应的是比不可理喻更加疯狂，性对应的是比现代多元化的性更加多变乖张的性，犯罪对应的是比刑事法律所能想象的更加离谱和反社会的犯罪行为。"② 这样的身体才是福柯所看重的身体，而现实中的身体形态，包括残疾人所具有的残损，都仅仅是规训权力施展作用的明证，是被完全驯服的，换句话说也是应予鄙弃的。这与当代残疾人权利运动的精神完全背道而驰，维护了主流社会对残疾人的污名化标签，是机能歧视的一种表现。希伯斯指出，对这样的立场而言，"最明显的是，它将被驯服的身体看作一种要被根除的恶。然而，如果被驯服的身体表现为残疾，这意味着最近的身体理论复刻了机能歧视社会中最可恶的偏见"③。

第二节 回到身体：女性研究与现象学结合的启示

上一节总结了残疾研究中两种对立的身体观念。一种是在残疾的社会模式中，被看作纯粹生物性因素的身体，这样的身体也被看作与残疾人群体的解放运动无关；另一种是受后结构主义思潮影响的残疾研究者对身体的解释，也就是把身体看作为社会所生产，看作特定历史时期的知识/权力话语的物化或自然化结果，根据这种理解，少数群体的身体以及他们对身体的经验都仅仅是规训权力的产品，是不值得信任的。这种对立的身体观念有一个共同点，即都无视对身体的分析和研究。前一种身体观念被看作仅仅是医学或生物学的对象，后一种身体在被诠释为社会建构物之后，便被弃之不顾了，如一些

---

① Tobin Siebers, *Disability Theory*, Ann Arbor, Mi.: The University of Michigan Press, 2008, p. 58.

② Tobin Siebers, *Disability Theory*, Ann Arbor, Mi.: The University of Michigan Press, 2008, p. 58.

③ Tobin Siebers, *Disability Theory*, Ann Arbor, Mi.: The University of Michigan Press, 2008, p. 58.

学者所言，当下西方思想界的一种倾向是努力把某种表面上的自然性存在，如生物性别、残损、年龄等分析为社会建构物，之后便止步不前了，如同已经战胜了建构它们的力量。修斯指出，对身体的这种无视，在近一百多年来西方思想史翻天覆地的变化中显得有些故步自封。最近一百多年来，伴随元叙事的终结（利奥塔）和社会形势的巨变，传统西方社会的一些价值观念也发生了变化："理性、真理、进步这样的启蒙价值崩塌为一种绝对的空无，并很快被高扬欲望、任性（caprice）、生命无常（ephemerality）和差异的新的词汇集合所替代。身体悄悄地潜入舞台中成了抓人眼球的东西。再无宏大叙事。"[1] 特伦斯·特纳（Terence Turner）指出，西方哲学最近的核心主题即是情绪释放的快感对抗社会秩序对激情的道貌岸然的管控。这时理性的至高无上的地位已然岌岌可危，社会进步的信念受到了怀疑，身体也不再被看作一种消极、低下和需要严加管束的东西，人们开始重视研究感觉、情感、欲望、意志和潜意识等，分析它们对人类生存的意义。人们越来越觉得无视身体也就绝缘于整个时代，特纳即指出：

> 身体或具身性（embodied）的主体是广告引诱、负载符号性含义的商品诱惑、各种政权折磨、生育和卫生保健的尖锐冲突、重估其他性（sexual）身份的斗争以及新型传染性疾病的威胁的对象，也是美容技术、无性和体外受精、干预生育进程的多种形式、修改基因性状、延迟或缩短生命周期的新技术的对象，这样的技术使修改迄今被看作自然决定的生理特征成为可能。[2]

由此可见，身体并非某种远离社会文化的自在之物，社会文化的力量已经渗透到了它的每一个毛孔和细胞之中。原初那种纯粹生物性的外表，已然布满了人为的痕迹，所以社会模式的那种身体观是不成立的。另外，身体也并非惰性的质料，只能为特定历史时期的话语系统赋予意义和形式，它并不是那种轻描淡写的"人化自然"，所以后结构主义的身体观也是有失偏颇的。那么

---

① Bill Hughes, Kevin Paterson, "The Social Model of Disability and the Disappearing Body: Towards a Sociology of Impairment", *Disability & Society*, Vol. 12, No. 3, 1997, p. 327.

② Bill Hughes, Kevin Paterson, "The Social Model of Disability and the Disappearing Body: Towards a Sociology of Impairment", *Disability & Society*, Vol. 12, No. 3, 1997, p. 327.

如何认识人的身体呢？身体对人的解放有什么历史意义呢？

与当代残疾理论一样，女性主义也亟须回答这样的问题。上文已指出，早期女性主义者把自己的最大敌人看作生物决定论，认为男女身体的生物差异足以为历史上存在甚久的性别等级制辩护——女人是畸形的或被阉割的男人，只适合禁足在家庭中，而不适合从事公共生活。为了反对这种生物决定论，女性主义者区分了生物性别和社会性别，认为男女身体的生物差异并不能为性别不平等提供依据，两者没有必然联系。如第三章第三节所言，女人的子宫可以说是女人身体仅有的没有男性身体对应物的器官，可是这又能表明什么呢？那种女人是情感动物，男人是理性动物的说法更没有依据，如果存在这方面的统计差异，也很可能是社会环境塑造出来的。女性主义者指出，只要打破束缚性的社会体制，为女性开放同男性一样的教育、就业和从政机会，她们也可以获得相似的成就，也可以成为金融巨擘、哲学家、军事家、政治家乃至历史的推动者。制约女人的不是生物必然性，而是社会上的结构性压迫。所以早期女性主义者十分忌讳谈论男女的生物性差异，把身体仅仅看作生物学或医学的研究对象。生物性别与社会性别的二分确实有一定的解放意义，但是也存在很大的争议，这种二元论实际上把身体这一极富文化意义的重要领域忽视了，并且"由于割让了生物性别的领地，女性主义者事实上遇到了大量的抵制和持续的攻击，这种抵制和攻击以生物差异为根据，源自生物学、医学以及社会科学的重要领域"[①]。更为重要的一点是，女性主义对生物性别与社会性别的二分，是西方思想传统中身体与精神、自在与自为、女人与男人、情感与理性等二元架构的一种新的表现。前文已指出，这种二元论思维可以概括为自然性因素与文化性因素的区分。而女性、少数种族、动物等常被认为栖居于这种二元架构的自然性因素一面，被看作低下、有缺陷和不完满的存在物，在价值次序上低于二元架构的另一端。早期女性主义者在探寻自身解放道路上着力指出女性并非一种自然性存在，而同男性一样处于相同的价值次序，亦即也是理性和精神性的存在。但是很多人逐渐发现，这种褒扬理性、贬低身体的二元论架构其实是一种男性化的知识模式，如琳达·阿尔克夫（Linda Alcoff）所言，"在 20 世纪晚期，哲学开始发现它的理

---

① Shelley Tremain, "On the Government of Disability", *Social Theory and Practice*, Vol. 27, No. 4, October 2001, p. 626.

性和知识范畴被标注上了性别差异，而理性、知识、甚至真理以及人、历史和权力的概念是伪装成普遍概念的性别化实践的反映……'理性'本质上是'男性化的'"。如何理解理性是男性化的呢？阿尔克夫指出：

> 理性被定义为女性之具身性（embodiment）的反面，因为它要求排斥女性气质（femininity）、女性群体以及传统上女性所归属的领域。而且，正如吉纳维芙·劳埃德（Genevieve Lloyd）所言："女性气质本身部分地即为这种排斥性进程所建构。"如康德所说，理性思考的女人，最好还是有胡子。正是非理性、直觉和情感的特质把我们定义为女性，并使我们能够确证男性的"有必然性的"优越性。①

理性本身即建立在二元论架构上，建立在对女人的排斥上。这种排斥性的知识生产模式，把女性与身体、非理性、直觉和情感等绑缚在一起，并把这些看作低劣的。而早期女性主义对生物性别和社会性别的区分，并认为女性对应的不是自然/文化中的自然，而是文化性存在的观点仍然停留在这种本质上排斥和贬损女性的知识模式中，不能为女性解放指出一条明路。换句话说，问题出在这种男性化的知识模式上，在不触动它的情况下试图简单地将女性提升到这种二元架构的优势位置一端是根本不可能实现的，劳埃德也指出："决意为女性赢得'精神'领域的女性主义方法不可能颠覆男性优越性。我们无法简单地把女性从'身体'领域转移到'精神'和'理性'领域，因为这些概念建立在排斥我们的基础上。"②

阿尔克夫指出，马克思之后，哲学再也不能依靠内部批判来发现和纠正自身的错误了，它需要来自外部的批判。就此而言，早期女性主义在思想领域的奋争即是一个明证。它发现用现有的男性化范畴和思维方式来拯救女性根本不可行，摆在它面前的任务就是跳出这种哲学传统的束缚，寻找新的更具批判性

---

① Linda Martin Alcoff, "Phenomenology, Post-structuralism, and Feminist Theory on the Concept of Experience", in Linda Fisher and Lester Embree, eds., *Feminist Phenomenology*, Dordrecht: Springer Science + Business Media Dordrecht, 2000, pp. 40 – 41.

② Linda Martin Alcoff, "Phenomenology, Post-structuralism, and Feminist Theory on the Concept of Experience", in Linda Fisher and Lester Embree, eds., *Feminist Phenomenology*, Dordrecht: Springer Science + Business Media Dordrecht, 2000, p. 42.

的力量来源。一些女性主义者于是转向了后结构主义，而这种转向是为了对"所有现存知识领域中性别主义和父权制（patriarchal）假定的根源进行更深刻的方法论清算"①。后结构主义的女性主义者（如巴特勒）确实取得了一定的丰功伟绩。如上文所言，他们解构了生物性别/社会性别这样的二元论框架，认为并不存在纯粹生物性的性别元素，生物性别如社会性别一样都是特定权力话语的一种操演，是这种话语的物化和自然化的产物。而这样的物化和自然化进程，以及人们对存在某种支撑性别主义之意识形态的生物基质的认知，都是这种话语施展其支配性的一种效应。根据后结构主义的女性主义，没有先于特定话语系统而存在的主体性，主体性只是这种话语系统生产出来的；作为被压迫群体的女性对自己身体和境况的感知，在日常生活中形成的信念，以及逐渐培养起来的群体意识和据此开展的身份政治都是不可信的，因为这些都渗透着男权社会的意识形态，是性别主义的话语系统的建构物。这种立场对分析女性的某些生存问题是有效的，如 20 世纪中叶美国中产阶级家庭的女性形成了矢志照料家庭的适应性偏好，对她们而言，这样的信念不可谓不真诚，也不可谓受到了社会力量的实际胁迫，但这确实是性别等级关系内化的一种结果，没有这种内化过程，她们可能不会作如此选择；理解厌女症（misogyny）时也可以借助这种立场，以往人们常把它看作在男女身上都会表现出来的一种内在的恶，但是从后结构主义的视角来看，厌女症则是被男性权力话语塑造出来的主体性的构成部分，无论具体个人的意图如何良好，都难以觉察或抵制对女人的歧视或贬损。②

虽然后结构主义对女性的生存困境有一定的分析效力，但是它所关注的只是话语、符号、文本等，而完全摒弃了对女性身体以及身体经验的研究。在这一点上，它与现象学是相反的，因为梅洛－庞蒂认为"知觉的经验使我们重临物、真、善为我们构建的时刻，它为我们提供了一个初生状态的'逻各斯'"③，只有通过对身体的经验，我们才能"回到事物本身"。阿尔克夫指

---

① Linda Martin Alcoff, "Phenomenology, Post-structuralism, and Feminist Theory on the Concept of Experience", in Linda Fisher and Lester Embree, eds., *Feminist Phenomenology*, Dordrecht: Springer Science + Business Media Dordrecht, 2000, p. 43.

② 参见 Linda Martin Alcoff, "Phenomenology, Post-structuralism, and Feminist Theory on the Concept of Experience", in Linda Fisher and Lester Embree, eds., *Feminist Phenomenology*, Dordrecht: Springer Science + Business Media Dordrecht, 2000, p. 44。

③ 转引自周午鹏《作为共通体的身体——对心身问题的一种现象学解释》，《现代哲学》2019 年第 6 期。

出："后结构主义与日俱增的影响是为了败坏现象学的名声，它的根据是后者把主体性和主体的经验看作起因或根据，然而实际上它们仅仅是副产品（epi-phenomenon）和效应。现象学被看作在文化和历史之外形而上学地谈论经验。"[1] 评判这两种立场的正误得失在纯理论界面很难进行，我们可以结合一些具体事例来看。阿尔克夫举了两个例子，都与女性对强奸的经验有关。第一个是约会强奸（date rape）或婚内强奸，这两种形式的强奸在近年美国思想界和大众传媒中引起了广泛的争论。很多女性受害者纷纷打破沉默，公开讲述自己的痛苦经历，曝光施害者的暴力行为。从后结构主义的女性主义的视角看，受害者的被强奸经验受当代性别权力话语的影响，这样的影响之大，以至于虽然在之前的历史时期也肯定存在这样的、却未引起社会关注的事件，但当时受害者对此的感受是完全不同的。前文述及，斯科特把经验看作一种语言学事件，看作与语言共栖的，也就是说在没有"约会强奸"和"婚内强奸"的名词指称时，也很难说有强奸的痛苦经验，所以"约会强奸被说成是女性主义者所制造的幻象，它有了使年轻敏感的女性遭受（本来不必要的）创伤的物化效应"。但阿尔克夫指出，女性受害者对这种强奸经验的描述并不完全是特定话语系统的产品，并不仅仅起表征这种系统的作用，这种第一人称的对被侵害过程的经验报告确实有颠覆性的价值和意义，它们挑战了"有关哪种经历者是可信和有权威的认识论意义上的现有等级结构"，也"质疑了体制化的异性恋（指一夫一妻制婚姻）的优越地位"。[2] 阿尔克夫认为后结构主义把约会强奸的痛苦经验看作女性主义者制造的幻象的观点犯了"形而上学的谬误"，她说：

> 经验有时超越语言；它偶尔是难以言说的。女性主义并不是无中生有式地发明了性别主义；它提供了新的语言来描述和理解旧的经验。话语必然渗透和影响经验，但是像斯科特一样说"经验是一种语言学效

① Linda Martin Alcoff, "Phenomenology, Post-structuralism, and Feminist Theory on the Concept of Experience", in Linda Fisher and Lester Embree, eds., *Feminist Phenomenology*, Dordrecht: Springer Science + Business Media Dordrecht, 2000, pp. 42 – 43.

② Linda Martin Alcoff, "Phenomenology, Post-structuralism, and Feminist Theory on the Concept of Experience", in Linda Fisher and Lester Embree, eds., *Feminist Phenomenology*, Dordrecht: Springer Science + Business Media Dordrecht, 2000, p. 46.

应"，或话语是所有经验可知性的条件，也就消除了不能用语言来表达的经验知识。如果有意义的经验必须通过话语结构的检测，我们将把不可言说的（经验）排除于知识领域之外，这样的倾向会通过让知识领域忽视不能在主导性的话语体系中表达出来的压迫形式而为西方男权社会的利益马首是瞻。更好的立场是将经验和话语看作并不完全一致，存在错节的地方。①

对身体的经验并非特定话语系统的建构物，也不是一种语言学效应。毋庸置疑，能指链会影响我们对身体的感觉，会影响我们的经验内容，但如果像后结构主义的女性主义那样将两者完全等同起来则明显是不合理的。如果这样，我们的经验就完全是可以用语言来表达的。然而实际情况是，即便在日常生活中，我们也常常发现有时某种感觉找不到很好的词汇来形容，或者用外语词汇可以贴切地表达，母语就不行。这可以很好地说明，经验有超越语言结构的地方，它是"初生状态的'逻各斯'"，它的内容有时不能用语言，或者只可以用某种词汇更加丰富的语言来表达。然而正是这样的"错节"，推动了新词汇的产生和语言表征能力的不断增强。

阿尔克夫举的第二个有关强奸的例子来自福柯的《性经验史》，具体内容如下：

> 1867 年的一天，一位拉普库尔村的农业工人被告发。他头脑有点简单，一年四季在不同的地方打工，靠一点施舍和干苦活填饱肚皮，夜里则住在谷仓或马厩里。有一天，他在田边从小姑娘那里得到了一些爱抚，这种事他以前做过，也看见同村的顽童们这么做过，即在树林旁，或在通往圣尼古拉的路边排水沟里，人们随意地玩一种被人称为"干酪奶"的游戏。结果，小姑娘的父母向村长揭发了他干的坏事，于是，村长向宪兵告发了他，宪兵又把他带到法官面前，法官控告了他，并把他首先交给一位医生，然后再把他交给另两位专家。这两位专家为他撰写了一

---

① Linda Martin Alcoff, "Phenomenology, Post-structuralism, and Feminist Theory on the Concept of Experience", in Linda Fisher and Lester Embree, eds., *Feminist Phenomenology*, Dordrecht: Springer Science + Business Media Dordrecht, 2000, p. 47.

份报告，并把它发表了出来。这个故事有什么重要性呢？重要性就在于它的微不足道上。这一在乡村司空见惯的性经验，这些微不足道的林间野趣可能从某一时候开始，不仅成了集体不宽容的对象，而且是法律行为、医疗干预、门诊检查和理论说明的对象。重要之处还在于，人们还测量了直到那时为止仍然是农民生活的一部分的这个人的头颅，研究了他面部的骨架，检查了他的体格构造上是否有什么变态的迹象；而且，人们还让他开口说话，审问他的思想、倾向、习惯、感觉和判断。最后，人们决定被告无罪，把他作为医学和认识的纯粹对象而终生关在马勒维尔医院里，但是由于对他的详尽分析，使得知识界都知道了他……这无疑是使得知识与权力的各种制度用它们庄重的话语来占领这个日常生活的小剧场的条件之一。因此，正是当今社会——而且毫无疑问是有史以来第一次——在这些永恒的举止、这些由头脑简单的成人与懂事的孩子相互交流的毫不掩饰的快感之上，建立了一整套说话、分析和认识的机制。①

福柯极为强调知识/权力话语对性经验的形塑作用。从这段文字可以看出，他把这次成年男人与小姑娘的性行为看作"一整套说话、分析和认识的机制"第一次建立起来的标志性事件。在这种知识/权力话语出现之前，这种事件肯定也存在，但据福柯所言，这只是让成年人得到"一些爱抚"的"乡村司空见惯的性经验"，也只是小姑娘参与的一种游戏和"微不足道的林间野趣"，这种"由头脑简单的成人与懂事的孩子相互交流的毫不掩饰的快感"完全没有引起社会意识的关注，以致它在话语系统中并没有对应的能指符号。而这种琐屑的事件和清白的快感不知从什么时候成了"法律行为、医疗干预、门诊检查和理论说明的对象"，产生了"一整套说话、分析和认识的机制"。所以从后结构主义的视角来看，这样的话语系统才对成人与孩子的性行为，以及当事双方对这种性行为的感知经验赋予内容、形式和意义。在奸淫幼女的能指符号以及法学上相应的罪名出现之前，并不存在施暴的快感和被侵害的恐惧、无力、痛苦以及屈辱的感觉，存在的可能只是在语言中无法表征的、不负载任何价值含义的成人与孩子"相互交流的毫不掩饰的快感"。阿尔克夫

---

① ［法］米歇尔·福柯：《性经验史》，佘碧平译，上海人民出版社 2012 年版，第 20—21 页。

批判福柯只是在作一厢情愿的假设：他如何知道19世纪与成年男子发生性关系的女孩只会有那种快感呢？如果快感是双方的，那为什么这个农业工人要给她几便士以保证她的参与呢？福柯认为如果不在语言中得以表征，如果不受知识/权力话语的染指，双方都会有这样的快感，并且这种感觉是清清白白的。但是阿尔克夫指出，福柯对小女孩感知经验的假定反映了一种成年男性的"认识论意义上的傲慢"，而意识形态批判并不能去除权力话语的迷雾，回到事物本身。对这种成年人与未成年人之间发生的性行为性质的分析，以及对当事者的经验内容的把握，需要有切实的第一手资料，需要当事者的具身性的视角，而这正是现象学方法所能把捉的东西。阿尔克夫即用幼年遭受性暴力的受害者的叙述以及自己的亲身经历对这种事件进行了现象学式的分析：

　　在这些叙述中，迷惑经常掩盖住创伤，因为小孩不能恰当地讲清楚她所遭受的痛苦或她对事件的感知。在类似福柯所描述的境遇中，孩童展示了对拥抱，对抚慰或关注，对或许获得钱、食物以及安全处所之类的基本好处的需要。成年人顺着她来，但是要求她接受性器官的触碰。这种异常举动给小孩带来了掺杂着被胁迫感、不确定性所带来的窒息感、安抚的话语和疼痛、不舒服的行为——要求不要喊叫的命令和所做之事是正常和顺乎情感的保证——之间的不协调感的痛苦和恐惧。某人被她所信任的成年人要求嘴巴含上某种东西，要求尝试着触摸它，要求去做令人羞辱和不自在的痛苦姿势。虽然孩子的嘴被塞着，也呜咽着（甚至喊叫和痛哭），但是成年人一边叹着气，一边抱怨着，紧紧地抱住小孩以防其逃脱。这里（成人）的快感被小孩朦胧地感知为建立在自己的痛苦之上，是一种亲身体验到的恐惧的产物。其后，孩子不敢再信任别人了，觉得任何表达关心的人仅仅是为了得到性。孩子也感到标记在自己身上的耻辱，这样的身体是被人使用的活痰盂（spittoon）。[①]

---

　　① Linda Martin Alcoff, "Phenomenology, Post-structuralism, and Feminist Theory on the Concept of Experience", in Linda Fisher and Lester Embree, eds., *Feminist Phenomenology*, Dordrecht: Springer Science + Business Media Dordrecht, 2000, p.54.

由受害女童对被强奸经历的叙述可以看出福柯所说的"微不足道的林间野趣"和"相互交流的毫不掩饰的快感"都是自己一厢情愿的假定。成年人施加的性暴力会让孩童感受到极大的恐惧、绝望和痛苦，给她们的心灵留下难以愈合的创伤，成为她们终生挥之不去的阴影。福柯认为特定话语系统可以改变当事女童对这种事件的感受，以致它有可能成为"微不足道的"，这里他明显夸大了话语的力量，夸大了特定历史时期的能指链条对身体经验的意义赋予功能。这样的经验常常是变化万千的，很多时候并不能为语言的表征功能所捕获，正是这样，它才产生了反作用力，不断地推动着语言的丰富和发展。所以从关于身体的符号、话语、文本、拟像等中不能充分揭露身体的本质，换句话说，身体既不处于社会文化之外，也不纯然地是知识/权力话语的自然化产物，理解身体需要回到主体对它的亲身经验，从这样的经验里找寻解放它的路径，阿尔克夫即指出："女性主义哲学，如果想增益妇女解放，必须要更好地理解理性、理论与对身体的主观经验的关系。如果女性要获得认识论意义上的可信和权威，我们需要重塑身体经验在知识发展中的角色。"① 所以女性主义需要借助现象学的理论资源，来弥补后结构主义立场的偏激，以更好地认识和反抗社会压迫，这对残疾研究而言同样适用。

第三节　残损的现象学分析

在笛卡尔的身心二元论中，身体仅仅是一种客观存在，是知觉感知的对象，这样的立场体现在早期残疾研究理论家对残损/残疾的区分上。确实就社会模式而言，残损的身体仅仅是生物学或医学研究的对象，与社会文化无关。在残疾研究学科产生之前，一些现象学家试图超越这种笛卡尔式的二元论。对于他们来说，身体是我们关于世界的观点，它不是历史文化之外的消极存在物，而既是客体，也是主体。在相关著述中，梅洛－庞蒂即提出了一种具身性的概念以尝试超越身心二元论，"他认为知觉建立在被经验的（experienced）和经验着的（experiencing）身体上。对梅洛－庞蒂来说，通过身体知

---

① Linda Martin Alcoff, "Phenomenology, Post-structuralism, and Feminist Theory on the Concept of Experience", in Linda Fisher and Lester Embree, eds. , *Feminist Phenomenology*, Dordrecht: Springer Science + Business Media Dordrecht, 2000, p. 42.

觉到的世界是所有知识的根基。正是通过身体，人才通达世界。我们对生活现实的感知依靠'活生生的身体'，也就是同时感受着和创造着世界的身体"①。"被经验的身体"是作为知觉客体的身体，它为我们的认识活动提供了对象和质料，这也是笛卡尔所理解的身体；"经验着的身体"是作为知觉主体的身体，它并不是被动性的存在，而是一种活的、创造性的力量。它们是同一身体共同存在的两面，而不是两种身体，换句话说，身体既是被动的，即为社会性力量所"书写"和改变；也是主动的，积极地参与世界的生成和转化。因此，有学者认为："人类……有一种双重的本性；它简要表述为德语单词 Lieb，指活生生的、经验着的身体〔即自为的身体（body-for-itself）〕，和 Korper，指客观的、外在的和制度化的身体〔即自在的身体（body-in-it-self）〕。"② 无论残疾的社会模式，还是批判的残疾理论，都只看到了身体的自在性，而忽略了身体的自为性，从而忽略了残疾的具身性特点。

作为残疾的社会模式的首倡者之一，芬克尔斯坦区分了研究残疾的两种视角，一种是"由内而外"（inside out），强调关注残疾人对自己身体状况的个体和心理经验，如疼痛以及各种情绪反应；另一种是"由外而内"（outside in），强调研究给残疾人带来各种不便的外在环境，如公共卫生间入口过窄把轮椅使用者挡在门外，电梯没有安装语音提示给聋人乘坐带来极大不便，红绿灯没有语音警示使盲人不能轻松识别，等等。芬克尔斯坦和奥利弗都认为由外而内的方法才是理解残疾的正确方法，这种方法把残疾看作社会环境给少数群体制造的各种不便，也把"治愈"残疾的责任放在了社会层面。而第一种方法则是反动的，因为它把残疾问题归结为个人的病理学问题，归咎为残疾人自身，从而使社会摆脱了创造合理便利条件的义务。由外而内的视角对研究其他社会现象也有重要的理论意义，比如贫困，它不能仅仅归结为贫困者自身的问题，不是因为他们先天能力差、后天懒惰等原因而使他们处于如此境地；相反，当代西方政治哲学家，包括罗尔斯等都强调了社会性因素，如个人所处的阶级和家庭条件对个人处境的塑造作用，甚至个人的努力程度也不仅仅源自个人意志，它同样受到社会条件的左右。无论是对于残疾，还是对于贫困

①　Kevin Paterson and Bill Hughes, "Disability Studies and Phenomenology：The Carnal Politics of Everyday Life", *Disability & Society*, Vol. 14, No. 5, 1999, p. 601.

②　转引自 Kevin Paterson and Bill Hughes, "Disability Studies and Phenomenology：The Carnal Politics of Everyday Life", *Disability & Society*, Vol. 14, No. 5, 1999, p. 601。

来说，由外而内的视角具有一定的理论意义，它反对只关注个人层面的因素，强调对社会病理学的分析。就残疾来说，芬克尔斯坦宣扬的社会模式不是否认残疾个体对病痛的经验，而是认为这只是生物医学问题，与残疾人的政治斗争无关。对于芬克尔斯坦不关注残疾人个体经验的主张，修斯指出：

> 从笛卡尔主义角度区分残损和残疾的做法忽视了身体性社会（somatic society）已然消解了现代性所蕴含的身体－政治的区分这一事实。身体并非政治的消极元素。它会被社会关系所塑造，但是它也积极地影响社会关系所展现的样式。在这种背景下没有由外而内或由内而外的二元的解放模式。今日的政治，与经济和公共生活有多相关，就与美学（已形成的和正在形成的身体）有多相关。各种"自豪运动"——黑人、同性恋和残疾人——都是本体感受的政治（a politics of proprioception）的样式，都是当代的身体政治，在其中，美学以及政治和经济上的暴政都正在为被（主流社会）排斥的群体所解构。他们同时在内部和外部进行这种"工作"。①

修斯这里所说的"身体性社会"指的是当代世界身体与社会力量的相互渗透现象，这种现象越来越普遍："具身性在新社会运动的政治中占据重要地位。当代身份政治在'身体性社会'的表面浮现以及出场。'我们政治上的当务之急'，布莱恩·特纳（Bryan Turner）写道：'是如何管理空间中的身体，如何监控身体外表，如何管理具身性，如何管理身体之间的注意力。'政治是生命政治。后现代的暴政是美学的：苗条的暴政和完美身体的暴政。"② 对于残疾问题而言，"完美身体的暴政"最为相关，它指的是社会和文化资本与一种健全人体的理想——四肢健全、感觉敏锐、语言流畅等——越来越相互纠缠，符合这种理想的人们就会有和谐的人际关系和便利的社会条件。不符合这种理想的人们只能拥有有限的生活空间，并被认为只能通过医疗技术改变自己的身体以重获社会的承认。修斯指出，当代社会对身体的美学判断越来越具有重要的地位，或者说，对错好坏的伦理判断逐渐在"美学化"。身体成了规

---

① Kevin Paterson and Bill Hughes, "Disability Studies and Phenomenology: The Carnal Politics of Everyday Life", *Disability & Society*, Vol. 14, No. 5, 1999, p. 600.

② Bill Hughes and Kevin Paterson, "The Social Model of Disability and the Disappearing Body: Towards a Sociology of Impairment", *Disability & Society*, Vol. 12, No. 3, 1997, p. 331.

训权力发挥霸权效应的主阵地，也成了被边缘化的群体反抗这种力量的主战场，这可以从上述引文中提及的大胆表露"异常"身体特征的各种自豪游行中看出来。所以就人体来说，不存在单纯的自然和生物性因素，也没有单向度的作用于它的外在力量，内部与外部不再那么容易地区分出来。例如，对于残疾人而言，芬克尔斯坦和奥利弗所说的外部环境的歧视和压迫，用客观描述的方法不能很好地捕捉和应对，因为"压迫并非某种表露在社会组织的歧视性建构中的东西。它也是因为体验到文化的'机能歧视'而感到如愤怒、沮丧甚至痛苦之类的东西"①。压迫呈现在主体的具身性经验中，离开了对身体的关注，则不能很好地把握它。

　　所以，为了更全面地研究残疾，必须将社会模式排除出去的残损重新拉回到对残疾的定义中。很多人认为社会模式忽视了源自某些残损身体的疼痛，明显违背常理。在分析残疾问题时，加入这一维度十分必要。因为从现象学的视角看，日常生活中人们的身体"不仅向外投射在经验里，而且跌落到不能经验到的深渊里"②，这指的是虽然人们对自己的身体有具身的经验，但这种经验常常是不被觉察的，人们经常忘记自己身体的存在，经常意识不到它。但是这种身体的"消失"（disappearance）状态会因为源自它的疼痛感而被打断——因为持续的疼痛感，身体才更加明显地映现在人们的经验意识里。这时身体的出场，并不是它的正常状态的显现（appearance），而是一种"异常的显现"（dys-appearance），因为疼痛感唤醒了人们对身体的意识，但是这时的身体已然是源源不断地产生疼痛感的身体。从现象学的视角来看，疼痛是一种活的和具身性的经验，它引起了主体对自己身体的注意，但是，

　　　　疼痛，像别的经验类型一样，不能简单地归结为这些直接的感觉品质；确切地说来，它最终是在世的一种存在方式（being-in-the-world）。由此，疼痛重置了我们的生活空间与时间，我们与其他人以及自己的关系。③

---

① Bill Hughes, "Disability and the Body", in John Swain, etc., eds., *Disabling Barriers-Enabling Environment*, London：Sage, 2013, p. 95.

② Kevin Paterson and Bill Hughes, "Disability Studies and Phenomenology：The Carnal Politics of Everyday Life", *Disability & Society*, Vol. 14, No. 5, 1999, p. 602.

③ Kevin Paterson and Bill Hughes, "Disability Studies and Phenomenology：The Carnal Politics of Everyday Life", *Disability & Society*, Vol. 14, No. 5, 1999, p. 603.

残疾的社会模式把这样的疼痛经验仅仅看作个人的内在感受，看作纯粹的生物学或医学问题，但是这种身体的出场、这种身体的"异常显现"在没有疼痛感的时候也会发生。比如，下肢瘫痪者常常没有生理性的疼痛感，但是他们在使用轮椅出行，在进入商业步行街的时候经常遇到石墩的阻隔，在进入楼宇的时候经常碰到过窄弹簧门的阻隔，在途经一些无障碍坡道的时候也因为坡道过陡而面临轮椅失控的危险，他们不能像所谓的"正常人"那样轻松出入。这时与疼痛感所引起的异常显现一样，他们残损的身体也会在其具身经验中浮现出来。然而此时具身经验中身体的出场不仅与个人的内在感受有关，也映现了外部社会环境的信息，最终体现了一种主体际关系。正是社会环境对下肢瘫痪这种身体特征的不包容，随时提醒着个体留意自己的身体，留意他自己所处的受歧视和被排斥的不利境况。所以，

> 作为"异常显现"的残损，不是一种（疼痛那样的，亦即身体疼痛"提醒"我们身体的存在）身体内部的现象，而是身体之间的现象：由于日常生活的深重压迫，残损的身体才"异常显现"（dys-appears）。它之被意识源自它是偏离在世的一种存在（presence-as-alien-being-in-the-world）。把握有关残损的现象学社会学之分析的本质和层次是极为重要的。在身体间（intercorporeality）和主体间的背景中，残损的身体"异常显现"出来，原因在于它无法获得"世界"（res extensa）——亦即物理、文化和社会世界——的认可。①

轮椅使用者在无障碍设施不完善的建筑环境中会唤醒自己对瘫痪肢体的意识，聋人在观看没有字幕的电视节目时会唤醒自己对听觉受损的意识，心脏病患者在没有放置 AED 除颤仪的地铁站中也会唤醒自己对残损器官的意识。这里身体的异常显现，并不是源自生物和病理性的疼痛，而是源自社会环境的排斥性构造。整个社会环境是大多数身体特征处于"正常"范围内的人们为了自己的利益和方便而构造起来的，并没有考虑到身体特征异常的人群的利益，或者说残疾人在社会环境的建构中没有任何话语权，他们不能在其中留下自

---

① Kevin Paterson and Bill Hughes, "Disability Studies and Phenomenology: The Carnal Politics of Everyday Life", *Disability & Society*, Vol. 14, No. 5, 1999, p. 603.

己身体的任何印记。这样残疾人的身体就无法适应这种机能歧视的社会环境，而这通过遭遇日常生活中的各种不便而不断映现在残疾人的具身经验里。这种经验显示出社会环境对他们的歧视和压迫。所以残疾的社会模式仅仅把残疾理解为外在环境对残疾人生存活动的限制，而把残损以及对残损的感觉经验看作纯粹生物性因素的观点是有问题的。多数情况下，外部压迫会映现在主体的具身经验中，或者说压迫是具身性的。理解不了这一点则无法很好地分析和反抗它，修斯等人即指出："压迫和偏见成为具身性的，成为日常生活经验的一部分。压迫并非体现在如歧视性的劳动市场中的一种抽象结构——它在（主体的）肉体和骨骼中被切身感知到。随着身体的'异常显现'，它在身体中表露出来。残损身体的劣势处境离开残疾人所处的物质和社会环境则不能被理解，它也不能离开（主体所感受到的与）生活世界的痛苦相遇。"[1] 社会模式仅仅关注外在的物质和社会环境，只注重发展一种空间政治，然而压迫同时也是时间性的，映现在残疾人的具身感受中，所以残疾研究也需要发展一种时间政治，重视对身体间和主体间关系的研究。

第四节　希伯斯的"复合具身性"理论

如上所述，一些残疾研究学者结合梅洛－庞蒂的"身体是我们关于世界的观点"的主张，指出残疾是具身性的，并对残损作了现象学分析。但是他们并没有突出关于残疾的具身经验对残疾人群体的解放意义。密歇根大学教授希伯斯（1953－2015）的"复合具身性"（complex embodiment）理论弥补了这一点。希伯斯是著名的残疾研究学者，他提出的复合具身性理论是为了弥合残疾的医学模式和社会模式这两种对立立场给残疾研究带来的分裂。医学模式如前文所言，把残疾归结为个人身体的病理学问题，认为对待它的正确方法是用医药技术来"修正"人的身体。医学模式的问题在于，它"把残疾人化作物体，盗走了他们的主体性，把任何发现都换算为医学诊断"；社会模式则与此相反，认为残疾只是社会环境对相关主体的生活制造的限制，而这些人的身体特征，亦即残损是纯粹的生物学现象，与残疾无关。希伯斯认

---

① Kevin Paterson and Bill Hughes, "Disability Studies and Phenomenology: the Carnal Politics of Everyday Life", *Disability & Society*, Vol. 14, No. 5, 1999, p. 606.

为这种立场存在三个明显的问题：①只关注环境，无视身体；②存在物化残疾人的问题，因为他们只被看作外部力量作用的对象；③不关注残疾人的主体性问题，这种观点实际认为环境定义了一切。① 残疾的这两种解释模式表面上看起来具有极大差异——可以说一种强调个人病理学，一种强调社会病理学，但是从希伯斯的上述分析中可以看出它们有一些共同的理论特征，如都客体化了残疾人、不重视他们的主体性和能动性等。需要指出，社会模式不是摒弃对残损的医学诊断，它对"致残"环境的分析需要诉诸这种诊断。正如特里曼所揭示的，在社会模式中，残损实际上是残疾的必要条件。希伯斯认为，为摆脱这些理论困境，需要确立解读残疾的新立场，以容留对残损身体和外界环境的经验，并且充分地体现残疾人的主体性。由此希伯斯提出了他的复合具身性理论，这种理论的优势在于它能：

> 唤起此种意识，即致残（disabling）环境能影响人们对身体的活生生的经验，但是它也强调影响残疾的一些因素，如慢性疼痛、次级健康效应（secondary health effects）以及衰老，源于身体。后一种残疾与环境引起的残疾相比并非无足轻重，其也并非因难以改善而应被理解为缺陷或偏差。确切来说，它们处于人类身体特征多样性的变动范围内，既被看作个体之间的可变性，也被看作个体生命周期内的可变性，它们与影响残疾的社会力量相互纠缠。复合具身性理论把社会表征和身体的关系看作并非如社会模式（所理解的）那样是单向度的，亦非如医学模式（所理解的）那样是不存在的，而是互动的。复合具身性把身体和对身体的表征看作相互转化的。社会表征明显地影响对身体的经验……但是身体也有决定其社会表征的能力，有时表征不能掌控身体的存在。②

由此可见，复合具身性中的"复合"指的是两种力量的纠缠，一种源于身体；另一种源于外部社会。两种力量在人的具身经验中相会，并且相互影响。以往

---

① Tobin Siebers, "Returning the Social to the Social Model", in David T. Mitchell, etc., eds., *The Matter of Disability*：*Materiality*，*Biopolitics*，*Crip Affect*，Ann Arbor：University of Michigan Press，2019，p. 40.

② Tobin Siebers, *Disability Theory*, Ann Arbor, Mi.：The University of Michigan Press，2008，pp. 25 – 26.

对残疾的理解或者过分强调主体对自己残损身体的感觉，或者忽视这种感觉，把源于外部的作用力看作唯一的，而身体则完全是被动和消极的。这在残疾的社会模式和批判的残疾理论中都有所体现。前文指出，批判的残疾理论将残损看作知识/权力话语自然化或物化的结果，不信任残疾人对自己身体的经验，也不信任建立在这种经验基础上的身份政治，就其而言，包括残疾人在内的受压迫群体的主体性是由社会的话语系统生产出来的，是为了更好地实现规训的目的而存在的。这种不信任受压迫群体的具身经验的主张，最明显地体现在斯科特于1991年发表的"经验的证据"（"Evidence of Experience"）一文中，这也正是复合具身性理论所批判的对象。斯科特在这篇文章中指出历史和文化研究不能以非主导性群体的经验为证据，因为他们被记录下来的经验已然浸染了主流意识形态的色调，甚至他们显露的差异和身份也是这种意识形态自然化的结果。以此为据则会停留在正统历史的框架中，弱化此种研究的批判力度。希伯斯揶揄道，如此说来，"甚至当经验被用来创造另一种历史观，或者纠正流行的误解时，给予证据角色的它也仅仅是在为基础主义（foundationalist）的历史话语添砖加瓦；她（斯科特）批判女性主义者和文化历史学家在提出需要以女性、有色人种和阶级歧视的受害者的经验为据重新书写历史的时候倒退回了基础主义"①。

　　总之，斯科特的观点是反对以受压迫群体的具身经验作为证据，认为这会固化压迫性的意识形态。这种立场深受后结构主义思潮的影响。前文指出，后结构主义的女性主义者不信任女性的经验，因为这种经验常常受父权制意识形态的影响——女性会有杨所说的"双重意识"，会从男性的视角来打量和认识自己，由此得到的经验则是保守的。对这种观点最有力的回击武器源自实证资料，前文即叙述了强奸受害者对其痛苦遭遇的亲身经验，指出这样的经验并非完全为特定时期的话语系统所左右，不是社会建构出来的幻象，而具有超越和对抗这种话语系统的重要意义。在"审讯中的残疾经验"（"Disability Experience on Trial"）一文中，希伯斯举了一个与残疾人的经验有关的例子，表明这样的经验具有一定的解放意义。2004年，乔治·莱恩（George Lane）起诉田纳西州政府违背《美国残疾人法案》第二章有关规定，因为该州的一些公共机构缺乏无障碍设施，把残疾人挡在了门外。莱恩是位轮椅使

------

① Tobin Siebers，"Disability Experience on Trial"，in Stacy Alaimo and Susan Hekman, eds., *Material Feminisms*，Bloomington：Indiana University Press，2008，pp. 292 – 293.

用者，他之所以起诉州政府是因为之前的一次痛苦经历：因为一次微不足道的交通事故，莱恩在一天早上被召至法院，而进入法庭需要经过两段阶梯；当莱恩艰难地攀爬阶梯的时候，一些法官和法庭雇员在阶梯顶端一边看着他别扭的动作，一边在不住地嬉笑。莱恩回忆说，如果痛苦有 1 到 10 的分级，他当时的痛苦肯定超过了 10 级；然而最痛苦的经历还在后边，莱恩的案件在上午并未进入审判程序，法庭要求他午饭后再回到法庭，当莱恩拒绝再次攀爬阶梯时，他因为未出席审讯而被拘留了。莱恩诉田纳西州政府的案件呈送给了美国最高法院，最高法院经投票做出裁决，要求州政府为残疾人提供进出法院的无障碍设施。此案莱恩的痛苦遭遇是大法官权衡的重要因素。希伯斯指出，关注残疾人的生活经验是《美国残疾人法案》本身所要求的，通过这样的经验，美国司法系统才能发觉自身是否有意地歧视和排斥残疾人。此案残疾人的胜诉表明他们的生活经验可以为自身的解放服务，而并不是如斯科特所说是完全消极和保守的，仅仅是占据霸权地位的意识形态建构出来的东西。希伯斯指出，即便立场保守的大法官也不会认可斯科特对弱势群体经验的批判，这是十分讽刺的。残疾人在生活中遭受各种不公正对待，也会被主流权力话语剥夺认识自己真实境况的机会和途径，常常把"正常人"眼中的残疾人错当成真正的自己，由此顺应社会对自己的污名化和歧视，所以残疾人的生活经验在某个层面上说是社会建构的。但是这种经验并不能完全为主流的权力话语所解释，它也有影响和决定社会表征的一面，它的批判和解放意义正在于此，希伯斯指出：

> 残疾提供了一个经验由社会所建构的生动例证，它同时显示了经验所形成的身份对表征系统也有所影响——经验对表征系统的质询会产生有关社会的可靠知识。当残疾的身体进入任何社会或有形的建筑（construction）中，一种解构（deconstruction）就发生了，这种解构揭示了与建筑的有形样式一样确定的社会样式的作用力以及作用模式。建筑物在被盖起来的过程中只关注了某种身体特征，但是当不同的身体出现，发生的不匹配揭露了控制空间的意识形态假定。①

---

① Tobin Siebers, "Disability Experience on Trial", in Stacy Alaimo and Susan Hekman, eds., *Material Feminisms*, Bloomington: Indiana University Press, 2008, pp. 295–296.

残疾人的具身经验显露了外部环境的不包容，因此它具有批判和解构性含义。用另一种形式来表达，如果在圆形中标注社会结构中的强势群体和弱势群体，强势群体往往被看作居于中心，而弱势群体被这种结构抛在了外边缘。可以说，后者处于完全被支配的境地。占据统治地位的社会话语系统也往往将强势群体的观点、信念和欲望等视为标准和典范，而将弱势群体塑造为他者，他们所独有的特质也被看成是偏颇或缺陷。这往往被看成一种自然的秩序，一种无可置疑的事实。然而从另一个角度来看，占据统治地位的话语系统实际上无法证明强势群体本身的优越地位，它通过不断强调他者的偏颇或缺陷来实现这个目的，也就是说，主流的话语系统不断地贬低和打压自己的对手，来颂扬自己所代表的利益群体①，可以说，受压迫群体不是处于压迫性社会结构的边缘，而是处于它的核心。有色人种、女性和残疾人等的具身经验绝不是这种社会结构的产品，而是自身与这种外在力量双向作用的结果，此即希伯斯所说的复合具身性。重视研究这些群体的具身经验也就具有颠覆这种社会结构的解放意义。因此希伯斯说：

> 在中心和边缘之间存在一种自由运动的趋向，中心实际上为了自己的存在要求在边缘位置上有他者存在，在此意义上说边缘是真正的中心。生活在边缘位置的残疾人有别样的经验。他们的经验表明构建社会的过程中并没有顾虑他们的利益，并且不想踏足留给他们的空间。他们的经验并非难以名状的（heteroclite），也并非僭越、幻想和煽动暴乱的流动空间，而是具有现实世界品质之域，那里的人们想要体验快乐、创造性、知识和承认——当提及残疾经验时，这些基本需求通常不被重视或不受支持。②

残疾人的具身经验并非压迫性的知识/权力体系的产物，它有这种体系所不能涵盖的地方：一方面，这种经验显示了残疾人的主体性、自我发现以及对世

---

① 参见米切尔和斯奈德的"叙事假体"（Narrative Prosthesis）概念。David T. Mitchell and Sharon L. Snyder, *Narrative Prosthesis: Disability and the Dependencies of Discourse*, Ann Arbor: The University of Michigan Press, 2000.

② Tobin Siebers, "Disability Experience on Trial", in Stacy Alaimo and Susan Hekman, eds., *Material Feminisms*, Bloomington: Indiana University Press, p. 304.

界的独特认识，也就是希伯斯所说的"残疾是一种知识体（body of knowledge）"——残疾人不是有缺陷、弱能或失能的，而是知识的生产者，他们作为身体特征异常的群体，久居以非残疾人为蓝本而建构的社会中，对周遭世界形成了一种独特的知识，这样的知识同样具有真理的光芒。另一方面，这种经验蕴含着一定的批判性。前文述及，当残疾人进入公共场所时，他对各种障碍和不便的经验便具有了一种解构这种空间的含义，因为这种经验揭示了，这样的场所并不具有真正的公共性，而是狭隘的、为某种特殊群体服务的，仅仅是机能歧视的一种表现形式。希伯斯以莎士比亚的《亨利四世》中的喜剧角色孚斯塔夫（Falstaff）为例阐明了这种观点。剧中孚斯塔夫似乎因痛风而跛脚，在上篇第二幕第二景中他在马被同伙偷走后这样说：

> 这恶棍把我的马牵走了，也不知拴在哪里了。我若是用尺量再徒步走四尺路，我就喘不过气来……脱离这群流氓，变成一个好人，一定会和喝酒一般的舒服，否则我是一个真正的吃饭长大的坏蛋。八码坑洼不平的路，让我走起来就像是七十里一般，那铁石心肠的东西们是明明知道的。①

"八码坑洼不平的路，让我走起来就像是七十里一般"，这句话表达了孚斯塔夫对其跛脚的感受。希伯斯指出，我们由此注意到了他的残疾，但是我们不是因为看到他的残损，即受痛风影响的大脚趾，也不是因为外在环境的致残性而认识到这一点，"我们知道这一点是因为他表述了成为残疾人意味着什么的知识"②。从残疾人的经验中能看到对生活世界的一种特殊的知识，这种知识并非仅仅源自纯粹生物性的感受，也不是如后结构主义者所说的是权力话语的幻化物，而是体现了身体与环境的相互纠缠、相互改变，正是这种具有复合具身性的知识使孚斯塔夫成为残疾的。

　　孚斯塔夫被一些文学批判家看作具有"流动的主体性"（unfixed subjectivity），也就是说他经常临机应变，有时会掩饰自己的残疾，装作完全的"正常

---

① ［英］莎士比亚：《莎士比亚全集》（亨利四世上），梁实秋译，中国广播电视出版社2001年版，第69—71页。

② Tobin Siebers, "Returning the Social to the Social Model", in David T. Mitchell, etc., eds., *The Matter of Disability*: *Materiality*, *Biopolitics*, *Crip Affect*, Ann Arbor: University of Michigan Press, 2019, p. 44.

人",有时则突出自己的残疾特征。希伯斯认为从他身上可以看出,"残疾人比其他人更了解特定情形下残疾和非残疾的关系……那些伪装起来的(残疾)人把其他人认为自然和正常的社会状况看作被安排的、人为的和受操纵的,因此显露了他们对人体差异与社会构造以及流行看法之间关系的知识"①。具有流动主体性的孚斯塔夫可以有正常人和残疾人两种面相,也就是说他可以在社会结构的中心和边缘之间见机行事,自由转换。从认识论角度看,他比所谓正常人更为优越的地方也就体现在这里。希伯斯尤为关注孚斯塔夫突出或者说伪装自己是残疾人的做法,指出特意强调自己身体与周围人的差异实际上是利用对这种差异的刻板偏见来解构形体和行为的"正常"标准,反抗压迫和不平等。与所谓正常人相比,孚斯塔夫因为对跛脚有具身经验而拥有认识论意义上的优势,这样的优势使他在权力争夺战中不甘无谓献身,而选择佯死以保全生命,正如他在日常生活里通过佯装正常人而避免周围环境的歧视和伤害一样。这种认识论意义上的优势或通达明智体现在他在战场上躲过一劫后所说的话里:

> 天呀!方才我是该假装死,否则那凶神苏格兰人就把我彻底解决了。假装?我说错了,我不是假装的:死,才算是假装;因为死人是没有生命的人,才是假装一个人;但是一个人,活生生的,而假装死,他不算是假装,而实在是地地道道的一个大活人。临机应变是勇敢的最好的一部分;靠了这一部分,我救了我的命。②

第五节 格兰德-汤普森的新唯物主义残疾观

从希伯斯的复合具身性理论中可以看出一种实在主义(realism)倾向,这与批判的残疾理论的语言学观念论形成了鲜明的对比。希伯斯曾指出,后

① Tobin Siebers, "Returning the Social to the Social Model", in David T. Mitchell, etc., eds., *The Matter of Disability: Materiality, Biopolitics, Crip Affect*, Ann Arbor: University of Michigan Press, 2019, pp. 44–45.
② [英]莎士比亚:《莎士比亚全集》(亨利四世上),梁实秋译,中国广播电视出版社2001年版,第223页。

结构主义的理论遗产是对一种绝对批判（absolute critique）的喜好，"将批判对准自己被看作高于一切，并且这样的批判被定义为一种减法运算，其中知识的根基越来越少。这种观点一直声称，批判越激进和绝对，它的解放意义越大。但是这种观点的证据越来越不明朗"①。由本书第三章可以清晰地看到这一点，后结构主义的女性主义不仅认为社会性别是一种文化现象，没有实在的根据，还打破了生物性别与社会性别的区分，认为生物性别也是特定的知识/权力话语的建构物，如巴特勒在《身体之重》中所言，"生物性别"范畴从一开始就是规范性的；它是福柯所说的"管控理念"，所以生物性别一直就是社会性别。受后结构主义思潮影响的残疾理论家也解构了社会模式中残损与残疾的划界，认为残损也是一种话语的物化或自然化形式，并且残损在被社会生产出来的意义上一直都是残疾。可以看出，无论受后结构主义影响的女性主义还是残疾理论，都把注意力放在对话语、文本、能指、符号、拟像等的研究上，认为它们所表征的东西是无足轻重的。上文已指出这种立场面临的理论问题。而希伯斯反对把主体的经验看作斯科特所说的"语言学事件"，强调身体与外在环境在主体经验中的相互纠缠和相互改变，指出身体不是一种惰性的质料，等待着被表征系统赋予形式，而是积极地参与对外在环境的塑造，由此可以明显地看出复合具身性理论所具有的实在主义倾向。对此希伯斯也有理论自觉，对他来说，"实在主义"一词"并不是未被社会表征所中介的关于现实的实证主义（positivistic）观点，也不是未被表征的对象所中介的关于现实的语言学观点，而是一种将现实描述为表征与社会对象之间的中介的观点，而且作为中介的现实并没有失真。不是把表征看作世界的阴影，也不是把世界看作表征的暗影，我的观点是双方合力构造了现实"②。

格兰德－汤普森左手臂残缺，她既是一位女性主义学者，也是残疾研究的领军人物。在"不契合：一种女性主义唯物主义的残疾概念"（"Misfits：A Feminist Materialist Disability Concept"）一文中她提出了"不契合"（misfit）概念，将蕴含在新近残疾理论中的实证主义倾向更加明显地表现出来。格兰

---

① Tobin Siebers，"Disability Experience on Trial"，in Stacy Alaimo and Susan Hekman，eds.，*Material Feminisms*，Bloomington：Indiana University Press，2008，p. 293.

② Tobin Siebers，*Disability Theory*，Ann Arbor，Mi.：The University of Michigan Press，2008，p. 30.

德－汤普森深受当代新唯物主义代表人物凯伦·巴拉德（Karen Barad）的"主动实在论"（agential realism）的影响。主动实在论大意是反对哲学中常见的个体形而上学，认为主体与客体、单词与指称对象并不先于它们之间的相互作用而存在，毋宁说它们是因为这种相互作用而产生；而且这种相互作用是动态的，具有十足的物质性。格兰德－汤普森认为该理论能够拿来表述身体与环境相互塑造的关系。在文章中，她指出"契合"和"不契合"：

> 代表了两种事物相遇时和谐或不和谐的状态。当两种事物的形式和实质在它们的组合中相符时，它们就契合。相反，不契合描绘了两种事物不相符的关系：方形的桩子打进了圆洞里。因此不契合的问题并不内在于这两种事物，而是内在于它们的搭配中，也就是使它们契合起来的尴尬尝试。当空间和时间的背景转换，契合（或不契合）的状态以及它的含义和后果也会改变。不契合强调背景而不是本质，关系而不是孤立状态，中介而不是起源。不契合实质上是不稳定的，而不是一成不变的，但是因为它们是物质的而非语言的建构物，所以它们是实在的。身体与世界的不相称，所期望的和所是的不相称，引发了契合和不契合。这种不契合概念的有用之处在于它明确地指出非正义和歧视更多地内在于世界的物质性，而不是社会态度和表征实践，即便它承认二者的相互纠缠和相互构造。①

从格兰德－汤普森的这段话里可以看出她把残疾归结为身体与环境的不契合，这不同于医学模式把残疾归结为个体异常的身体特征，也不同于社会模式把残疾看作社会环境对这些个体的活动施加的外在限制。残疾既不起因于身体，也不起因于社会环境，而是源于二者的不契合，如同"方形桩子打进了圆洞里"。这就避免了医学模式及大众意识对残疾个体的贬损，反对通过医疗手段而肆意对他们进行"正常化"处理；这也突出了改变社会环境以使其更好地适应残疾个体的必要性。与批判的残疾理论不同，这里没有把残疾化作知识/权力话语的幻象，而是强调了它的物质性，认为残疾反映了身体与

---

① Rosemarie Garland-Thomson, "Misfits: A Feminist Materialist Disability Concept", *Hypatia*, Vol. 26, No. 3, Summer 2011, pp. 592－593.

环境相互影响的关系。格兰德－汤普森借用中世纪历史学家卡洛琳·沃克·拜纳姆（Karoline Walker Bynum）的话——"形态蕴含故事"（Shape carries stories）——来形容这种关系。拜纳姆在观察她父亲的慢性痴呆症时，思考了这样的问题，即人们的身份如何在时间的流动中得以持存。她给出的答案即形态蕴含故事，指出身体与叙事（narrative）、自然与文化之间存在一种内在的相互影响的关系。格兰德－汤普森解释说："在这个表述中，具身性——广义上我们的特定'形态'——在与世界互动的过程中总是变动不居的。如此，具身的生命有一种叙事的、故事化的品质。形态的变动勾连了这一刻和下一刻，此地和别处。在将空间中某时某刻按照定义串联成一种我们称作故事的连贯形式时，拜纳姆的形态蕴含故事的观念把时间性引入到身体与世界的相遇中。"① 我们之所以有关于"我"的观念，就是因为我们处在与世界的深入互动中。通过这种在时间的流变中展开的互动，我们的具身经验也就成其为如此了，带有了一种"叙事的、故事化的品质"，这些都深深地植根于世界的物质性中。

　　格兰德－汤普森的这种不契合概念可以用来解释人类普遍面临的脆弱性和依赖性问题。西方哲学传统中的主体常被想象为具有独立和自主的品质，这种观点被称作"西方文化的原始神话"，在当代理论界饱受批判，如女性主义学者凯蒂即阐释了依赖性对人之存在的重要意义。而契合和不契合的概念也可以解释人类主体的脆弱性和依赖性问题，因为身体与环境的不契合，如在人类幼年和老年时期，是一种不可避免的和普遍的现象，而契合状态却常常是暂时的，从这里也可以看出格兰德－汤普森的新唯物主义残疾观具有一定的批判性。

---

① Rosemarie Garland-Thomson, "Misfits: A Feminist Materialist Disability Concept", *Hypatia*, Vol. 26, No. 3, Summer 2011, pp. 595 – 596.

第五章　残疾与哲学主体性问题

人本主义假定了一种理性、独立、稳定、连贯等的主体概念。本章第一节用两个残疾事例指出这样的主体观无法有效解释现实世界，或者说套用它，人们会得出相互冲突的结论；第二节继续揭露人本主义主体观的理论困境，指出它对理性等品质的过分强调会使精神残疾者的道德地位变得可疑，从而有漠视其利益诉求之虞；第三节指出，后结构主义揭示了主体的不稳定性和不确定性，指出主体一直是"生成的主体"（subject in process），随话语、文本、符号等结构的流变而变身，但是如此理解的主体容易陷入宿命论或虚无主义；第四节继续深入分析人本主义的主体性危机，从残疾问题出发，对后人本主义的主体观作了初步的理论展望。

第一节　人本主义的主体性危机

什么是人本主义（humanism）？"人本主义"一词虽然广泛使用，但并没有一个为人们所普遍接受的定义。西方文献中有关人本主义的很多定义与维基百科中的定义大同小异，这里作如下引述：

> 人本主义是宽泛的伦理哲学范畴。基于（人）诉诸普遍的人类品质——尤其是理性——以决定对错的能力，它认可所有人的价值和尊严。它是许多更具体的哲学体系的元素，也被容纳于很多宗教思想流派中。人本主义包含一种为了人类利益通过人的方式以追求真理和德性的承诺。它关注自我决定的能力，反对相信先验论据，如借助无理性的信念、超自然事物或所谓的神谕。人本主义宣扬基于人的共通性的普遍道德，认

121

为解决人类社会和文化问题不能凭一己之私。①

人本主义的一个典型特质是它对所有人的价值和尊严的承认。与先于它的一些思想传统不同，它认为所有人的道德地位是相等的，没有高低贵贱之分，如从某种层面上说，表达了这种立场的古典功利主义即认为所有人的快乐和痛苦都只有量或程度上的差别，而没有质的差别，不能说在总体功利的计算中，君主的快乐应该算作同等强度的臣民的快乐的两倍。除了蕴含着这种平等立场，人本主义还信赖和赞誉人的理性，反对宗教迷信，认为借助这种品质，人们可以获取真理和德性。人本主义强调理性是人区别于动物的关键所在，是人之为人所普遍具备的，由此不论何时何地，人类有一些共同的价值追求和利益所在。

人本主义的典型特质在于它对人之主体性的描摹：人是理性、自主、稳定和连贯的。这样的主体性是人所独有的，与其他的存在形成了截然的区分。正因为具有这样的主体性，人才能够不受自然必然性的支配，才能够"作为万物的尺度"，从仅仅遵从自然必然性的万物中灌注自己的目的，使周围世界逐步实现合规律性与合目的性的统一。启蒙运动以来，人本主义思想的传播确实给世界带来了极大的变化，而且这种变化的脚步越来越快。人们逐渐摆脱了浸染中世纪上千年的宗教蒙昧，开始大胆观察和研究自然、社会以及人自身，并取得了杰出的成果。"人定胜天"的口号在现实中确实得到一定程度的验证，人们对周围世界的改造达到了前所未有的深度，而改造世界的这种实践也确实为人们带来绵绵不绝的福祉。这样的主体性观念也假定了人是自由的存在，人能够通过开展密尔所说的"生活试验"来推动社会进步，也可以通过自己为自己颁布道德律而达至自由状态。这种主体性的思想在诸多思想传统中得以发扬，深刻地改变了人类历史的面貌，哲学家往往对此笃信不疑。

但是这种人之主体性的言说表面上看似十分稳固，实际上却面临种种危机。当代美国哲学家尼尔马拉·艾瑞沃拉斯（Nirmala Erevelles）借助两个事例所引发的争议论述了人本主义的主体性危机。这两个事例都与精神残疾相关。

---

① 转引自 Cary Wolfe, *What is Posthumanism?* Minneapolis and London：University of Minnesota Press, 2010, p. xi。

　　其中一个事例发生在 1835 年 6 月 3 日的法国，一个叫皮埃尔·里维埃（Pierre Rivière）的年轻人杀害了自己的妈妈、姐姐和哥哥，该事例曾为福柯所研究，出现在他的"我，皮埃尔·里维埃，屠戮了我的妈妈、姐姐和哥哥"（"I，Pierre Rivière，Having Slaughtered My Mother，My Sister，and My Brother"）一文中。福柯借助该事例表明 19 世纪欧洲政治性和社会性力量一起推动了知识（尤其是医学知识）与统治性权力的勾结，展示了"价值与信念以及知识与权力的混沌"[①]。里维埃是位 20 岁的农民，在犯案一周后被捕。据其供述，他这样做的目的是"按照上帝的吩咐"以使其父亲摆脱其母亲的折磨。这在当时的法国司法和医学界引起了极大争议，其中司法界看到的是一个冷静和理性的罪犯，认为他之残忍显露了他是"我们时代的禽兽"；而医学界则认为里维埃的残忍源自他的"精神错乱"——他患有某种形式的精神残疾，而这样的残疾在他小时候可能就存在，所以他的意志可能不受自我控制。持不同观点的人们在里维埃的生活环境中都找到了支持自己的证据，法官和医生于是把注意力放在里维埃所写的回忆录上，认为它是里维埃"主体性的清晰（真实）表征，将会解决关于他的（非）理性的争端"。然而事实并非如此，里维埃的回忆录把现代社会疯狂和理性的共存问题带到了人们面前，因为他在回忆录中说，"我想我应该像其他人一样"，亦即接受法国大革命给农民带来的苦难境况。处于这种境况中的法国农民似乎看到了人人自由和平等的荣光，但却仍然遭受着延续下来的等级关系的剥削，老皮埃尔与其妻子在婚姻、财产和继承协议上的争执即是这种困境的一种缩影。鼓吹人本主义的新社会没有唤起所有人的主体性，革命后法国农民却看到了自身主体性的软弱无力。皮埃尔意图抵制这种状况，他在回忆录中说："我认为自己比其他人好多了……我认为我应该超拔于我所处的境况……我理解人和有秩序的社会的规则，但是我觉得自己比其他人更明智……我认为（如果）我的思想被所有审判者反对，被整个世界辩驳将是一种莫大荣耀。"[②] 年轻的皮埃尔于是蓄

　　① Nirmala Erevelles，"Signs of Reason：Rivière，Facilitated Communication，and the Crisis of the Subject"，in Shelley Tremain，ed.，*Foucault and the Government of Disability*，Ann Arbor：University of Michigan Press，2005，p. 45.

　　② 转引自 Nirmala Erevelles，"Signs of Reason：Rivière，Facilitated Communication，and the Crisis of the Subject"，in Shelley Tremain，ed.，*Foucault and the Government of Disability*，Ann Arbor：University of Michigan Press，2005，p. 50。

谋杀害了自己的家人，认为在自己被处死时会为世界所铭记。艾瑞沃拉斯指出："里维埃，尽管他的回忆录是清晰、理性和一贯的，但超越不了被强加和被构造的农民身份，而这样的农民虽然获得了形式的权利平等，但在新社会中仍被看作牲畜或物件，看作'接近于无的东西，相应的诉求被看作无足轻重'。"① 里维埃的回忆录一方面体现了他的理性品质；另一方面暴露了他为了能让世界倾听自己的声音而执行杀戮行为的可怕动机，这种充满矛盾和破裂的主体性在高扬人本主义的历史时期是难以理解的，人们只是从他是理性的还是非理性的这两种极端对立的立场出发来解读他的人格，而不会像后结构主义者那样将主体性本身看作虚构和幻想出来的东西。

　　另一个事例与应用于自闭症患者的辅助交流（facilitated communication）技术相关。20世纪八九十年代，美国残疾研究学者道格拉斯·比克伦（Douglas Biklen）将源自澳大利亚的辅助交流技术引入美国，并发表了相关的研究成果。他通过一些实证案例告诉人们，自闭症以及其他一些智力和精神疾病患者可以借助某种情感或肢体运动的支持而与其他人进行交流。辅助交流指的是"当残疾人在敲打键盘或指示字母表中的字母表述信息时，辅助者把着他的手、腕、肘或肩"。比克伦宣称通过这样的技术，具有交流障碍的残疾人可以在一定程度上表达自己的想法。但是他的观点引起了热议，很多批判者指出通过辅助交流表达出来的东西可能不是残疾人自己的内心想法，或许来自把着他们肢体进行交流的辅助者。这样的争议在一些残疾人借助这种技术表达出受到性侵犯的信息时达到高潮，人们疑惑这种信息到底是不是真正来自这些平时有交流障碍的精神残疾人。艾瑞沃拉斯指出，辅助交流技术的批判者常常借助人本主义的主体观来反对比克伦的做法，认为正常人是理性和自主的，而自闭症等精神残疾者达不到这样的层次，并且辅助者的在场使比克伦的试验结果不能令人信服。十分讽刺的是，比克伦在辩护辅助交流技术时，也诉诸人本主义的这种主体观，他说："在论及残疾人……交流中的独立性时，并不必然地意指他们离开辅助者或在场的其他人而做事，而是借用其

---

① Nirmala Erevelles, "Signs of Reason: Rivière, Facilitated Communication, and the Crisis of the Subject", in Shelley Tremain, ed., *Foucault and the Government of Disability*, Ann Arbor: University of Michigan Press, 2005, p. 51.

他人所习以为常的事情……"①

对于以上两个事例，艾瑞沃拉斯指出：

> 有关各方都在围绕作为对立范畴的理性和非理性的构造而争论，尝试维护冲突四起和破裂的主体的一贯性（coherency）。而且，如同里维埃事例，辅助交流技术之争涉及持相反意见的各方努力对另一个福柯式的问题做出回应：什么是作者？（What is an author?）换句话说，推动里维埃事例以及辅助交流之争的是所有有关各方都着力把作者构造为一个人本主义的主体。②

各方在解答里维埃是否疯狂以及辅助交流能否表达自闭症患者的意图的问题时，实际上也在尝试回答什么是作者的问题。这种难以解决的争端背后是正反双方都假定了一个独立、自主和理性的主体观念，只要这样的观念不动摇，这样的争端就不会停止。但是从后结构主义的视角来看，这样的主体只是人本主义的幻象。如茱莉亚·克里斯蒂娃（Julia Kristeva）认为，"主体是自由变身的，把自己置入文本中，而没有史诗作者的那种先验孤在性……（在如此而为的时候）……由于它的来去无踪，由于它具有换身为新的和颠覆性的主体的能力，它有了话语中的革命潜力"③。如自闭症患者在使用辅助交流技术传达信息时，此时的作者/主体就不是人本主义意义上的主体，而是自闭症患者加上他所借助的辅助交流技术所构成的新主体，此时人与人、人与机器之间的界限已然被打破了，取而代之的是一种赛博格（cyborg）④。罗兰·巴特（Roland Barthes）在《作者之死》中也说："从语言学上说，作者只是写

---

① Nirmala Erevelles, "Signs of Reason: Rivière, Facilitated Communication, and the Crisis of the Subject", in Shelley Tremain, ed., *Foucault and the Government of Disability*, Ann Arbor: University of Michigan Press, 2005, p. 56.

② Nirmala Erevelles, "Signs of Reason: Rivière, Facilitated Communication, and the Crisis of the Subject", in Shelley Tremain, ed., *Foucault and the Government of Disability*, Ann Arbor: University of Michigan Press, 2005, pp. 53 – 54.

③ 转引自 Nirmala Erevelles, "Signs of Reason: Rivière, Facilitated Communication, and the Crisis of the Subject", in Shelley Tremain, ed., *Foucault and the Government of Disability*, Ann Arbor: University of Michigan Press, 2005, p. 57。

④ 参见 Donna Haraway, "A Cyborg Manifesto: Science, Technology, and Socialist Feminism in the 1980s", *Socialist Review*, No. 80, 1985, pp. 65 – 108。

作这行为，就像'我'不是别的，仅是说起'我'而已。语言只知道'主体'，不知'个人'为何物；这个主体，在确定它的说明之外是空洞的，但它却足以使语言'结而不散'，也就是说，足以耗尽语言。"① 换句话说，不存在稳定和永恒的主体，主体既是知识的对象，也在不断地塑造知识本身。

第二节　精神残疾与康德的理性主体

上文通过两个残疾事例表明人本主义的主体观难以解释现实社会人们所展露的主体性，或者说套用这样的主体观，人们会得出相互冲突的结果。本节继续从残疾问题出发揭露这种主体观的理论困境，指出对主体是独立、自主、理性和一贯等的假定褫夺了精神残疾者的道德地位，从而使与此相关的正义理论有失偏颇。

康德是人本主义思想的代表人物，我国著名哲学家邓晓芒说过："康德明确宣称自己的哲学最终可以归结为'人类学'，他是现代哲学人类学的先驱。人类中心主义或人本主义……意味着人的一切活动最终都是为了人自身的发展和完善。"② 康德哲学的显著特点在于论述了作为理性存在者的人，他认为人是理性存在者的一种（其他的如上帝或神灵）。人的特殊之处在于既有理性成分，也有动物性成分，唯有前者才凸显出"人是目的"，使人获得自由。关于人的这种观点的出现表明西方哲学中人本主义主体观的建构趋于完成。努斯鲍姆在《正义的前线》（*Frontiers of Justice*）一书中论及精神残疾对契约论正义理论的挑战问题，专门对康德的这种人的概念进行了批判性分析。

努斯鲍姆指出康德对人的规定上承古希腊罗马时期的斯多亚学派。斯多亚学派认为人的典型特质在于人有理性，或者说人性对等于理性，这使人与非人的动物以及自身所带有的动物性区分开来。对于该学派来说，这种区分是界限清晰的，它不承认动物有或多或少的理性成分，也不认为人与动物之间有渐变的"连续地带"。人之区分于动物或其他一些非人的存在是人优越性的体现，也使人获得了尊严。斯多亚学派看重人的理性品质，亦即看重人的

---

① ［法］罗兰·巴尔特：《作者之死》，载赵毅衡《符号学文学论文集》，百花文艺出版社2004年版，第509页。

② 赵敦华等：《康德对于我们时代的意义》，《光明日报》2004年4月15日。

自由，但其并不认为人的自由域完全脱离自然法的限制。就此而言，康德明显更进一步，他认为人同时居于两个截然分开的领域，一个受自然必然性的束缚；另一个则予人理性/道德的完全自由。就人同其他一些非人的存在一样受自然规律决定来说，人并不是自身的目的，也没有做自主选择的余地，只有康德所说的"价格"，而没有尊严。但是，人作为理性存在者又可以进入目的王国，"超越于一切价格之上，从而不承认任何等价物的事物，才具有尊严"①。这里可以看出康德赋予理性极为重要的意义。因为动物等其他存在没有这种品质，所以"康德否认我们对动物有任何道德义务；它们没有独立价值，只有对于人类目的的'相对价值'。对动物而言如此，对缺乏道德和慎思推理这种十分复杂能力的所有其他存在者来说也是如此"②。

那么问题出现了，一些精神残疾人并没有康德所说的健全的理性，也不能做完全自主的选择，那么他们和其他人相比具有不同的道德地位吗？其他人对于他们是否有道德义务，还是可以像对待动物那样对待他们？康德在《道德形而上学奠基》中说，"理性存在者就被称之为人格，因为他们的本性已经凸显出他就是自在的目的本身，即某种不可仅仅被当作手段来使用的东西……即这样一些物，其自在的存有本身就是目的"③，如此说来，那些精神残疾者因为没有常人所有的理性，也就并非理性存在者，所以也就不是"自在的目的本身"，那么是不是可以被其他的理性存在者当作手段来利用呢？前文第一章第二节在讲残疾人权利运动的时候曾提到"多伊宝宝"，他因为生下来患严重的智力残疾，被放弃治疗食管梗阻而活活饿死。根据康德的理论，多伊宝宝没有充分的理性能力，那么其父母的做法是否和如此对待动物一样是可以被允许的呢？努斯鲍姆更加关注精神残疾对契约论提出的挑战，指出精神残疾者达不到最低限的理性水平，所以根据康德的主体观也就不具有和其他人一样的道德主体地位，因此他们与正常人之间不存在正常人相互之间所建立的那种互惠关系。

努斯鲍姆举了三个精神残疾者的实例，反对康德主体观对理性的过分强调：

---

① ［德］康德：《道德形而上学奠基》，杨云飞译，人民出版社2013年版，第72页。

② Martha C. Nussbaum, *Frontiers of Justice*：*Disability*，*Nationality*，*Species Membership*，Cambridge, Ma.：The Belknap of Harvard University Press，2006，p. 131.

③ ［德］康德：《道德形而上学奠基》，杨云飞译，人民出版社2013年版，第62—63页。

塞莎（Sesha）是哲学家爱娃·凯蒂（Eva Kittay）和她的丈夫杰弗里（Jeffrey）的女儿，是一位大 20 几岁的年轻女性。既迷人又有情，她喜欢音乐和漂亮的衣服。她对别人的爱慕和钦佩表示高兴。塞莎随着音乐摇摆，拥抱她的父母。但她永远不会走路、说话或读书。由于先天性脑瘫和严重的智力迟钝，她将永远处于重度依赖他人之境。她需要别人给穿衣服，洗脸，喂东西，被推到中央公园。除了这些最低限度的监护外，如果她想以自己的方式茁壮成长，她需要陪伴和关爱，一种明显的寻求情感的能力的回归，以及快乐——她与他人联系的最有力方式。她的父母都是忙碌的专业人士，自己长时间照顾塞莎，也雇佣了一个全职的护工。多数情况下，当塞莎生病或癫痫发作，以及无法表达哪里疼痛时，还需要其他帮助者。

我的侄子亚瑟（Arthur）是一个高大英俊的十岁小孩。他喜欢各种各样的机器，到现在为止，他已经对它们的工作有了令人印象深刻的了解。如果我像亚瑟一样理解相对论，我就可以整天和他谈论。在与他的通话中，总是"嗨，玛莎阿姨"，然后直接谈论让他着迷的最新的机械、科学或历史问题。但亚瑟一直无法在公立学校的教室里学习，当他和母亲外出购物时，他一分钟也不能独处。他几乎没有社交技能，而且似乎无法学会。在家里很热情，但如果有陌生人碰他，他会感到害怕。相对于他的年龄，他的体型显得异常高大，但也非常笨拙，无法玩大多数年幼孩子都擅长的游戏。他还有分散精力的身体抽搐，并发出怪声。

亚瑟同时患有阿斯伯格综合征［可能是一种高度（high-functioning）自闭症］和妥瑞综合征（Tourette's syndrome）。他的父母都有全职工作，担负不起太多的照料任务。幸运的是，他母亲是一名教堂风琴师，她的工作让她可以在家里练习，教堂的人也不介意她带亚瑟去工作。更重要的是，经过一番斗争后，他们所在的州同意支付亚瑟在一所私立学校的教育费用，这所私立学校能够处理好亚瑟的天赋和残疾。我们谁也不知道亚瑟能否独立生活。

杰米·贝鲁贝（Jamie Bérubé）喜欢 B. B. 金（B. B. King）、鲍勃·马利（Bob Marley）和披头士乐队。他能模仿服务员端来所有他喜欢的食物，而且他有一种狡猾的言语幽默感。杰米出生时患有唐氏综合征，自出生以来，他一直受到各种医生和治疗师的照顾，更不用说他的父母、文学评论家迈克尔·贝鲁贝（Michael Bérubé）和珍妮特·里昂（Janet Lyon）的不间断护理了。在杰米生命的早期，必须通过插入鼻子的管子喂他；他的氧气水平由血气机监测。在他父亲描述他的时候，杰米三岁了。言语治疗师致力于锻炼他舌头的肌肉；另一个人教他美国手语。按摩治疗师拉长他颈部缩短的肌肉，这样他的头可以坐得更直。运动治疗师处理他的低肌张力，这是唐氏综合征儿童运动和言语的主要障碍。同样重要的是，伊利诺伊州香槟市的一所当地好的幼儿园让他在普通教室上课，激发了他的好奇心，让他在与其他孩子的关系中获得了宝贵的信心，这些孩子对他甜美的个性反应良好。最重要的是，他的兄弟、父母和朋友创造了一个他不被视为"唐氏综合征儿童"，更别说"蒙古白痴"（mongoloid idiot）的社会环境。他是杰米，一个特别的孩子。杰米可能在某种程度上能够独立生活，并有一份工作。但他的父母知道，他的一生将比许多孩子更需要父母帮助。①

努斯鲍姆认为这三位精神残疾者并不是不能和其他人及周围环境交流，而是他们的交流方式与所谓"正常人"之间的交流方式不同。塞莎会对别人的爱慕和钦佩表示高兴，杰米能在普通的学校中与其他孩子建立良好的关系，即便亚瑟有最严重的交流障碍，他仍然可以以某种方式与别人互动。他们都不具有最低水平的理性，因此算不上康德所说的理性存在者，所以按规定不属于目的王国的成员。但是假如由此否认他们享有道德平等地位，否认他们在社会中享有充分的公民身份，这种观点无论如何也经不过人的道德直觉的检测。罗尔斯的作为公平的正义理论中含有康德元素，他认为公民有两种道德能力，即形成和修正自己的善观念或生活计划的能力，和在别人都不违背正义原则时自己也能维护和遵守它们的能力。在罗尔斯看来，正是因为这两种道德能力，人们才能结成稳定的良序社会，接受正义原则的规范作用。但是上述三位精神残疾者不确定具有两种道德能力，他们可能既不能形成哪种生活样式是好的和值得去追求的理念，并矢志完成它，也不能顺利地加入

---

① Martha C. Nussbaum, *Frontiers of Justice*：*Disability*，*Nationality*，*Species Membership*，Cambridge，Ma.：The Belknap of Harvard University Press，2006，pp. 96 – 98.

"正常人"之间的交往关系中，形成一种互惠的合作，所以无法成为原初状态中正义原则制订过程中的"谈判者"（bargainer）。罗尔斯在《政治自由主义》中明确说："我一直假定并将继续假定，虽然公民没有相等的能力，但他们至少在必要的最低限上，有能够使他们终其一生作为社会的完全合作者的道德能力、智力和体力。"① 精神残疾者不具有这种最低限的能力，而具有这种能力的人或这些人的代表所制订的正义原则也不能充分地维护这些局外人的利益诉求，所以罗尔斯意识到对于这样的问题，他的正义理论"可能会失败"。对于该问题，本书第九章还会详细探讨。这里只需要指出，残疾研究对人本主义主体观的批判延续了女性主义的类似批判。后者已经指出，西方哲学传统中占据主流地位的主体概念，无论是认识论层面上的，还是道德哲学层面上的，都是男性化的——是"他"而不是"她"，具有理性、自主、自利等特质，而缺少感性、依赖性、利他等特质。从精神残疾者的角度来看，这种宣称具有普遍性的主体观不仅具有浓厚的性别色彩，还建立在人的某种身体和精神能力基础上，排斥了大多数残疾人。

第三节　宿命论还是虚无主义：后结构主义的主体观

后结构主义的一大理论贡献是它揭示了人本主义的主体概念不是确凿的真理，不是超历史的，也不具有极强的普遍性。根据这种思想传统，主体是"生成的主体"，是流动的和变化的，是知识/权力话语的建构物。福柯在《词与物》中对人本主义的这种主体或近代以来的"人"的观念进行了深入的剖析，指出其是在特定历史时期产生出来的，也终将逃避不了消逝的命运。他说，人的出现：

> 并非一个古老的焦虑的释放，并不是向千年关切之明晰意识的过渡，并不是进入长期来停留在信念和哲学内的某物之客观性之中：它是知识之基本排列发生变化的结果。诚如我们的思想之考古学所轻易地表明的，人是近期的发明。并且正接近其终点。

---

① John Rawls, *Political Liberalism*(*Expanded Edition*), New York: Columbia University Press, 2005, p. 183.

假如那些排列会像出现时那样消失，假如通过某个我们只能预感其
可能性却不知其形式和希望的事件，那些排列翻倒了，就像 18 世纪末古
典思想的基础所经历的那样——那么，人们就能恰当地打赌：人终将抹
去，如同大海边沙地上的一张脸。[①]

前文已经指出，坚守人本主义的主体观，在解释里维埃的杀戮行为时会得出
两种截然不同的结果，即他或者是理性的，那么他蓄谋杀掉母亲和哥姐的举
动只能证明他的残忍，或者是非理性的，那么他的行径完全是精神残疾的后
果。人们从他的回忆录中找到了这两种难以调和的面相。对于辅助交流技术
而言也是如此，人们遇到了"什么是作者"的问题：自闭症及其他精神残疾
者在倚靠其他人帮助的情况下对遭受性侵的控诉是他们本人真实想法的表露，
还是来自辅助者？问题的根本在于辅助技术的运用违反了人本主义对主体是
独立自主的假定。所以说，人本主义中的主体或人的观念并不具有牢固的基
础，也不是颠扑不破的真理，它自形成以来就面临着种种危机或挑战，它的
命运或许像福柯所说的"大海边沙地上的一张脸"那样终将成为过往云烟。

福柯对近代以来形成的主体或人的这种知识考古揭示了它的历史性，这
有马克思思想影响的痕迹。马克思揭露了他那个时代各种意识形态，各种人
性学说，以及各种关于自由、平等和正义思想的论调虽然都带着终极真理的
帽子，但都有自己的形成史，也终将会被历史的车轮所遗弃。马克思是从人
类社会的经济发展状况中寻找解读它们命运的密钥，而福柯放弃了这一分析
维度，更加关注对特定时期偶发的话语系统的研究。1982 年，福柯曾表示其
前二十年的工作并不是分析权力，而是分析主体，分析人类如何转化为主体
的历史。[②] 实际上，分析权力话语即分析主体的生成，两者有密不可分的关
系。前文已指出，福柯所说的权力与以往政治哲学中的权力概念有极大不同，
以往的权力概念指的是一种压制性力量，是体现在君主的圣谕或元老院政令
中的显性且外在于被统治者的力量。而福柯所说的权力不仅仅"玩弄允许与

① ［法］米歇尔·福柯：《词与物：人文科学考古学》，莫伟民译，上海三联书店 2002 年版，第
506 页·

② 参见 Shelley Tremain, "Foucault, Governmentality, and Critical Disability Theory: An Introduc-
tion", in Shelley Tremain, ed., Foucault and the Government of Disability, Ann Arbor: University of Michi-
gan Press, 2005, p. 6。

禁止的二元对立"，而是一种隐性的、内在的和生产性的力量。它不是对一个先在的主体施加禁令，而是渗透在这种主体的生成过程中，规训着他的行为，塑造着他的身份。对福柯来说，权力是一种"对行为的行为"（the conduct of conduct），因为它划定了主体行为的可能性空间，或者说它通过对行为可能性空间的划定而生产了一种主体，他说："权力关系的定义在于它是一种行为模式，并不直接或间接地作用于其他人。相反，它作用于他们的行为：对行为的行为，对现存行为或现在和未来将要出现的行为的行为……权力的行使……是一整套作用于可能出现的行为的行为结构；它鼓动，它诱使，它勾引，它使得更容易或更难；在极端之处，它绝对地限制或禁止；然而它总是一种根据主体的行为或行为可能性而作用于行为着的主体或主体们的方式。"①这种对行为开展行为的权力，仅靠军队、警察、法庭和监狱等是难以达成规训主体或者说生产主体的目的的。为了更有效地发挥作用，它与犯罪学、心理学、精神病学等知识领域结合在了一起。上文曾以歇斯底里病症为例，指出医学史上它的病因理论曾长期地受到"游走的子宫"观念的影响，这种曾被视作科学真理的论调，实际上与对女人生育角色的规训极为相关：独身、晚婚或不育，会使子宫向体内上部游走以寻觅湿气，导致歇斯底里症状；要想避免这种情形，女人必须积极承担起自己的生育角色。所以说，特定历史时期的知识/权力话语对女性的行为施加了一种塑造性别角色的行为，通过这种"对行为的行为"，安守妇道的女性主体被生产了出来。

后结构主义视域下的主体，不是人本主义那种先验的主体，而是存在于话语、文本、符号等中的流动的主体。这个他既是知识分析的对象，也为知识所建构。这种立场乍看起来具有十足的批判性，因为它突出了社会力量对主体的形塑作用，把人之解放的重心放在对这种社会力量的分析和揭露上。但是如希伯斯所言，在将所有一切都化作这种力量的效应的过程中，这种批判一直在做一种减法，如女性的社会性别和生物性别先后被看作男权话语的建构物，而女性对社会压迫的具身经验，甚至她们的反抗意识也被认为是这种话语建构出来以支撑自己存在的东西，是不值得信任的，如修斯所言，"根

---

① 转引自 Shelley Tremain, "Foucault, Governmentality, and Critical Disability Theory: An Introduction", in Shelley Tremain, ed., *Foucault and the Government of Disability*, Ann Arbor: University of Michigan Press, 2005, pp. 8 - 9。

据'自己的方式'而行为的福柯式主体，不是作为自由的实践，而是作为支配的反射拥有自我的观念"①。于是后结构主义的所谓批判就成了一种"绝对的批判"或"对批判的批判"，人类实现自我解放的最后根据被这种批判理论消解了，所以修斯说这种理论导向了宿命论或虚无主义。之所以导向宿命论，是因为主体完全成了规训权力的产品；之所以导向虚无主义，是因为主体没有任何确凿的根据或基础，仅仅存在于话语或文本的流变之中：

> 这里最关紧要的是词汇……也就是说，肉身被转化为语言和文本……不可通约的词汇（没有哪一个可以宣称自己是真理）在流动的意义的难以驾驭的海洋里相互竞夺。但是伦理－政治的复原在不复原肉身和不承认实际感觉活动形成了社会关系的情况下是不可能的……在无实质的圣体（eucharistic bodies）中——甚至在模拟、象征、文本和符号的贫瘠的社会学牧场里——逃避，也就是倒向了宿命论，如果说不是虚无主义。②

第四节　残疾与后人本主义的主体观

上文分析了人本主义的主体性危机。当代西方一些学者提出了一些理论尝试超越人本主义，这些被称为后人本主义（posthumanism）。首先需要指出的是，"后人本主义"一词与后结构主义、新唯物主义等一样尚没有学界公认的定义。由于这些是近几十年来甚至近十几年来新出现的词汇，对它们的使用可能存在相互矛盾的情况。对后人本主义来说就是如此，它有时与超人类主义（transhumanism）混淆在一起。那么什么是超人类主义呢？它"将文艺复兴时期出现的人本主义与伊萨克·牛顿、托马斯·霍布斯、约翰·洛克、伊曼努尔·康德、马奎斯·孔多塞和其他人对理性人本主义之基础的影响结合起来，这种理性人本主义强调实证科学和批判理性——而不是启示和宗教

---

① Bill Hughes, "What Can a Foucauldian Analysis Contribute to Disability Theory?" in Shelley Tremain, ed. , *Foucault and the Government of Disability*, Ann Arbor: University of Michigan Press, 2005, p. 87.

② Bill Hughes, "What Can a Foucauldian Analysis Contribute to Disability Theory?" in Shelley Tremain, ed. , *Foucault and the Government of Disability*, Ann Arbor: University of Michigan Press, 2005, p. 86.

权威——是认识自然界以及人在其中位置的途径，是寻找道德基础的途径。超人类主义根源于理性人本主义"①。由此来看，超人类主义是人本主义的一种新形式，两者并无本质区别。从这种立场的一些代表性观点可以看出，它仍然强调人具有超拔于世界万物的主体地位，重视人的理性、自主、独立等品质，认为为了解决人的生存危机，需要利用各种手段以加强人自身的能力，深入改造自然万物以为我所用。所以，超人类主义可以说是人本主义的一种"增强版"。而后人本主义还有另外一种用法，它是在与人本主义立场相反的意义上说的，这也是本节使用该词所指代的东西。在《什么是后人本主义？》（*What Is Posthumanism?*）一书的序言中，凯瑞·沃尔夫（Cary Wolfe）说：

> 后人本主义与让－弗朗索瓦·利奥塔对后现代的自相矛盾的描述相同：它既先于也后于人本主义："先于"的意思指的是它将人类的具身性和嵌入性看作不仅在生物性也在技术性世界中，在人这种动物假借工具制造以及外在记忆机制（如语言和文化）而实现的进化中，对此伯纳德·施蒂格勒可能是我们最有影响和突破性的理论家——所有这些在福柯的考古学所发掘的"人"（"the human"）这种特定历史性的存在产生之前就已经有了。"后于"的意思是后人本主义指代的是人类在他所嵌入的技术、医学、信息和经济网络中失去中心位置的事态越来越不能忽视的历史时刻，这是一种指向具有必然性的（强推给我们的）新理论范式的历史时刻，指向随人本主义——一种特殊历史时期的产物——的文化压制和幻象、哲学教条和遁词其后而产生的新思维的历史时刻。②

在沃尔夫看来，后人本主义指代的是与人本主义根本不同的东西。人本主义起源于近代欧洲对宗教蒙昧的反抗，它反对把天启和教义当作知识的真正来源，而认为人可以成为合格的认识主体。它代表了一场哥白尼革命，将中世纪赋予神的一切品质收回给了人，从此人被看作世界的中心，被认为有能力

---

① Cary Wolfe, *What is Posthumanism?* Minneapolis and London：University of Minnesota Press，2010, pp. xiii – xiv.

② Cary Wolfe, *What is Posthumanism?* Minneapolis and London：University of Minnesota Press，2010, pp. xv – xvi.

认识世界和改造世界。人本主义常常与启蒙运动联系在一起，但是福柯指出这两者有内在紧张，因为人本主义对人之地位的鼓吹重新陷入了一种教条，一种关于人类自身的教条，而这与启蒙运动的精神具有根本差异。启蒙运动内含一种批判精神，反对对任何教条的盲信，而人本主义在批判一种旧教条时树立了一种新教条，这种教条认为主体/人具有超拔万物的优越性，可以理性思考，可以在自然必然性的洪流中添加自己的选择和意志，以实现合目的性与合规律性的统一。人不同于动植物，不同于无机物，人可以实现自由，而其余的存在只受本能或物理/化学规律的摆布。这种人类中心主义的观点迄今仍在国内外哲学界中占据主流地位。但除福柯以外，已经有越来越多的学者开始对这种观点进行反思，如有人质疑说，"我们从哪里获得了自然——与文化相反——是非历史和永恒的这种奇怪的观念呢？我们对我们自己的聪明程度和自我意识看得太重了……我们需要停止再向自己讲述那个同样的、老的以人类为中心的（anthropocentric）睡前故事"①。"以人类为中心的睡前故事"指的是人本主义的主体观或人的观念，它认为人具有优越的地位，可以宰制一切，独享自由。

本章第二节指出，近代西方形成的这种主体或人的观念并不具有普遍性，而是偏狭的，女性主义者已经指出这种主体是男性化的，隐含着成年男性的一些品质［独立（财产独立?）、理性、自主等］，而残疾研究学者也指出这种主体带有机能歧视的偏见，把重度肢体残疾人和精神残疾人排除在外。米切尔等人还指出，近代出现的这种人的观念是地域性的，是欧洲人基于自己的身体特质而建构起来的一种文化想象。这种文化想象后来被拿来当作欧洲人向世界其他地方开展殖民主义和帝国主义运动的合法性论据。这种人的形象典型地表现在达·芬奇1490年的画作——"维特鲁威人"中，图画中的人在圆形和方形的平面中伸展双臂，或叉腿，或并腿。这显示了达·芬奇有关理想人体的观念，然而这样的人体并不具有代表性，米切尔等人指出，它归属特定的种族（白种人）、性别（男性）、性倾向（异性恋）、美学（身材比例对称）、机能范围（身心能力正常），等等。当然，它还归属特定地域，即

---

① Karen Barad, "Posthumanist Performativity: toward an Understanding of how Matter Comes to Matter", in Stacy Alaimo and Susan Hekman, eds., *Material Feminisms*, Bloomington: Indiana University Press, pp. 120 – 154.

它来自画家在日常生活中对欧洲人的观察。几百年来，这种人的形象不仅被看作理想的，也被看作正常的，世界上其他地方的人所显露的与此极为不同的一些身心特质则被看作异常的、缺陷的和畸形的。如航海家克里斯多弗·哥伦布（Cristóbal Colón）在写给西班牙君主的信中对新世界的人作过这样的描述：一个岛上只有女人，却习惯做男性化的事情，会使用武器；另一岛上的人都有女人那样的长发，食人肉；牙买加岛上的人全是秃子；古巴岛上的人长着尾巴。然而实际上哥伦布与原住民接触很少，多数情况下，后者看到陌生人就四散跑掉了。所以有人指出，哥伦布杜撰的记录中"有一种欧洲的怪物观念成为对总是推测和错置的原住民的他异性（alterity）的隐喻。肉体的差异因此成了剥削和征服的合法论据，但也是一处空白——缺乏对原住民的物质生活的更亲密了解，这种空白影响了帝国本部与殖民地间的物质和话语关系网络"①。原住民身上显露的差异是一种缺陷，而欧洲人自己的身体特征则是健全和优越的，这种观点不需要经过欧洲人与原住民的密切交往而来，它实际上是一种文化想象，而这样的文化想象妨碍了二者的交往，演化成一种压迫和殖民的意识形态。所以，米切尔等人指出：

> 殖民主义、对与己不同的身体特质的臆想、十字军东征、资本主义的崛起和对世界的瓜分构成了 1493 年以来欧洲帝国大梦的支柱。与一种典型的人的形象有关，这种帝国主义的运动被构想出来，而这种人的形象把列奥纳多的"维特鲁威人"作为辩护征服行径的生物优越性的实例。②

所以，近代西方的"人"的观念只是一种特定历史时期的产物，不具有普遍性，而属于某个具体的地域文化。这样的人也就是西方人本主义的主体，它被赋予自然万物的中心位置。随着历史发展，人本主义的主体观暴露出越来越多的问题，如在生态危机中、在新型冠状肺炎的大流行中、在各种边缘群体奋起开展的反压迫政治运动中，等等。这张"大海边沙地上的一张脸"

---

① David T. Mitchell, etc. , "Introduction", in David T. Mitchell, etc. , eds. , *The Matter of Disability：Materiality, Biopolitics, Crip Affect*, Ann Arbor：University of Michigan Press, 2019, pp. 15 – 16

② David T. Mitchell, etc. , "Introduction", in David T. Mitchell, etc. , eds. , *The Matter of Disability：Materiality, Biopolitics, Crip Affect*, Ann Arbor：University of Michigan Press, 2019, p. 16.

在滚滚海浪的拍打下已经越来越模糊了。新兴的后人本主义着力使人类在"以人类为中心的睡前故事"中苏醒起来。在这样的故事里，人/主体与动物、植物以及其他有机和无机物，欧洲"文明人"与世界其他地方的"野蛮人"，男人与女人，异性恋者与非异性恋者，"正常人"与身体或精神残疾人，人的精神与人的肉体，理性与情感、欲望等非理性因素等，都有着不可逾越的界限。后人本主义要颠覆这种人为建构的界限，打破人在"他所嵌入的技术、医学、信息和经济网络"中占据中心点的幻梦。根据这种观点，人与其他存在的界限并不明晰，其他存在也不纯然是消极的、处于死寂状态的质料，等着"人化"之力去改造，去赋予形式，实际上它们与人一直处于积极的互动中，它们一直是作为一种灵动的、活的力量在影响人类社会，塑造人的知识形式。它们并非后结构主义者所说的特定话语体系的物化产品，而是以某种方式在这种话语体系中添加自己的色彩，并且时不时地显露出不为这种话语体系所涵盖的地方，以此嘲弄其给自己加冕的王冠。借人本主义的术语来说，主体之外的存在也具有"主体性"（agency），它们相互之间的界限并不清楚，认识到这一点可以看到人本主义的局限性。沃尔夫指出，近年来兴起的动物研究（animal studies）和残疾研究都揭示了人本主义主体观的理论问题："不同生命形式之间，人与非人之间的共情、亲近以及敬重的新形式将不能在哲学和伦理层面以符合自由人本主义基本信条的形式得以展现。"① 沃尔夫在其书中举了三个这样的例子，一个是美国著名的驯马师蒙蒂·罗伯茨（Monty Roberts），他是个全色盲患者，只能看到黑白灰三色，其对灰色的观察尤异于常人。这种"缺陷"或"残疾"使他对马的语言［谓之埃克斯（Equus）］有独到的理解，并使他能够与马进行交流，实现了训马术的突破。另一个是道恩·普林斯－修斯（Dawn Prince-Hughes），她患有阿斯伯格综合征，这样的经历却使她能够看懂动物园中大猩猩的交流方式，由此她对自己也有了更好地理解，使她最终拿到人类学博士的学位，成为一位知名的作家。她说，是大猩猩教她怎么样脱离蒙昧。最后一个是动物科学博士坦普尔·格兰蒂（Temple Grandin），他的自闭症经历也使他对动物的交流方式有独到发现，这使他发明了圈养牲畜的很多设备，并在美国推广。这种人—动物间的交往在

① Cary Wolfe, *What is Posthumanism?* Minneapolis and London: University of Minnesota Press, 2010, pp. 127 – 128.

人本主义者看来是不可能实现的，他们说人有理性和语言能力，而动物是非理性的存在，不会拥有语言，两种存在之间具有不可逾越的鸿沟，也就不可能形成深入互动和交流。然而上述三例是十分明显的反例，揭露了人本主义的图腾——理性、意识、语言能力等本身可能就是过度迷信的产物。实际上，它们并不占据如此重要的位置，而阻断人与其他存在之间的信息传递。尤其是普林斯－修斯和格兰蒂，他们都被别人看作精神残疾者，看作语言能力、交往能力甚至理性能力有缺陷的人，但是他们却借助自己对这种"缺陷"的体验，获得了常人所不可能获得的能力。

人本主义在宣扬作为理性存在者的人的优越地位时，突出了人的精神能力，而贬斥一切物质性的东西，包括人的身体，这在残疾的社会模式和批判的残疾理论中都能看到。与此不同，后人本主义理论极为重视对物质的研究，认为各种各样的物质形态也具有主动性，也积极地参与了对世界的创造。如就身体而言，希伯斯指出：

> 身体有其自身的力量，如果我们要得到一幅身体与对它的表征相互影响（有益或有害）的全景图画，我们就要承认这种力量。身体最先是一种生物性原动力，与各种生机勃勃且经常难以驾驭的力量结合在一起。它并不是惰性的物质，屈从于社会表征之不费吹灰之力的管制。身体是活的，这意味着它能影响和改变社会语言，正如后者也能影响和改变前者。[1]

对物质能动性的重视在当代新唯物主义理论家巴拉德的"主动实在论"中可以看到，它是后人本主义的一大理论特质。米切尔等人指出，后人本主义对物质能动性的强调有助于解构作为人本主义理论大厦基础的自然与文化或灵与肉的二元论，表明两者的界限本来就是近代西方历史的产物。要揭露这种二元论的缺陷，要寻找无论以什么面目出现的对立双方之间相互交流的证据，那么残疾就是最好的例子了，因为"残疾以其显露出来的物质的异常变化特质，使这项任务比在其他情形下变得更加唾手可及"，"残疾是世界上活跃的、

---

[1] Tobin Siebers, *Disability Theory*, Ann Arbor, Mi.: The University of Michigan Press, 2008, p. 68.

逐渐打开的物质进程的组成部分"①。以往人本主义醉心于维特鲁威人那种人体观念，将残损的身体仅仅看作一种缺陷或进化的异常现象，而遮蔽了身体物质性的积极含义。米切尔等人指出，就残疾而言：

> 表面上看起来是叛逆的身体偏离了一种更稳定的机制——有机体被幻想为拥有这样的机制，亦即直到未来也会保持不变——实际上是有突变和适应能力的物质的历史展开，物质会对环境条件、内部紧张、无机/有机因素的相互纠缠、变幻不居的刺激因素以及文化生产的历史性条件所出现的变化起反应。虽然被看作残损的突变看起来可能是不好的和失能的，但是引起它们反应的条件却通常是极为有害的。②

他们举了三个例子来加以说明。一个是血色素沉着症（hemachromatosis），患这种病的人体内铁代谢障碍，积聚了大量的铁元素，几乎没有人能认识到血色素沉着症的积极含义，但是在 14 世纪，黑死病肆虐杀死了三分之一的欧洲人口，很多患这种病症的人却幸免于难，他们体内过多的铁质阻止了细菌的侵入。第二个是红细胞突变，已有生物学研究指出这种异常现象其实是人类身体对抗疟疾的一种遗传印记。第三个是有些胎儿会出现的食道闭锁（esophageal atresia）现象，这也绝不只是一种偶发的身体缺陷，因为它可以避免胎儿摄入过量的铁或汞元素。所以，机体上出现的一些异常现象并不代表对正常身体机制的偏离，而是身体这种"生物性原动力"对外界各种不良条件起反应的表现，换句话说，身体从来都不拥有一种稳定和"正常"的生物机制，可以保持到未来，身体也不是一种惰性的质料，为社会的话语体系随意改造。身体是活的，是具有"主体性"的一种物质形态，身体所展露的极其丰富的样式，即除了所谓的"正常身体"，还有各种各样的残疾和疾病现象，是"物质的历史展开"的体现。

　　总之，后人本主义揭示出人本主义的主体观是特定历史时期和特定地域的产物，是偏狭的而不具有人本主义者所宣称的普遍性和无可置疑的真理地位。这样的主体观暗含沃尔夫所说的对人的一种"主体性崇拜"（fetishization

---

① David T. Mitchell, etc. , "Introduction", in David T. Mitchell, etc. , eds. , *The Matter of Disability*: *Materiality*, *Biopolitics*, *Crip Affect*, Ann Arbor: University of Michigan Press, 2019, pp. 2 – 3.

② David T. Mitchell, etc. , "Introduction", in David T. Mitchell, etc. , eds. , *The Matter of Disability*: *Materiality*, *Biopolitics*, *Crip Affect*, Ann Arbor: University of Michigan Press, 2019, p. 6.

of agency），认为人（当然也是一种偏狭的人的概念——生长于欧美地域的、白皮肤的、有异性恋倾向的、身体机能正常的成年男性）是理性、自主和独立的，在世界万物中占据优越地位，并且同其他存在之间具有不可逾越的鸿沟。只有人才具有主体性，才能拥有选择的能力，才能自由，其他的事物或存在要么被自然必然性的洪流所吞噬，要么就是一团死寂的质料，等着人化力量的注入。女性研究、残疾研究和动物研究等的兴起在逐渐动摇人本主义的这种主体性崇拜，揭露了自然/文化、灵/肉、精神/物质等二元论的虚妄性，指出人在存在的大网中并不是中心点，而与其他存在具有密切的联系，并且界限也并不清晰。除此以外，那种所谓二元结构中的消极一面，即自然、肉体、物质等，也是一种生机勃勃的力量，拥有积极一面所拥有的那种主体性，参与了对世界面貌的构造。但是沃尔夫指出，这些"研究"中仍然存在一种强势的人本主义话语，应该引起人们的注意："动物研究和残疾研究达成一般目标的最显而易见的方式是落位在一个共同的自由主义的'民主框架'（democratic framework）内，如哲学家吕克·费里（Luc Ferry）所说，它'依靠'条件平等'（the conditions of equality）的拓展'而逐步扩大法律权利和伦理承认的范围。根据这种观点——这大概是玛莎·努斯鲍姆的《正义的前线》第三章的做法——非人类动物和残疾人将被看作最新（揭露出来）的传统上被边缘化的群体，在不断扩大且产生了南希·弗雷泽所说的'承认的政治'（politics of recognition）的民主背景下，争取拥有全部或部分地适用于他们身上的伦理和法律权利"[1]。这种理论倾向仍旧停留在人本主义的框架内，延续了对偏狭的"人"之概念的主体性崇拜。从这种视角看，以往黑人、女性、残疾人甚至动物等之所以被主流社会排斥并被抛入边缘化的境地，并因而无法享有其他群体所享有的权益，是因为人们对他们抱有偏见，没有认识到他们和其他人一样都具有稳固或一定限度内而言的主体地位，实现这些群体的解放也就需要承认这些群体的道德地位，给予这些群体全部或部分的法律权利。这样的做法看起来具有一定的批判性，但沃尔夫指出，在人本主义的主体性危机愈演愈烈的情况下，它仍然在重复这种陈旧的理论话语，因而其进步意义大打折扣，它与发展一种新的、更具包容性的伦理多元主义（eth-

---

① Cary Wolfe, *What is Posthumanism*? Minneapolis and London: University of Minnesota Press, 2010, p. 136.

ical pluralism）失之交臂：

> （当今）哲学、政治和法律中自由人本主义的视域在特定历史情境和意识形态的限制下产生，这种限制使得人们能够在短期内取得一定的实际收益，但代价是与一个更宏大、更深刻的道德工程渐行渐远：一种新的、更包容的伦理多元主义，是我们有义务阐述的。这项工程将残疾和非人类主体性的道德力量看作不仅仅是自由人本主义族界（ethnos）向更新人群的扩展，看作不仅仅是添加到理查德·罗蒂（Richard Rorty）所说的"富有的北大西洋资产阶级民主国家"（越来越富丽堂皇，越来越全球化）之楼宇的另一新房间。①

换言之，这种理论路向试图通过扩大人本主义之"主体"的范围或边界而规避主体性危机。例如黑人和女性在经典契约论中不被看作契约主体，而新近产生的"批判的契约论"（critical contract theory），如卡罗尔·佩特曼（Carole Pateman）在《性契约》（*The Sexual Contract*），查尔斯·米尔斯（Charles Mills）在《种族契约》（*The Racial Contract*）中所提出的新契约论框架都扩大了契约主体的适用范围，把女性和有色人种也看作能给其他各方带来好处的"完全的合作者"。② 这其实依旧在巩固人本主义的主体概念，强调理性、自主、独立等品质的优越性。而后人本主义的主体，如果说它仍然需要树立一种主体观念的话，应该突破这种偏狭的、仅仅适应"北大西洋资产阶级民主国家"的主体构想，而更加包容和多元化。这样的主体可能具有先前的品质，也可能是非理性的、依赖性的③等；这样的主体应该打破人本主义先前建构的各种对立和边界，强调各种存在的相互依存和相互影响，如哈拉维所说的人与技术的组合——赛博格；在这种密集的关系网中，以前那种超拔于自然万物的人类主体并不存在，人本身就作为一种物质形态而存在，而其余的物质形态也孕育着活跃的力量，积极地塑造着世界的新面貌。

---

① Cary Wolfe, *What is Posthumanism?* Minneapolis and London：University of Minnesota Press，2010，p. 137.

② 参见本书第九章。

③ 参见凯蒂从道德和政治哲学角度对依赖性（dependency）的重要意义的解读：Eva F. Kittay, *Love's Labor：Essays on Women，Equality，and Dependency*，New York and London：Routledge，1999。

第六章　残疾与机能歧视

当代残疾研究的一个共识是没有评价身体差异的客观或中立的立场。那种所谓"正常的"身体观念是 19 世纪随统计学的发展而出现的，本身就是特定历史时期的产物，没有绝对的真理性。但是这种"正常的"观念却逐渐被赋予了规范性含义，不符合它的身体被污名化了，承受着社会结构的歧视和排斥。类比于种族歧视和性别歧视，这种立场被很多残疾理论家称作机能歧视（ableism）。机能歧视与残疾的医学模式密切相关，它在个人层面表现为对待残疾人的恐惧、憎恶、怜悯、屈尊俯就等态度，在社会层面表现为对残疾人发展机会或生活空间的不合理限制、过度的医疗干预、各种优生学手段等。

第一节　正常身体观念的形成

前文第三章指出，后结构主义的残疾理论家认为身体观念并不是恒定不移的，它与特定历史时期的知识/权力话语密切相关。当下人们常挂在嘴边的"正常人"所内含的正常的身体观念不是古已有之的，而是随 19 世纪统计学的兴起而出现的。莱纳德·戴维斯（Lennard J. Davis）考察了这种观念的产生过程，认为研究残疾，不能仅仅从残疾现象和残疾人层面入手，也需要关注和分析正常身体或正常人，正如性别研究不仅要揭露女性角色，也要揭露男性角色的社会建构性；种族研究不仅要关注有色人种，也要研究白种人一样。对残疾研究而言，之所以使用这种方法，是因为"'问题'不在残疾人（自身），而在制造了残疾人'问题'的正常（normalcy）的建构途径上"①。

---

① Lennard J. Davis, "Introduction: Disability, Normality, and Power", in Lennard J. David, ed., *The Disability Studies Reader（Fourth Edition）*, New York and London: Routledge, 2013, p. 1.

从词源上来看，英文"正常的"（normal）一词源自拉丁文 *norma* 和 *normalis*，分别指丁字尺和垂线。由此来看，它与标准或规则有关，指的是"拿来纠正、放平或竖立……拿来对一种存在施加要求的东西"①。所以，"正常的"本身具有一种规范的意义，而"正常的"身体对不同的身体样式也具有规范的意义。戴维斯指出，该词进入英语世界很晚，仅仅发生在 19 世纪中叶。在此之前，存在一种"理想的"（ideal）身体观念，这体现在一些经典绘画和雕塑中，如米洛斯的维纳斯。这种理想的身体代表着美和完善，是纯然超凡脱俗的，仅仅存在于人的意念中而不可企及。据普林尼（Pliny）所言，古希腊艺术家宙克西斯（Zeuxis）在描画阿芙洛狄忒（Aphrodite）时曾经将一个地方的所有女人当作他的模特，以选取她们身上最完美的部位组合成了爱与美之神的形象。这样的形象只属于神，而达不到这种理想的凡人身体，既不是可悲的，也不是可鄙的，不存在使其必须符合这种身体样式的社会压力。

理解"正常"或"标准"意识的出现需要关注 19 世纪统计学的发展。法国统计学家阿道夫·凯特勒（Adolphe Quetelet）于此贡献良多，他发现天文学家在确定星宿的位置时，经常把所有观测到的结果都标绘在一幅图上，以寻找一个平均点位。凯特勒将此运用到对特定人群身体特征如身高、体重等的统计研究上。他对收集到的所有数据进行平均，形成了一个一般人（an average man）的观念。当时这种一般不仅指涉身体，还涉及道德。宙克西斯在刻画阿芙洛狄忒时选取了克罗托纳（Crotona）所有女人中最美的部位加以组合，以创造了一种理想的人体，而凯特勒的一般人只是从大众身体的统计数据中而来，所以这种人体不是无法企及的。不仅如此，凯特勒还认为这种人体代表了一种标准和典范，具有丁字尺和垂线那样的度量功能：如果特定个人的身体指标与这种抽象出来的人体相差不大，那么这个人的身体就是好的和健全的；反之则是有缺陷的，诚如凯特勒所说："如果个体在特定阶段体现了一般人的所有特征，他也就展示了后者的伟大、美和善。"② 这种"一般人"的观念在当时影响深远，戴维斯指出同时代的马克思在论述劳动价值论

---

① Tanya Titchkosky, "normal", in Rachel Adams, etc., eds., *Keywords for Disability Studies*, New York and London: New York University Press, 2015.

② Lennard J. Davis, "Introduction: Disability, Normality, and Power", in Lennard J. David, ed., *The Disability Studies Reader (Fourth Edition)*, New York and London: Routledge, 2013, p. 2.

时也提到了它。

可以用钟形线表示凯特勒的思想：钟顶是统计数据的平均值，附近点位也是数据汇聚的地方，两端数据则很少。假如只是钟顶一段的数据是好的和正常的，那么两端的数据则是异常和有缺陷的。例如体重，过于肥胖或过于瘦弱的人都不好，只有体重适中的人才最健康，也符合一般人的身体特征。其后杰出的统计学家弗朗西斯·高尔顿（Francis Galton）将凯特勒的思想引向深入。高尔顿是达尔文的表弟，并且与同时期很多统计学家一样都是优生学的倡导者。他用"正态分布曲线"取代了钟形线，用等次排列的观念取代了平均的观念，这样做的好处是可以处理人的一些品质，如智商、体力、视听觉等。毕竟对其来说，中值不是最可欲的，而一些人具有极端好的指标，也不能算作异常或缺陷，如智商越高越好。戴维斯认为高尔顿的主张产生了一种新的理想，"这种数据理想不像传统的理想观念，后者不包含每个人都应该追求完美的律令。这种等次排列的新理想被一种要求达到标准的律令所支撑，然后又被一种进步、完人（human perfectibility）和消除偏差的观念所补充，形成了一种人体应该如何的支配性和霸权性构想"①。

换句话说，这种特定时期形成的一般人或正常人的观念具有很强的应然意味，任何偏离这种观念的人体特征都被看作不好的和不可欲的，看作应该消除的。这体现在有关人体的审美观念上。正常代表着美，而且这种正常人体或完美人体的形象也在不断地具象化，如达·芬奇的"维特鲁威人"和1893年达德利·萨金特（Dudley Sargent）从人体测量学的角度所给出的标准体形。这样的美不再是古代那种遥不可及的美，它是每个人都应该达到的标准。现代社会整形术的出现就是为了满足人们实现这种美的理念的夙愿，对于女性来说尤为如此，经过整形术修正的人体抹去了自然产生的千差万别的身体特征，而越来越同质化，正如格兰德-汤普森的观察：

> 对现代性而言，正常折射着美。肥胖、衰老效应、种族标记（如犹太人的鼻子）、被看作瑕疵或畸形的身体特征以及成长遗留的标记（如疤痕和损伤）现在有望通过外科手术除去，从而形成一个没有特殊之处的

---

① Lennard J. Davis, "Introduction: Disability, Normality, and Power", in Lennard J. David, ed., *The Disability Studies Reader (Fourth Edition)*, New York and London: Routledge, 2013, p. 5.

身体。这种视觉上不引人注目的身体在陌生的环境里不被关注，而这种环境是现代社会关系的标志。整形手术的目的，以及服饰穿着，不是像广告无休止地承诺的那样显得独特或"做你自己"，而是不引人注目，不显得与众不同。这种远离不服管制的身体的动机转化为个人努力使自己看起来正常、中性、无标志，不显得残疾、古怪、丑陋、肥胖、归属某一民族或种族。因此，美决定了肉体标准，这些标准不是创造差异，而是要完全符合一种同时无法实现的平淡（bland）外貌，从而将我们束缚在承诺提供这种统一性的消费实践中。在当代整形术话语中，未经改造的女性身体一直被视作异常，可以通过外科手术加以矫正，这种手术通过产生表面上看起来自然一些的鼻子、大腿、乳房、下巴等来改变一个人的外貌。因此，我们未经雕饰的身体被描绘成不自然和不正常的，而经手术改变的身体则被描绘成自然和正常的。21 世纪的美女被外科手术从上到下地雕琢出来，所有的不规则和特殊性都被管控或擦除了。因此她没有残疾、种族和民族特征。[①]

综上所述，一般人或正常人的观念不是古已有之的，而是近代知识/权力话语的产物。那种身体特征的优良排序，如福柯所言，是近代关于人的科学通过所谓标准、规则等把人作为研究对象，并使人相互可知的产物。[②] 波兰著名的社会学家齐格蒙特·鲍曼（Zygmunt Bauman）指出现代性蕴含着一种消除未知和不确定性的进程：各种各样的分类标准被树立起来，人们在混沌的现实中确立了种种秩序，以寻求某种安全感和掌控感。正常身体观念的确立即是如此，由此不同的身体形态有了正常和异常的区分，异常的身体特征常常被视作一种缺陷，视作进化中的偏差，需要多种手段的介入和干预。当然，把这种正常身体的建构完全落位在心理意识层面有失公允，实际上它也有社会经济层面的起因：正常人是身心能力健全的人，可以充作资本主义生产体系的合格的劳动力，而且这种能力表现得越出色，越有益于这种生产体系，因此这样的能力被等同为可欲和有价值的品质；而那些体能或智力孱弱的个

① Rosemarie Garland-Thomson，"Integrating Disability，Transforming Feminist Theory"，*NWSA Journal*，Vol. 14，No. 3，October 2002，pp. 11 – 12.

② 参见 Tanya Titchkosky，"Normal"，in Rachel Adams，etc.，ed.，*Keywords for Disability Studies*，New York and London：New York University Press，2015。

体，只能或者通过一些"正常化"手段而谋求这样的角色，或者因无可治愈而被视作一种负担并被抛掷到社会的边缘位置。所以，正常/非正常身体所隐含的那种价值次序是特定历史时期建构出来的东西，人类身体形态是多种多样的，没有任何一种身体形态可以承担丁字尺或垂线的角色以裁断其他身体形态的优劣。一些残疾研究学者即指出：

> 残疾研究的主要假定之一是没有看待人类身体及其差异的中立和客观立场，就像"正常的"身体只是一个被人类差异的奇妙光谱所掩盖的幻象。事实上，残疾常常被看作与客观性不相容，这种客观性是左右残疾人命运的人所鼓吹的。因此，那种中立或虚假客观性的立场只会将残疾的概念复写成一个需要解决或消除的问题，而不是一个值得重视的视角。①

第二节 什么是机能歧视

上一节提到残疾研究中一个公认的理论前提是没有评判身体优劣的客观基础，大众意识中"正常的"身体观念并不是超历史的永恒真理，而是特定文化的一种产物。"正常的"身体通常被看作好的或优质的身体，与此极为相异的身体则通常被看作差的和低劣的身体，这样的观点裹挟着一种价值次序上的等级关系。对身体优劣的这种认定与身体机能（运动能力、感觉能力、智力、注意力、情绪稳定性等）的有无以及强弱至为相关，因此这种立场也被称作机能歧视（ableism）。机能歧视与种族歧视、性别歧视等都属于社会压迫的表现形式。关于机能歧视的定义，不同的残疾研究学者有不同的定义，如斯奈德和米切尔认为，"我们将机能歧视看作一种意识形态程式，它认为被轻视的身体具有很少的社会价值"②。而卡罗尔·托马斯（Carol Thomas）认为机能歧视指的是：

---

① Rachel Adams, etc., "Introduction", in Rachel Adams, etc., eds., *Keywords for Disability Studies*, New York and London: New York University Press, 2015.

② Sharon L. Snyder and David T. Mitchell, *Cultural Locations of Disability*, Chicago and London: The University of Chicago Press, 2006, p. 18.

社会对"正常的"人眼中的"残损的"人的生活、愿景和心理－情感福利施加的可以避免的限制。机能歧视本质上是一种社会关系，与性别主义、种族主义、年龄主义和恐同症（homophobia）一起构成了当代社会的压迫形式。除了在人与人之间的交往中表现出来，残疾也可能以制度化的（institutionalized）以及其他的社会－结构形式表现出来。①

托马斯的定义强调机能歧视既可能表现在个人之间的私下交往中，也可能表现在社会结构的公共界面上。这种观点为巴恩斯所赞同，在《少数身体：一种残疾理论》（*The Minority Body：A Theory of Disability*）一书中，她说：

我用"机能歧视"一词表示由于残疾人的残疾而对他们形成的社会偏见和污名指称，正如人们用"种族主义"一词表示由于一些人是某一种族的成员而对他们形成的社会偏见和污名指称一样。这种偏见不仅包括个人态度，还包括社会得以组织和建构起来的方式。因此，例如，没有机能歧视的世界不仅仅是一个对残疾人不抱有偏见的世界，也是一个没有给残疾人制造诸多通行障碍的世界。②

由托马斯和巴恩斯的定义可以看出机能歧视在私人和公共界面都会出现。就私人界面而言，它表现在一些歧视性态度和污名指称中。无可否认，残疾的医学模式在大众意识中仍有很大市场，人们习惯于将残疾仅仅看作一种生物学或医学问题，看作在残疾个体身上出现的问题，所以倾向于将残疾人的生活困境归咎于他们自身。一提起残疾，普通人很容易想到的词汇是"可怜""可怕""慈善救助"等。残疾人被认为是可怜的，因为他们肯定遭遇了不幸和灾祸，身体并不健全，注定会承受生活中的各种不便，命途坎坷；残疾被认为是可怕的，因为它意味着身体的残缺，机体能力的丧失或衰弱，被等同为一种极其悲惨的境况；残疾问题被看作只能用慈善救助来解决，因为残疾

---

① Carol Thomas, "Disability and Impairment", in John Swain, etc., *Disabling Barriers-Enabling Environment*, London：Sage, 2017, p. 37.

② Elizabeth Barnes, *The Minority Body：A Theory of Disability*, Oxford：Oxford University Press, 2016, p. 5.

人很难承担生产性的工作，所以无法为社会创造很多收益，只能沦为社会的负担而依靠社会的慈善救助而生存。日常习语中也有大量贬损性和侮辱性的词汇来指称残疾人，如"瘸子""瞎子""哑巴""傻子""疯子"等，同时这些词汇还被拿来辱骂非残疾人，不断地强化对残疾人的污名化进程。除了这种污名指称，在私人交往中，人们还常常对残疾人表现出一种倨傲的态度，如对残疾人表达关切与"正常人"之间表达关切有很大不同，前者容易显露屈尊俯就的姿态，好像自己在行好心、做慈善，没有在真正平等的基础上与残疾人交往。假如残疾人表现出可以做"正常人"能做的事情时，他们常常被看作有志气、不畏艰难和与命运抗争的英雄，这样的赞誉实际上暗含着对残疾人的轻视。

社会模式已揭示出，残疾人的生活困境很大程度上源自社会环境的不包容，如轮椅使用者之所以无法轻松出行，无法轻松进入办公场所、商场、公园等，是因为建筑环境没有为他们提供合理便利条件；盲人很难使用电梯，是因为按钮设计得无法使他们通过触摸而识别其指向的楼层；聋人无法通过电视节目获取有效信息，是因为这样的节目没有提供字幕……所以，残疾人面临的问题有时与其自身能力并没有直接的关系，关键在于社会环境是否围绕某种霸权的人体特征而建构，从而导致身体特征与此极为不同的人群的生存劣势。如此来看，残疾问题并非事关慈善救助，而是一个社会正义问题；残疾人也不应该是我们怜悯的对象，而是利益诉求应该被合理容纳的公平社会的平等一员。机能歧视以所谓正常的人体机能为评判不同人体优劣的标准，但这种正常状态如第一节所示本来就是不稳定的，是一种文化建构物，正常的人类个体也不会恒久地保有这样的能力，而只是在某个特定的人生阶段才如此，所以残疾研究学者称正常人只是"暂时有能力的"（temporarily-abled），以身体机能丧失或羸弱为理由歧视残疾人，也就是歧视自己的过去和将来。

第三节　现代性、优生学与残疾

在福楼拜（Flaubert）的著名小说《包法利夫人》中有一段情节是关于男主人公给残疾马夫伊玻立特做手术的。伊玻立特在当地的一家小旅馆干活，小说中对他的脚进行了这样的描述：

他的脚差不多和腿成为一条直线，同时还朝里歪，看上去是马蹄型，兼一点外拐型，或者也可以说成轻微的外拐型，结合严重的马蹄型。这只马蹄型脚，确实也有马蹄大小，疙瘩皮，硬筋，粗脚趾，脚趾甲黑得像马掌钉子一样，可是跛子从早到晚，快步如飞。大家看见他，时刻在广场跳跳蹦蹦，兜着大车转。这条坏脚朝前一甩，简直像比那条好腿还要得力。侍应日久，它通达灵性，养成忍耐和刚强的品质，赶上重活，他信赖的，总归是它。①

可以说年轻马夫的脚跟正常的脚十分不同，显得十分难看，并且让他成了一个跛子。但是跛脚并没影响马夫干活，他"从早到晚，快步如飞"，并且也能应付重活儿。但当时杂志上登载的关于医学进展的一些消息打动了药剂师郝麦，他劝说马夫去尝试这样的医疗干预，由包法利给他做手术：

"其实不关我的事！为的是你！纯粹是人道观点！一瘸一拐的，走路难看，后腰摆过来摆过去，你再嘴硬，干起活儿来，也一定很碍事，我的朋友，我是指望你好。"

郝麦于是帮他指：好了以后，他会觉得自己更快活，更灵活；甚至还暗示：他博女人欢心，也会容易些。马夫听了这话，不由得一脸蠢相，有了笑意。郝麦接着拿话激他：

"家伙！你是不是男子汉？万一祖国要你应征，到前线打仗的话，你怎么着？……啊！伊玻立特！"

郝麦边走开边讲：一个人拒绝科学的恩典，居然这样固执，这样盲目，真是不可思议。②

在手术完成之后，药剂师迅即给一家报纸写了宣传文章，欢呼道："难道我们不该高声呐喊：瞎子将要看见，聋子将要听见，跛子将要行走如常？上天先前许给它的选民的，科学如今为全人类完成！"③然而包法利的手术刀并

---

① ［法］福楼拜：《包法利夫人》，李健吾译，人民文学出版社2003年版，第151页。
② ［法］福楼拜：《包法利夫人》，李健吾译，人民文学出版社2003年版，第150—151页。
③ ［法］福楼拜：《包法利夫人》，李健吾译，人民文学出版社2003年版，第153页。

没有完成上天许给伊玻立特的正常脚，他的脚肿胀糜烂了，不得不锯断保命，这下他真得变残了。

原初伊玻立特的跛脚并没有影响他做工，从某种层面讲甚至给了他优势。但这在周围人看来仍是一只废脚，是有缺陷的和病态的，因为它与正常人的脚不一样，这使伊玻立特背负着跛子的污名。药剂师在看到相关的医学进展信息时，急切地劝他尝试手术"纠正"，使脚形恢复正常。这段情节显示了人们对正常人体的崇拜，而这种崇拜与现代性紧密相关。现代性具有诸多含义，如高扬理性精神和效率原则，推行科学管理，加强社会管控，等等。从这些含义中可以看出现代性蕴含一种进步叙事——人类的文明状态会逐步取代野蛮蒙昧，或者说文化注定战胜自然。就人体而言也是如此，人体应该进化地越来越完善，但是残疾作为一种偶发和异常的事件对这种进步叙事构成了直接的威胁，它代表着对进步轨道的偏离，代表着返祖，代表着未来美好图景中潜藏的一种不确定性，所以，"对现代性而言，消除残疾意味着一种鞭笞和允诺：残疾的在场标志着一种放荡性的文化堕落，这种堕落倾向于退回到先前的原始状态，同时它似乎承诺，它的离场标志着作为一项文化工程的现代性的完成。消除残疾是到达一个孜孜以求的目的地的标志"①。

消除残疾也就是要维护一种秩序和确定性，使人们获得鲍曼所说的安全感。消除残疾亦即戴维斯所说的"推行正常化"（enforcing normalcy）②，主要通过医疗技术"修复"残损的身体而达成，使其同正常人体保持一致，例如如果包法利的手术获得成功，那么年轻马夫的病脚也会同另一只脚没有什么区别，他会表现得和常人一样。毋庸置疑，医药卫生技术在现代社会获得了蓬勃发展，医学职业者发现的身体异常和疾病种类越来越多，越来越精细，相应的干预手段也随之发展起来，以保证可以使监测到的"病体"迅速回归常轨。这一定是一件造福人类的好事吗？我们也要无批判地跟着郝麦一起欢呼，说以医学为代表的科学完成了上天给人的允诺吗？其实社会学已经开始反思过度医学化（medicalization）问题，它大抵指的是"非医学问题被界定

---

① Sharon L. Snyder and David T. Mitchell, *Cultural Locations of Disability*, Chicago and London: The University of Chicago Press, 2006, p. 31.

② 参见 Lennard J. Davis, *Enforcing Normalcy: Disability, Deaf, and the Body*, London and New York: Verso, 1995。

为医学上的疾病问题或障碍问题，并进行治疗的过程"[①]。医学化的一个典型例证是同性恋，它在很长一段时间内被看作一种精神疾病，直到 20 世纪 70 年代才从疾病名录中去除。上文也曾指出，女性身体在大众意识中也容易看成是病态的，例如女性的分娩常常被看成是危险的，致使剖腹产手术量激增，这也是医学化的一种表现。另外，血色素沉着症曾有效遏制黑死病的侵袭，红细胞突变是人类抵抗疟疾的遗传印记，而胎儿的食道闭锁也能防止铁或汞元素的过量摄入，身体上发生的这些异常现象很容易被医学诊断为某种疾病，并用相应的医药技术加以"治愈"，然而它们并非纯然是坏的。对伊玻立特的所谓病脚开展手术也是医学化的一种表现，因为他的脚并不影响干活。福柯认为近代以来权力发生了变化，与医学、精神病学、犯罪学等"人的科学"紧密地结合起来，以此更有效地发挥它的规训功能，而医学化体现了这种知识/权力的共谋，现代医疗机构从某种程度上说也属于一种权力机构，职业医生在裁断人的强弱生死上握有越来越多的话语权。这不是说不应该信任现代医学成就，而是说在理解各种医疗诊断信息时应该多一种批判的视角，正如第三章第三节所述，医学知识并不建立在它自以为是的那种客观性的基础上，某种情况下它很容易受流行文化中刻板偏见的影响。

　　某种程度上说医学化对等于正常化，即把不同于所谓正常人体的身体特征看作一种病态，看作需要医疗干预的问题。同性恋就是一个很好的例证，近代以来形成的这种正常人体的观念包含着异性恋维度，或者说异性恋是正常人应该有的性倾向，那么同性恋则被看作对正常态的偏离，需要精神科医生的诊治。格兰德－汤普森所举的连体双胞胎的例子也能说明这一点："连体双胞胎与我们的分离、自主的个体观念相冲突，这与怀孕状态极其相似。双性别婴儿也挑战了我们对生物性别是毫不含糊的非此即彼的执念。连体双胞胎和双性人的自然表现对事物之秩序构成了如此威胁，以致他们出生后几乎总是通过立即进行的截肢术而达至正常体态。"[②] 近代以来形成的身体观念认为正常人体是独立、单个的，并且只能拥有男女两种性别中的一种，这种观念不仅反映在大众意识中，也深刻地熔铸了专业的医学知识，被看作无可辩

---

① 薛媛媛、薛琪薪：《实证与建构：医学化与去医学化之争的再反思》，《江汉学术》2020 年第 6 期。

② Rosemarie Garland-Thomson，"Integrating Disability，Transforming Feminist Theory"，*NWSA Journal*，Vol. 14，No. 3，October 2002，p. 13.

驳的真理。与此不同的身体特征无法为人们所接受，被看作需要医疗干预的一种异常现象。整个社会都是围绕这种霸权的人体观念而建构起来的，但是在执行这些正常化的进程中，人们往往与构建一个更包容的世界失之交臂：

> 医学对疗治的决心，在与现代性对掌控结果的技术和干预的信念结合在一起时，逐渐转向了修复、管控或消除表面上看起来离经叛道的身体的雄心壮志。这样一种消除的进程通常以构建一个更包容的环境或为残疾人提供更好的支持服务为代价……

> 针对残疾人的医治的意识形态（the ideology of cure）关注改变被看作异常或功能失调的身体，而不是改变排外的态度、环境和经济障碍。对医治的强调把残疾落位在被想象为出错的身体而不是需要修正的社会体系上，由此降低了对人体多样性以及脆弱性的宽容。①

也就是说医学化或正常化进程只是把注意力放在改变人体上，而没有放在改造歧视和排斥性的社会环境上，这样只能丧失使社会环境变得更加宽容的机会。

用医疗技术消除残疾的效果毕竟是有限的，因为很多残疾无法治愈。很多身体的"损伤"是不可逆的，人们于是采用诸多手段杜绝残疾个体的出现，这就涉及了优生学。优生学的思想源头可能在柏拉图的著述中，他曾提出优秀者和优秀者交媾以繁育优势群体。近代优生学思想源自前文提到的高尔顿，他认为一些优秀品质可以通过遗传继承，并且不同意达尔文对生物适应进程的亚当·斯密式自由放任的态度，认为国家应该采取行动予以积极干预。"优生学"（eugenics）一词源自高尔顿对自己研究的称呼。这种优生学思想在当时引起了很多学者的回应，并且这种思想也与身体政治（body politic）的观念联系起来，后者的某种含义是公民身体如何，则国家力量如何，此强则彼强，此弱则彼弱："有公民的物质性身体（外貌、能力和脆弱性的各种表现），则有国家的理想化身体（它全部的国家主义含义在于把个人的生物学问题变成了公共卫生监管的事务）……公民不再被诬骗说为了他们自己以及家庭和最

---

① Rosemarie Garland-Thomson, "Integrating Disability, Transforming Feminist Theory", *NWSA Journal*, Vol. 14, No. 3, October 2002, p. 14.

亲近的邻里的福利而要做好自己。相反，他们逐渐被看作国家的财富。做好自己与造福国家的义务成了一回事儿。"① 优生学措施多种多样，大致可分为积极和消极的两类，积极的优生学措施类同柏拉图所说的选择最适合生育的人生育，以保证后代优秀，于此典型的是新加坡，其"国父"李光耀曾认为智力 80% 出自天资，并出台相应的经济补贴以激励高学历女性生育；消极的优生学措施以禁止某些人群结婚或生育后代为典型，这些人群通常包括身体或精神残疾人、智力障碍者、罪犯或受歧视的少数人群等。纳粹德国的优生学运动为人所熟知，但实际上它受到美国更早的优生学实践的影响。这种实践，尤其是对精神病人实施的绝育计划为很多德国精神病学家所接受，他们认为放任精神病者生育会导致种族衰退，例如，在 20 世纪初的一本精神病学教材中有这样一段文字：

> 成为最沉重的负担的人群不应该再生育了……如果我们对精神和身体残疾人生育后代袖手旁观，因为要为照顾他们做很多事，健康人群将不得不减少其后代的数量；如果自然选择被抑制了，那么除非我们采取新的举措，我们的种族将很快衰退。②

减少残疾人数量，保持种族纯洁和健康这样的观念在德国有众多拥趸，其中包括年轻时的阿道夫·希特勒（Adolf Hitler）。他在上台后除了推行了一些惯常的优生学政策，还在"二战"期间秘密实施了屠杀残疾人的 T4 行动（Aktion T4），导致 30 余万名残疾人死亡，这是大屠杀的前奏，很多屠杀的通用手段在 T4 行动中得到了预演。

当代社会优生学并没有消失，而可能以某种改头换面的形式存在着，如各种各样的产前基因检测技术与以往的优生学手段在基本精神上并无二致，都是为了避免先天残疾幼儿的出生。无论当代还是以往的优生学思想，都产生了很大的争议，如优生标准是否由攫取政治权力的某个群体所决定，相关举措是否被滥用；是否违背了人权，如生育权；是否在长时间内损害基因多

---

① Sharon L. Snyder and David T. Mitchell, *Cultural Locations of Disability*, Chicago and London: The University of Chicago Press, 2006, p. 23.

② "Aktion T4", *Wikipedia*, August 2022, https://en.wikipedia.org/wiki/Aktion_T4.

样性，并导致近交衰退（inbreeding depression）；是否打断了延续百万年的人类进化进程，对人体免疫能力和物种韧性（species resilience）等造成不良影响。[①] 当然它最主要的问题还是把残疾问题仅仅归结为个人身体的生理学或医学问题，忽视了对社会环境包容性的培育，这是全书所尤为关注的。

---

① 参见"Eugenics"，*Wikipedia*，August 2022，https：∥en. wikipedia. org∕wiki∕Eugenics。

第七章　残疾与身份交叉

在解读人的历史际遇时，人们先后找到了阶级、性别、种族等向量，而当代残疾研究的兴起使人们开始关注残疾范畴对理解人类历史的重要意义。与其他身份范畴不同，残疾不仅拿来辩护对残疾人群体的不平等对待，也常常拿来辩护对女性、少数种族等其他群体的不平等对待，而后者实行的解放策略（如论证自己的身体同主流群体一样没有缺陷）往往加重了对残疾的偏见。所以有学者指出，"残疾，超越了一种身份，是文化层面意义体系的基本元素，并且对任何想要理解过去的历史学家而言都是必不可少的。所有的社会等级关系都极有可能借用了社会文化意义上被构造出来和维持着的残疾概念"①。

第一节　残疾身份的批判性

第三章曾经提及身份概念，指出它在后结构主义的语境下并不讨好。后结构主义者指出身份是特定话语系统的产物，不能倚靠它来反对这种常常具有压迫性的话语系统，亦即开展身份政治（identity politics）。以女性的性别身份为例，巴特勒认为其不是先在的事物，而是性别主义话语的一种操演。② 从某种程度上说，这种身份之所以被制造出来，是为了维护这种话语自身的稳定性。这对于残疾而言同样如此，残疾人的身份政治在后结构主义看来并不具有彻底的批判性。前文曾述及，后结构主义不信任边缘群体的具身经验，

---

① Douglas C. Baynton, "Disability and the Justification of Inequality in American History", in Lennard J. David, ed., *The Disability Studies Reader* (*Fourth Edition*), New York and London: Routledge, 2013, pp. 30 – 31.

② 夸梅·安东尼·阿皮亚（Kwame Anthony Appiah）也认为身份不是一种一成不变的事物，而是一种活动。参见 Shelly L. Tremain, *Foucault and Feminist Philosophy of Disability*, Ann Arbor: University of Michigan Press, 2017, p. 106。

它把这样的经验看作已经为压迫和支配性的话语系统所污染，如杨所说的双重意识，指的是边缘群体经常用主流群体的视角和态度来看待自己，难以形成关于自己的真切观点，并据此开展斗争。这样的经验与一种身份建构极为相关，后结构主义者自认为揭穿了这种经验的派生性，也自然不认可身份的政治意义。

希伯斯指出，对身份的放逐并不止于后结构主义，而是西方理论界的一种普遍倾向，其中的缘由在于"身份被看作需要额外帮助，处于痛苦之境且不能独立思考的人的依托物（crutch）"①。这种倾向在启蒙思想家那里即有所展露，他们看重人的理性和自主性品质，把不能独立思考看作一种内在的劣根性。一些非欧洲人常常被看作具有这样的劣根性，因而不能超越自己所属群体的自然性："理性成熟的标准在于一种脱离身份的核心自我（core self）观念。那些成熟度不够而无法实践这种抽象思维或超越先赋的（ascribed）文化身份的群体被看作不能获得全面自主，并且他们之缺乏成熟常常通过鼓吹非欧洲人种具有内生劣根的种族主义理论而得以解释。"② 希伯斯指出这种启蒙时代的观点衍化为现当代的两种理论路向，它们都把依赖性看作一种导致受压迫处境的缺陷。其中一种理论路向体现在弗洛伊德的理论中，他认为，"强烈的身份归属感与一种病理心理学有关，表露为自我紊乱的征兆"，身份实际上与匮乏（lack）密不可分；另一种理论路向存在于萨特的存在主义理论中，对于他来说，"身份是真实自我的异化"，仍然有理性孱弱的意味，即无法脱离其他人的影响而获得自由。由此，希伯斯认为，"当代理论家在将身份与匮乏、病理学、依赖性和理智孱弱连接起来时，身份范畴就被放逐了"③。

除此以外，希伯斯还指出，当代理论界还常常将身份范畴与自恋狂（narcissistic）文化④联系起来，也构成了厌弃该范畴的一个理由："自恋狂是一个心理学概念，把社会退缩、痛苦和对获得关注的要求看作受害者之精神病理

---

① Tobin Siebers, *Disability Theory*, Ann Arbor, Mi.: The University of Michigan Press, 2008, pp. 11 – 12.

② Tobin Siebers, *Disability Theory*, Ann Arbor, Mi.: The University of Michigan Press, 2008, p. 12.

③ Tobin Siebers, *Disability Theory*, Ann Arbor, Mi.: The University of Michigan Press, 2008, p. 13.

④ 参见［美］克里斯托弗·拉什《自恋主义文化：心理危机时代的美国生活》，陈红雯译，上海译文出版社 2013 年版。

学的直接后果……自恋狂不再爱别人，而只爱他们自己"①。一些学者指出西方文化陷入了一种自恋狂文化，各种各样的身份群体，如女性、有色人种、同性恋、原住民以及残疾人等浮现出来，活跃在社会和政治舞台上，声称自己是受压迫群体，指控主流社会给予其诸多不平等对待，要求获得相应的利益补偿，如推行肯定性行动（affirmative action）。这种自恋狂文化被批判为过度夸大了某一群体的独特性及其承受的不公平对待，逐渐腐蚀西方社会的团结精神和黏合性。因此，反击这样的批判是女性主义、种族研究、残疾研究等少数群体研究（minorities studies）的一项重要的理论任务。

由对身份的上述批判可见，身份与少数群体相关，并且它指涉一些不好的品质或情绪，如匮乏、依赖性、对遭受不公的怨愤、自恋等。希伯斯指出，这些都一再地与残疾关联起来，换句话说，对身份范畴的不满潜藏着一种机能歧视立场。无论是女性，还是有色人种等其他少数群体，在宣扬其特殊身份的文化价值，或据此开展身份政治时，都是在展露一种能力上的不完满或缺陷状态，无论这种缺陷存在于身体还是精神层面。本书第四章第一节曾经提到后结构主义的残疾理论即暗含着这样的机能歧视立场，它把残损的身体归结为知识/权力话语规训的产物，例如，它认为残疾人的具身经验是这种话语生产出来的，因而不值得信任。对这种被规训的身体的摒弃折射了后结构主义对另一种身体的赞誉，如福柯在论述疯狂、性和犯罪时，"在每一种情况之下都有一种更自由和更无拘无束的（身体）版本——疯狂对应的是比不可理喻更加疯狂，性对应的是比现代多元化的性更加多变乖张的性，犯罪对应的是比刑事法律所能想象的更加离谱和反社会的犯罪行为"②。这种完全不受权力规训的身体，是更加独立和自由的身体，也是身心机能健全、无须仰赖别人照料的身体。

但是希伯斯反驳说："以残疾为基础的身份、叙事和经验在理论中拥有一席之地，因为它们代表了具身性的所在和形式，使社会的支配性意识形态变得可见和可被批判。"③ 少数群体对社会压迫的具身经验常常以一种痛苦感受的形式表露出来，这种感受对塑造他们的特殊身份，形成他们的群体意识具有重要意义。但是痛苦绝不只是一种消极感受，它"具有理论性成分，因为

---

① Tobin Siebers, *Disability Theory*, Ann Arbor, Mi.: The University of Michigan Press, 2008, p. 34.

② Tobin Siebers, *Disability Theory*, Ann Arbor, Mi.: The University of Michigan Press, 2008, p. 58.

③ Tobin Siebers, *Disability Theory*, Ann Arbor, Mi.: The University of Michigan Press, 2008, p. 14.

它使人们关注有损个人前景的社会状况，并且当受压迫个体集合起来分享他们的经历，这种理论性成分可以导向政治目的"①。第四章第四节已述及，受压迫群体栖身于社会结构的边缘位置，但是这样的位置并不是完全被决定的，它有突破这种社会结构限制的理论意义，正如希伯斯所言：

> 在中心和边缘之间存在一种自由运动的趋向，中心实际上为了自己的存在要求在边缘位置上有他者存在，在此意义上说边缘是真正的中心。生活在边缘位置的残疾人有别样的经验。他们的经验表明了在构建社会的过程中并没有顾虑他们的利益，并且不想踏足留给他们的空间。他们的经验并非难以名状的，也并非僭越、幻想和煽动暴乱的流动空间，而是具有现实世界品质之域，那里的人们想要体验快乐、创造性、知识和承认——当提及残疾经验时，这些基本需求通常不被重视或不受支持。②

最后评述一下关于残疾人的两种英文称谓。一种是"people with disabilities"；另一种是"disabled people"，这种称谓的分歧也反映在国内的英译标识或康复医学教科书中，如人民卫生出版社 2018 年出版的第六版《康复医学》认为应该采用前者而非后者，理由在于"disabled person 首先关注的是个体的能力缺失或失能（disabled），然后才是个体，而 person with disability 首先强调人，其后才强调伴随人的能力缺失或失能（disability）"③。把人放在前面看似体现了对人的尊重，强调残疾仅仅是人的一个维度，不能概括人的全部。但这种观点隐含着一种机能歧视立场，延续了对残疾人的污名化，因为它把残疾看作不能代指整个人的不好的东西，"看作一种事物而非社会或政治进程"④。

① Tobin Siebers, *Disability Theory*, Ann Arbor, Mi.：The University of Michigan Press, 2008, pp. 20 – 21.

② Tobin Siebers, "Disability Experience on Trial", in Stacy Alaimo and Susan Hekman, eds., *Material Feminisms*, Bloomington：Indiana University Press, 2008, p. 304.

③ 黄晓琳等编：《康复医学》（第 6 版），人民出版社 2018 年版，第 10 页。

④ Adam Cureton and David Wasserman, "Introduction", in Adam Cureton and David Wasserman, eds., *The Oxford Handbook of Philosophy and Disability*, New York：Oxford University Press, p. XXVI. 对 disabled people 的认可也可以参见 Tom Shakespeare, "The Social Model of Disability", in Lennard J. David, ed., *The Disability Studies Reader*（*Fourth Edition*）, New York and London：Routledge, 2013, pp. 216 – 217；Shelly L. Tremain, *Foucault and Feminist Philosophy of Disability*, Ann Arbor：University of Michigan Press, 2017, pp. 87 – 88。

越来越多的残疾研究学者和残疾人又开始使用 disabled people 一词，后者体现了对作为一种身份的残疾人的积极承认。

第二节　残疾与种族的交叉

"交叉性"（intersectionality）是西方人文领域新近涌现的一种研究视角，指的是"种族、阶级和性别等其他权力相互作用形成社会制度，而这些社会制度反过来建构出被这些特征所定义的群体"[①]。换言之，交叉性强调的是阶级、种族、性别等不同向量对个体生存境况的形塑，这有别于以往对单一向量作用的关注，如某些马克思主义者只强调阶级分析，女性主义者仅仅关注性别等级关系对女性个体生存境况的影响，而种族研究者只关注种族归属对个人命运的左右。这样的研究有一定的说服力，但它在解释现实社会中的某些群体时也会遇到麻烦，如决定中产阶级女性生活状况的是阶级还是性别向量？决定白人男同性恋者社会地位的主要是种族、性别还是性倾向？这些身份涉及两个以上的向量，毋庸置疑，它们对人的处境都施加了影响，个人的命运取决于这些向量所形成的合力，而交叉性研究着力于分析和评判这种合力。当代残疾研究的成就之一是使人们开始重视残疾向量，因为残疾与否同样影响个体的成就水平和社会处境，前文已经指出，当代社会是围绕"正常"人体观念而构造起来的，个人身体如有残损，生活机会就会受到限制，正如当代社会在很大程度上也是"以男性为中心的"（phallocentric），女性在其中也有难以逾越的"性别鸿沟"和难以打破的"玻璃天花板"。同于阶级、性别、种族等相互之间的交叉现象，残疾也会与它们发生交叉作用，以塑造具体个体的生存境况。但是残疾研究并非仅仅为批判理论增添了一种新坐标，实际上残疾范畴在近现代社会发挥了一种更具基础性的作用，它常常用来佐证种族主义或性别主义观念。本节和第三节将分别从残疾与种族以及残疾与性别的交叉入手阐释本章开首所说的观点，即残疾是文化意义体系的基本元素，所有的权力等级关系可能在某种程度上都凭借了它的助力。

近代西方社会常常将非白人种族与残疾人联系起来，以使其污名化为自

---

① 转引自苏熠慧《"交叉性"流派的观点、方法及其对中国性别社会学的启发》，《社会学研究》2016 年第 4 期。

然进化的弃品。如 1866 年一位医生在首次发现唐氏综合征时，曾称其为蒙古症（Mongolism），认为这是高加索人种（亦即白种人）向蒙古人种退化的表现。而在一些"怪物展览"（freak show）中，有身体缺陷的人也常常同所谓进化不充分的"原始人"一起受人围观。但是种族与残疾的交叉常常是以残疾作为论证种族低劣的理由而表现出来的，这在美国以往对奴隶制的辩护中尤为常见。这种辩护可分为两种论调。一种论调指出，黑人身体不同于正常的白人，他们具有先天缺陷，本身就是不健全或残疾的，以此说明"非裔美国人缺乏必要的智力以在平等的基础上与白种人一起参与或竞取社会生活"①。至少从 18 世纪末开始，美国白人就把黑皮肤归结为一种疾病（先天麻风病）的影响和罪恶的周身标记，19 世纪的肥皂广告也曾借题发挥。当时发表在专业医学刊物上的一些文章都指出黑人是先天病态的，如《新奥尔良医学和外科期刊》（*New Orleans Medical and Surgical Journal*）上一篇研究黑人身体的文章指出，"正是有问题的血液病，或血液的气化，加上头盖骨中脑物质的缺乏，以及分配到感觉和同化器官的神经物质过多，才是导致精神堕落的真正原因，使非洲裔无法控制好自己"②。针对黑人与白人的混血儿的研究得出了相互矛盾的结论：或者说混血儿比黑人聪明，这起了表证黑人比白人具有人种劣势的作用；或者说混血儿比黑人和白人都更低劣，以此警惕黑人对白人人种的玷污。诸如此类的观点都是为了说明黑人身体有先天缺陷或残疾，不能参与正常的社会生活，而更适应在奴隶制中生存，潜台词是残疾使一个人不能享有平等的社会地位。

辩护奴隶制的另一种论调指出黑人由于身体或精神先天缺陷，在正常的社会环境下更容易"变残"。曾有当时的文章指出，北方自由黑人中聋的发生率是南方黑奴的三倍，而盲的发生率是其两倍。有医生认为，黑人的身体天然地适应被管制的环境，因为他们的腿比正常人更弯曲，如果把他们置于自由的环境中，他们容易患上漫游症（drapetomania）等精神疾病。也有观

---

① Douglas C. Baynton, "Disability and the Justification of Inequality in American History", in Lennard J. David, ed., *The Disability Studies Reader* (*Fourth Edition*), New York and London: Routledge, 2013, p. 20.

② Douglas C. Baynton, "Disability and the Justification of Inequality in American History", in Lennard J. David, ed., *The Disability Studies Reader* (*Fourth Edition*), New York and London: Routledge, 2013, p. 20.

点指出，教育会残害黑人身体，缩短他们的寿命，"'受教育的 Negro'，和'自由的 Negro'一样都是一种社会怪胎，（但）比后者更加违背自然和令人厌恶"①。

残疾不仅用来辩护奴隶制的合法性，也用来辩护歧视性的移民政策。如美国历史上曾认为南欧和东欧人有精神缺陷，而限制他们入境。将某个地区的人种与精神问题相挂钩，在时至今日的移民政策辩论中仍经常出现，如唐纳德·特朗普（Donald Trump）在 2015 年的总统竞选中曾称海地等中南美洲国家为"极其肮脏的地方"（shithole countries），来自那里的人都是些"强奸犯"（rapist）。②

由上述可见，残疾与种族因素的交叉并非仅仅表现为两种作用力的汇聚，毕竟这里涉及的不是有真实身体或精神残疾的黑人和斯拉夫人，而只是黑人和斯拉夫人。所谓他们具有身体缺陷或残疾只是用来佐证其种族低劣的一套说辞。黑人解放运动着力于反对这样的说辞，表明黑人的身体并没有内在缺陷，而同白人一样都是正常和健全的，因此也应该同白人一样享有平等的政治权利。可以看出来，残疾在辩护不平等的种族关系时起到了十分重要的作用。能力不平等导致道德和政治地位不平等，这种机能歧视的观念在以往种族主义的意识形态中随处可见，但它同时也出现在反对这种意识形态的解放运动中，因为说某个群体并非普遍残疾，所以应得平等的政治权利，也就是承认能力平等则其他方面应该平等，能力不平等则其他方面应该不平等的观念。不止于此，这种观念实际上在西方思想史中根深蒂固。本书第九章即论述了西方政治哲学中的契约论传统所蕴含的这种立场：有资格成为契约方的只能是身体和精神能力达到一定标准的人，只有这样的人才能使相互之间的合作成为互惠性的，而规范的正义原则也由他们达成，能力达不到这种标准的人只能沦为"局外人"。黑人解放运动的领导人和同情者用各种证据表明黑人没有身体和精神上的残疾，从而不应该把他们排除于公平的社会合作之外，

---

① Douglas C. Baynton, "Disability and the Justification of Inequality in American History", in Lennard J. David, ed., *The Disability Studies Reader (Fourth Edition)*, New York and London: Routledge, 2013, p. 21.

② 参见 Eugene Scott, "Trump's most insulting-and violent-language is often reserved for immigrants", *The Washington Post*, October 2019, https://www.washingtonpost.com/politics/2019/10/02/trumps-most-insulting-violent-language-is-often-reserved-immigrants/。

但是他们没有反思这个问题，即身体和精神残疾应该作为褫夺某些群体参与公共生活之机会的理由吗？

第三节　残疾与性别的交叉

残疾与性别的交叉同上节所述的残疾与种族的交叉类似，这里也并非体现了两种不平等的权力关系的合力，残疾范畴对辩护女性的不平等地位也起到了基础性的作用。

格兰德－汤普森指出："西方思想长期将女性特征（femaleness）与残疾混同，把它们都理解成对一种有价值的标准的偏离。"[1] 本书第三章第三节曾述及，在西方思想传统中，女人的身体被看作处于一种病态，被看作不正常和不稳定的，如亚里士多德将女性定义为"残缺的男性"，中世纪的解剖学家也认为"女性的生殖器官从根本上说是倒置的阴茎，胎儿可以在其中成长［作为劣等的生物，女性的'内在之火'（internal fire）很少，所以阴茎不能推出体外，只能待在体内］"[2]。在 19 世纪一直到 20 世纪初关于女性选举权的大辩论中，很多反对者也指出女性身体有先天缺陷，进化得不如男性完善，表现出不适合参与公共生活的一些特质，如智力低下、情感脆弱、心思敏感、优柔寡断等。当时常常把女人同一些被污名化的群体放在一起，如有人声称，"19 世纪末，女人和野蛮人，同白痴、犯罪分子、病态的怪人（先天残疾者）一起给男性知识分子带来了绵绵不绝的焦虑"[3]。有女性主义学者也指出，医学曾长期地将女性当作残疾人来对待，常常把她们身上表现出来的不同于男性的地方看作一种异常的症状，"医学尤其对女性的情感生活不屑一顾"[4]。黑人的"残疾"症状使他们无法同白人一起享有平等的社会生活，对女性身

---

① Rosemarie Garland-Thomson, "Integrating Disability, Transforming Feminist Theory", *NWSA Journal*, Vol. 14, No. 3, October 2002, p. 6.

② Elizabeth Barnes, *The Minority Body: A Theory of Disability*, Oxford: Oxford University Press, 2016, p. 30.

③ Douglas C. Baynton, "Disability and the Justification of Inequality in American History", in Lennard J. David, ed., *The Disability Studies Reader* (*Fourth Edition*), New York and London: Routledge, 2013, p. 23.

④ Anita Silvers, "Feminist Perspectives on Disability", *The Stanford Encyclopedia of Philosophy*, Spring 2021, https://plato. stanford. edu/archives/spr2021/entries/feminism-disability/.

体的残疾叙事也意味着她们没有能力同男性一起享有政治权利，这里残疾范畴也起到了辩护女性不平等处境的作用。

　　同黑人解放运动一样，女性解放运动中一种惯用的策略也指出女性的身体并非先天残疾，而并不反对残疾使一个人或群体无法享有道德和政治上的平等地位的命题。这里还以女性争取选举权的斗争为例，支持方的论据有三种形式：①女性并不是残疾的，因此应得投票权；②女性被错误地看成与残疾人及其他无选举权的人类似；③女性并非先天或内在残疾，而被社会不平等"搞残"了。① 用一些典型的例证表明"谁说女子不如男"的做法很早就有，女性选举权的支持者也急于证明女性的能力不比男性差，如当时有人说，"我们的智力同男人的一样，可以立刻拥有这些权利……如果我们对此没有信心，我们也不会争取它们"②。在当时宣传女性应得选举权的海报中一个常见的画面是一名穿着学士服的知识女性被一些"白痴"或"疯子"所包围，海报的标题常常是"我是时候脱离这个地方了"之类的表达女性有别于无选举权群体的话语。拥护女性选举权的第三种方式是表明性别不平等对女性有害，如指出女性的能力被男权社会所施加的种种限制损害了，这可能形成了遗传记忆，换句话说，劣势性状可能在女性的代际之间传递，但如果予女性以选举权，她们被社会制度损害的能力就可以恢复到正常水平。

　　道格拉斯·贝恩顿（Douglas Baynton）指出："直到今天，基于其（性别）身份而面临歧视的女性及其他群体对这样的指摘还愤恨不平，即他们可能有身体、精神或情感上的残疾。不去挑战这种（能力）等级关系背后的假定，他们反而致力于将自己从被消极标注的范畴中脱离出来——亦即，使他们自己同'真正'残疾的人解绑——（他们）清楚这种范畴会招致歧视。"③能力不平等为社会不平等提供了最有力支撑，以往对少数种族、女性等群体

　　① Douglas C. Baynton，"Disability and the Justification of Inequality in American History"，in Lennard J. David，ed.，*The Disability Studies Reader*（*Fourth Edition*），New York and London：Routledge，2013，p. 24.

　　② 转引自 Douglas C. Baynton，"Disability and the Justification of Inequality in American History"，in Lennard J. David，ed.，*The Disability Studies Reader*（*Fourth Edition*），New York and London：Routledge，2013，p. 25。

　　③ Douglas C. Baynton，"Disability and the Justification of Inequality in American History"，in Lennard J. David，ed.，*The Disability Studies Reader*（*Fourth Edition*），New York and London：Routledge，2013，p. 30.

的歧视和排斥都建立在能力不平等的论调上。这是一种生物决定论的观点——弱势群体之所以不能充分踏足主流社会，享有平等的生存和发展机会，是因为他们在身体或精神上有先天性问题，因为他们一出生就是残疾的。也有观点认为给予这些群体以平等对待，他们的残疾症状会加重。而这些群体在反抗压迫的斗争中也往往急于同残疾特质划清界限，表明自己的能力同主流群体一样，所以应得相匹配的社会和政治权利。由此可见，无论压迫还是反压迫的论调都在反复强化生物决定论的观点，或者说都在污名化残疾。残疾范畴在这里起到了维护种族、性别等不平等关系的作用。因此可以说，残疾不是一种偶然的、无足轻重的自然现象，也不仅仅是人类唯恐避之不及的可怕之物，它是一种文化上的构造物，对于解读历史之谜十分重要：

> 当你开始关注残疾时，（就会发现）它在历史中无所不在，但在我们撰写的历史中却又隐匿不见。当历史学家确实在记录残疾时，他们通常将它仅仅看作令人遗憾的个人悲剧或耻辱，或者被弃绝的标签。我们这些专长残疾史的人，如同研究其他少数群体的早期历史学家们，着手关注残疾人和与残疾有关的机构和法律史。这是必要和有趣的工作。正是通过这种工作我们得出了这样的结论，即残疾是在文化层面构建出来的，而非自然和无始无终的——残疾人有一个历史，一个值得研究的历史。然而，残疾，超越了一种身份，是文化层面意义体系的基本元素，并且对任何想要理解过去的历史学家而言都是必不可少的。所有的社会等级关系都极有可能借用了社会文化意义上被构造出来和维持着的残疾概念。如果确实如此，那么将有更多的工作去做。是时候将残疾从历史研究的边缘带到中心中来。①

回到残疾与性别的交叉中来，很多学者指出女性主义理论对残疾研究的开启具有重要意义，它的一些研究方法可以直接拿来思考残疾问题，避免重复费力。如女性主义认识论中的"立场理论"（standpoint theory）指出不同的

① Douglas C. Baynton, "Disability and the Justification of Inequality in American History", in Lennard J. David, ed., *The Disability Studies Reader* (*Fourth Edition*), New York and London：Routledge, 2013, pp. 30 – 31.

社会地位赋予人可靠性不同的认识主体角色，而这适用于对残疾人视角或经验的评价，使人们注意到残疾人常常占据认识论意义上的优势位置。反过来说，残疾研究对性别研究也有所助益，如格兰德－汤普森在《吸纳残疾，转换女性主义理论》（"Integrating Disability, Transforming Feminist Theory"）一文中指出对残疾问题的思考可以"深化、拓展和挑战女性主义理论"①。她从四个方面阐述了这种观点：第一，同于本节所述，女性身体常常在社会的表征系统中被看成是"残疾的"；第二，对残疾问题的分析也防止女性主义理论过分关注话语空间（discursive realm），忽视对身体物质性或切身经验的研究；第三，在性别研究中引入残疾向量可以透视特定女性个体身份的复杂性，认识到"没有一个女人仅仅是一个女人，她的主体性是多维度的，并且归属不同的文化性的身份范畴"②；第四，残疾也可以深化女性主义运动，如格兰德－汤普森分析指出大众文化中一些身体残缺的女模特形象"既与（资本主义中）压迫所有女性的美学体系串通在一起，也对它构成了批判"③。

第四节　残疾与动物伦理论证中的争议

20世纪下半叶，随着种族解放运动、性别解放运动等的开展，西方世界又掀起了动物解放运动。很多学者围绕动物是否拥有道德地位（moral status）问题展开了激烈的争论。同种族和性别情形类似，残疾范畴也被拉到动物伦理的探讨中来。由前文可见，种族主义和性别主义的意识形态曾长期或隐或显地宣扬非白人种族和女性群体的身体有生理缺陷，以执行对他们的污名化和压迫进程。反抗这种意识形态的一些观点不是去反对机能歧视立场，而是急欲撇清非白人种族和女性同残疾的关系，论证他们没有先天生理缺陷，由此同主流群体一样也具有完全的道德和政治主体地位，所以这种立场强化了对残疾群体的污名化和歧视性态度。这里支持和反对不平等的立场都复刻了

①　Rosemarie Garland-Thomson，"Integrating Disability, Transforming Feminist Theory"，*NWSA Journal*，Vol. 14，No. 3，October 2002，p. 1.

②　Rosemarie Garland-Thomson，"Integrating Disability, Transforming Feminist Theory"，*NWSA Journal*，Vol. 14，No. 3，October 2002，p. 17.

③　Rosemarie Garland-Thomson，"Integrating Disability, Transforming Feminist Theory"，*NWSA Journal*，Vol. 14，No. 3，October 2002，p. 27.

残疾范畴在社会的价值和意义体系中的消极色彩。与此略为不同，当代动物伦理对残疾范畴的运用是为了论证（某些）动物具有同人类一样的道德地位，是为了动物解放的目的。这里乍看以某些智力和精神残疾人具有完全的道德地位为论据，但仍然招致了很多残疾研究学者和残疾人权利拥护者的批判。

动物是否和人一样拥有道德地位？这是当代动物伦理学所关注的核心问题。西方伦理学史中的很多经典理论直接否认这一点，如亚里士多德的目的论指出自然界中的无数存在处于一种等级结构中，人类所处的等级次序高于动物，后者仅仅为了满足前者的需要而存在。康德的道德学说则认为有无自主性对于某一存在的道德地位具有决定性作用。人和动物都受本能冲动所驱使，但是动物与人不一样的地方是它的行为仅仅为这种作用力所决定，或者说它们完全被禁锢在自然必然性中，而人却可以超越这一点，例如饿了，人可以选择吃或不吃，或者是为了保持体型，或者是为了绝食以抗议。人有自主性和善良意志，所以人有充分的道德地位，而动物绝非如此。类似的观点在马克思的《1844 年经济学哲学手稿》中也能找到，这里马克思强调了人与动物的根本区别：

> 动物和自己的生命活动是直接同一的。动物不把自己同自己的生命活动区别开来。它就是自己的生命活动。人则使自己的生命活动本身变成自己意志的和自己意识的对象。他具有有意识的生命活动……有意识的生命活动把人同动物的生命活动直接区别开来……
>
> 通过实践创造对象世界，改造无机界，人证明自己是有意识的类存在物，就是说是这样一种存在物，它把类看做自己的本质，或者说把自身看做类存在物。诚然，动物也生产。动物为自己营造巢穴或住所，如蜜蜂、海狸、蚂蚁等。但是，动物只生产它自己或它的幼仔所直接需要的东西；动物的生产是片面的，而人的生产是全面的；动物只是在直接的肉体需要的支配下生产，而人甚至不受肉体需要的影响也进行生产，并且只有不受这种需要的影响才进行真正的生产；动物只生产自身，而人再生产整个自然界；动物的产品直接属于它的肉体，而人则自由地面对自己的产品。动物只是按照它所属的那个种的尺度和需要来构造，而人却懂得按照任何一个种的尺度来进行生产，并且懂得处处都把固有的

尺度运用于对象；因此，人也按照美的规律来构造。①

这些理论都否认动物拥有直接的道德地位，但是这并不代表它们认为把动物当工具随意处理、对动物残忍毫无问题。以康德的道德哲学为例，一些文本表明他认为人对动物具有"间接义务"："对造物的有生命的、但无理性的部分而言，这种义务……都间接地属于人的义务，亦即就这些动物而言，但直接地来看，这种感激往往只是人对自己的义务。"② 人对动物的义务是人对人的义务的延伸，如何对待动物，在某种程度上也是如何对待人类自身的问题。同样，皮特·卡拉瑟斯（Peter Carruthers）也指出：

> 那种行为——如为了好玩儿虐猫——之所以是错的，因为这很残酷。它们表达了一种对痛苦的冷漠，并可能在虐猫的人与其他理性主体的交往中表露出来。所以即便这种行为可能不会侵害权利，它也是错的，而这无关于对动物爱好者的影响。③

与上述理论不同，当代动物伦理学家辛格和汤姆·雷根（Tom Regan）认为动物具有和人一样的道德地位，并应该得到和人一样的道德考量。1970 年，理查德·瑞得（Richard Ryder）合成了"物种主义"（Speciesism）一词，指代以人类为中心的物种偏见。辛格使该词流行起来。他在一篇文章中把它类比为种族主义："当存在其所属种族与其他种族之间的利益冲突时，种族主义者由于更重视自身种族成员的利益而违背了平等原则。与此类似，物种主义者重视其所属物种的利益而胜过其他物种成员的更大利益。这两种情况类似。"④ 种族主义以某一种族归属为优，以其他种族归属为劣，而歧视和压迫后者。但是肤色差异真得在道德考量中具有如此重要的作用吗？前文已指出，种族主义的意识形态常以有色人种具有生理缺陷为依据，而证明它们的劣等

---

① 《马克思恩格斯文集》（第 1 卷），人民出版社 2009 年版，第 162—163 页。

② ［德］伊曼努尔·康德：《道德形而上学》，李秋零译，中国人民大学出版社 2013 年版，第 220 页。

③ Peter Carruthers, *The Animals Issue*: *Morality in Practice*, Cambridge: Cambridge University Press, 1992, pp. 153–154.

④ Peter Singer, "All Animals are Equal", *Philosophic Exchange*, Vol. 5, No. 1, 1974, Article 6.

性。但是，多数这样的观点已被证明为刻板偏见，并无可靠的生物学基础。白种人和其他人种之间即便存在一些明显差异，也或者是不同的社会环境造成的，或者是无关紧要和偶然的，并不应该在道德考量中占据一席之地。本书论述了机能歧视的立场。它和种族主义类似，也是赋予人的某种偶然特质——具有所谓"健全"的生理机能，如行动、看、听、说等——以重要的价值。但是如芬克尔斯坦的寓言所表明的，残疾并非单纯的个人问题，它具有社会构成性，亦如批判的残疾理论所揭示的，表面上看似纯粹的生物性因素即身体残损实际上与特定社会的知识/权力话语密切相关，从某种层面上说是后者生产出来的，所以身体机能健全与否不应该在道德考量中占据人们往常所赋予它的关键位置。物种主义亦可以这种思路来理解：

> 人类是归属智人（*Homo sapiens*）物种的成员，这无疑是人类的一个显著特征——人类具有共同的基因构成和独特的生理机能，都起源于人类怀孕，但这从道德角度来看并不重要。物种成员资格在道德上是一个无关紧要的特征，是一种运气，在道德上并不比出生在马来西亚或加拿大更应该令人关注。作为一个在道德上无关紧要的特征，它不能作为一种观念的基础，即我们的物种应该得到其他物种成员得不到的道德考量。[①]

这里物种归属也被看作一种类似运气的偶然因素，并不事关道德考量。可以看出来，该立场与道德常识大相径庭，因为既然物种归属是一种运气，那么某一存在的道德主体地位也不应该取决于它，以加州大学圣克鲁兹分校哲学教授哈拉维身边的卡宴·佩珀（Cayenne Pepper）和罗兰（Roland）为例，以它们是狗所以否认其有任何的道德主体地位，并认为哈拉维对其没有任何义务属于一种典型的物种主义观点，为当代很多动物伦理学家所批判。种族主义是错误的意识形态，有色人种与白人应该不分种族而平等；性别主义是错误的意识形态，男女应该不论性别而平等；机能歧视也是一种错误的意识形态，无论人的身体机能如何，是否拥有罗尔斯所说的两种道德能力，是否能

[①] Lori Gruen, "The Moral Status of Animals", *The Stanford Encyclopedia of Philosophy*, Summer 2021, https://plato.stanford.edu/archives/sum2021/entries/moral-animal.

行动、视、听、说等，都不应该作为社会不关照其合理诉求的充分理由；那么如果物种主义也是错误的意识形态，人和其他物种尤其一些动物是否也应该不论物种归属而平等呢？自从人类降生起，动物于人常常是一种食物来源，狩猎的低效和不稳定性驱使人类尝试对其进行饲养，由此驯化改良了很多野生动物。而工业革命以来，传统社会的动物饲养方式逐渐被抛弃，那种大规模的以获取动物的肉、乳和皮毛等为专一目的生产模式得以推广①，为人类供应了大量的生活必需品。那么按照反物种主义的主张，人类或许要以违背道德主体间平等尊重的理念为由而放弃对动物的流水线式饲养和杀戮了。另外，人类对动物的利用不仅表现在获取生活必需品一面，动物也常常用于科学实验，如 2022 年 1 月，马里兰大学医学团队成功将一只猪的经过基因编辑的心脏植入一名 57 岁的心衰患者体内，推动了异种器官移植技术的进步。供体猪之所以要进行基因编辑，是为了避免超急性免疫排斥和内源性逆转录病毒感染等问题，而且这样的猪脱离了常规的生长环境，在特定的无菌环境中培育。按照反物种主义的观点，在培育供体猪时违逆猪的本性，最终又摘取其器官并致其死亡的做法似乎也与当代动物伦理相悖。除了这些，人类还常以动物为劳动工具，并发明了很多从动物表演中取乐的方式（如马戏团中常见的），这些都需要加以禁止吗？

辛格和雷根在对动物道德地位的论证中都使用了"边缘人案例"（marginal case）。其基本逻辑是假如人们认可某些智力和精神残疾者（所谓的边缘人）具有同其他人一样的道德地位，那么动物也应该如此，因为动物也具有边缘人的一些特质。或者说，很难找出一种特质是所有人（包括边缘人）都具有且确证人的道德地位，而又同时不为动物所具有的。就辛格而言，以边缘人案例来论证动物的道德地位的逻辑是这样的：

　　1. 为了得出所有且只有人类才应得完全和平等的道德地位的结论（因此没有动物应得完全和平等的道德地位），必须存在某种为所有且只有人类才具有并为这种主张提供基础的属性 P；

---

　　① 某些现代生产模式因为对待动物的方式极为残忍而饱受争议，如在欧美国家的肉牛生产企业中，牛被置入 6/2.5/3 英尺见方的"妊娠板条箱"（gestation crate）中，终生不得站立和转身，在饲养过程中也被维持一种贫血状态，以获取酥软的白牛肉供人食用。北欧国家很早就已禁止这种牛肉生产模式，欧盟也已从 2013 年开始逐步淘汰这种生产方式。

2. 任何只有人类所拥有的属性 P 也是（某些）人所缺乏的属性（如边缘人案例）；

3. 任何所有人都拥有的属性 P 也为（大多数）动物所有。

因此无法辩护所有且只有人应得完全和平等的道德地位。[①]

道德哲学中一些属性被看作人类完全和平等的道德地位的基础，如康德学说中的理性，青年马克思的"有意识的类存在"，罗尔斯的两种道德能力等。这些被看作只有人类而非动物才拥有的属性。但是仔细追究就会发现一些人并不具有这样的属性，如就康德的理论而言，第五章第二节曾提及精神残疾者没有健全的理性，但常识并不会以此否认其道德地位；第九章也指出，罗尔斯对正义之环境的规定将一些残疾人排除于社会契约论之外，制造了"局外人问题"，而努斯鲍姆对这种立场进行了批判。所以说，即便一些理论家提出了所谓的"只有人所具有的属性 P"，并以其为重要的道德品质，但仔细追究起来，也总是存在一些边缘人并不具有这样的属性，并被排除于相关理论设定之外，而这种理论是现当代很多极力拓展平等论域的道德哲学家所反思和批判的对象。所以说上述论证逻辑中的第 2 点是没有问题的。

如果选择那些为所有人，包括智力和精神残疾者所共有的一些属性为人之完全和平等的道德地位立论，那么一些动物也似乎具有这样的属性。最突出的例子是感受快乐和痛苦的能力。这种能力不仅为所谓的正常人，也为智力和精神残疾人，如第五章第二节提及的塞莎、亚瑟和杰米等所拥有。这似乎更具普遍性，避免了以理性、有意识的类存在、两种道德能力等作为最重要的道德品质所导致的对边缘人的排除问题，因此更加符合人们的道德常识。但是这又陷入过于宽松的境地，因为很多动物明显也能够感受快乐和痛苦。功利主义者强调对快乐和痛苦的研究，这种研究有时不仅指涉人类，也指涉动物。在边沁的《道德与立法原理导论》中有一段话契合当代动物伦理的主

---

① Lori Gruen，"The Moral Status of Animals"，*The Stanford Encyclopedia of Philosophy*，Summer 2021，https://plato. stanford. edu/archives/sum2021/entries/moral-animal/. 雷根将边缘人案例表述为："的确，动物缺乏人类所拥有的许多能力。他们不能阅读，不能做高等数学，不能做书柜，也不能做 baba ghanoush（一种茄泥酱）。然而，许多人也不能，但我们不（也不应该）说他们（这些人）因此比其他人具有更少的内在价值，更少受到尊重的权利。"参见 Tom Regan：*The Case for Animal Rights*，Berkeley，CA：University of California Press，pp. 10 – 11。

张，并经常被引用：

> 有没有理由允许我们去折磨它们（指动物）？我看不出有任何理由。有没有理由不允许我们去折磨它们？有的，有若干理由……有这样的时代（而且我们伤心地说在许多地方它仍未过去），人类的较大部分在奴隶名下，被法律当作与低等动物（例如在英国）至今所处地位完全同等的东西来对待。可能有一天，其余动物生灵终会获得除非暴君使然就决不可能不给它们的那些权利。法国人已经发觉，黑皮肤并不构成任何理由，使一个人应当万劫不复，听任折磨者任意处置而无出路。会不会有一天终于承认腿的数目、皮毛状况或骶骨下部的状况同样不足以将一种有感觉的存在物弃之于同样的命运？还有什么别的构成那不可逾越的界限？是理性思考能力？或者，也许是交谈能力？然而，完全长大了的狗和马，较之出生才一天、一周甚至一个月的婴儿，在理性程度和交谈能力上强的不可比拟。但假设是别种情况，那又会有什么用？问题并非它们能否作理性思考，亦非它们能否谈话，而是它们能否忍受。[①]

这里边沁将动物在人类社会的处境与黑人在奴隶社会的处境类比，指出没有任何可靠的依据来合理化人类对动物的残酷对待。重要的不是什么理性思考和交谈的能力，而是感受快乐和痛苦的能力，这样的能力也同样为动物所拥有，所以人们应该给予动物"除非暴君使然就决不可能不给它们的那些权利"。

因为动物和一些包括智力与精神残疾人在内的边缘人具有类似的品质，而这样的品质又似乎赋予了边缘人与其他人同样且完全平等的道德地位，那么动物也应该具有这种道德地位。这是为当代动物伦理立论的边缘人案例的逻辑。但是边缘人案例在残疾研究领域引起了广泛的争议。残疾研究学者指出，"边缘人"（marginal）一词带有明显的贬义色彩。近几十年，残疾权利运动和残疾研究学科的发展都是在反对社会对残疾人群体的歧视和边缘化问题。社会模式向大众说明残疾并非简单地是个人的生理问题，而可能是漠视残疾人利益诉求的社会生产出来的，因此残疾人的边缘化处境可能是非正义的，是多元和公正的社会须要加以反对的。动物伦理中"边缘人"一词的使用似

---

① ［英］边沁：《道德与立法原理导论》，商务印书馆 2000 年版，第 349 页。

乎强化和默认了肢体残疾人、盲人、聋人、自闭症者、唐氏综合征患者等的边缘化处境，这自然引起了残疾研究学者的反对。而且，"边缘人案例"的问题并非仅仅在于称谓。一些残疾研究学者指出，它的目的虽然是论证动物和残疾人乃至整个人类具有平等的道德地位，但看起来却像把残疾人与动物混为一谈，或者说把残疾人降低到动物的位置。须知当代动物伦理的一些研究者并非坚决地拒绝以获取食物和科学实验为目的对动物进行杀戮，只要这种杀戮尽可能是无痛的，那么将动物与残疾人画等号，是不是意味着也可以如此对待残疾人呢？动物伦理学家为了论证的便利和有效性而借用了残疾范畴，但这并没有如其所愿地解决了动物道德地位如何的问题，反而又引起了一些新的问题。深入反思和研究残疾范畴的本质，可能不仅于理解残疾人问题有益，也可能为解决种族不平等、性别不平等以及人与其他物种的关系问题等提供借鉴。

第八章 残疾与运气：后果论正义观中的残疾问题

"没有人应该仅仅由于一些其本人并没有冒险招致的偶然事件而比别人拥有更少的有用资源和机会。"① 这是当代西方影响较大的平等思想——运气平等主义（luck egalitarianism）的代表性观点。毋庸置疑，个人的命运并非完全掌握在个人手里，总有一些个人通过理性选择和努力奋斗也突破不了的发展瓶颈。制造这种瓶颈的包括个人的自然禀赋、家庭和阶级状况等，运气平等主义者称此为偶然因素，并认为它们所制造的不平等是非正义的，需要采取措施减轻它们对人之命运的差异化摆布。以此来理解残疾问题，如果个人的残疾是先天的或偶然招致的，那么它也属于这样的偶然因素，个人因其而遭受的劣势处境也是不应得的，社会遂应该采取措施补偿他们，罗尔斯也曾表述过此类观点，他说，在其正义理论中，"人们同意相互分享各自的命运"②。

第一节 运气平等的主要思想

道德哲学中有后果论（consequentialism）和义务论（deontology）之区分。后果论一般规定了某种事态是可欲的，而某种行为或行为的动机如果推动了这种事态的实现则是正当的，反之则是非正当的。后果论也常常被称为目的论（teleology），顾名思义它规定了实现这种事态的目的，道德哲学中最典型的后果论是功利主义，如经典功利主义以"最大多数人的最大幸福"（greatest happiness of greatest number）为最可欲目标，规定凡能增进人群快乐感总量的

---

① Eric Rakowski, *Equal Justice*, New York: Oxford University Press, 1991, p. 1.
② ［美］罗尔斯：《正义论》，何怀宏等译，中国社会科学出版社 1988 年版，第 79 页。

行为即是正当的，而"在当代道德哲学中，义务论是关乎哪种选择在道德上是必要的、禁止的和允许的规范理论之一种"①。与此相关，某种具体的义务论体系常常要提出作此种判断的原则。契约论常常被看作义务论的一种，本书第九章即涉及契约论框架中的残疾问题。需要指出，后果论与义务论的区分并不十分明晰，义务论伦理学也并非完全不关注后果，诚如罗尔斯所言，"所有值得我们注意的伦理学说在判断正当时都考虑了结果。不这样做简直就是无理的、发疯的"②。

当代西方政治哲学中存在一种很强的理论倾向，即在分配的框架内谈论平等。对于相关理论家来说，道德上可欲的状态是在对某物的分配上实现了人人平等的状态，或者这样的平等状态被当作一种基线或标准，某些因素可以合理化对这种基线或标准的偏离。由此可见，这样的平等思想属于一种后果论，或者如帕菲特所说，可以被称作"目的论平等主义"（teleological egalitarianism）③，我们也可以称之为分配平等。分配平等理论家围绕两个问题展开了争论，第一个是平等主义的通货问题，也就是什么对人而言最重要并应该平等分配的问题，对此的答案各异，包括福利（主要理解为偏好的满足而非快乐感）、福利机会、资源、能力、优势等。平等主义通货之争可能涉及道德哲学一些根本性的问题，这里存而不论。第二个问题涉及什么因素能辩护对平等状态的偏离，或者说什么因素可以为一种不平等状态的出现辩护。从问题的提出可以看到，当代平等理论家并不赞同那种简单粗暴的结果平等，如罗纳德·德沃金（Ronald Dworkin）所说，"没有人会严肃地把这作为政治理想：完全无区别的平等不仅是一个弱的或很容易被其他价值压倒的政治价值。它根本就没有价值：拿劳作者的果实送给那些本可以工作但选择无所事事的人，这种世界不值一提"④。德沃金这里所说"本可以工作但选择无所事事的人"不应得与努力工作的人相同的平等通货，换句话说，责任因素可以为一种不平等辩护。

---

① Larry Alexander and Michael Moore，"Deontological Ethics"，*The Stanford Encyclopedia of Philosophy*，Winter 2021，https：//plato. stanford. edu/archives/win2021/entries/ethics-deontological/.

② John Rawls，*A Theory of Justice*，Cambridge，Mass：Harvard University Press，1971，p. 30.

③ 参见 Derek Parfit，"Equality and Priority"，*Ratio*（*new series*），Vol. 10，No. 3，December 1997，pp. 202 – 221。

④ Ronald Dworkin，*Sovereign Virtue*：*The Theory and Practice of Equality*，Cambridge，Massachusetts：Harvard University Press，2000，p. 2.

运气平等主义可以看成对第二个理论问题的一种回答，它典型地体现在拉科夫斯基的平等观点中，即"没有人应该仅仅由于一些其本人并没有冒险招致的偶然事件而比别人拥有更少的有用资源和机会"，也就是说，一种不平等局面如果不是由个人选择造成的，没有体现出责任因素，那么它就是不正当或非正义的，社会需要采取措施加以应对。运气平等中的"运气"指的是这样的偶然事件，而"平等"指的是使这种偶然事件的效应平等化。

从运气平等的立场来看，一些先天残疾，如先天性聋哑、先天性肌紧张病、遗传性小脑性共济失调以及很多精神残疾如唐氏综合征、自闭症等，和后天偶然招致的残疾，如在一次自然灾害中失去视力，失去双腿等都很难说可以归咎于残疾人本身或其他什么人，它们不是残疾个体自己选择的，也不是其他人造成的，而是运气平等主义者所说的偶然因素引起的。这样的偶然因素常常会置主体于非常不利的境地，导致人群中出现一种严重的不平等局面。这样的残疾人"拥有更少的有用资源和机会"，可是这不是他们"冒险招致的"，也不应该由他们来承担这样的代价。运气平等主义者指认这是一种非正义的状况，应该由社会采取补偿或其他的一些措施来应对该问题。需要指出的是，这里并没有把残疾看作仅仅与慈善相关，而是上升到了正义的层面，不是可有可无的问题，而是应当和必须的问题，社会如果放任不管，并不仅仅缺失了慷慨、大度的美德，而且缺失了罗尔斯所说的社会制度的"首要德性"。

对残疾问题的这种处理方式可以放在人类追求实现平等理想的道路中来理解。近代社会以来，人们最先通过斗争消除了政治上的等级制，从此人人平等的主张在政治和法律意义上基本获得保证。自此之后，无论政治还是社会生活中的一些机会逐步向所有人开放，社会在原则上奉行了唯才是举而非唯血缘、唯等级是举的机会平等原则。这种平等也被称作"形式的机会平等"，其之所以是"形式的"，是因为它仅仅在法律层面保证了大部分人参与各种社会生活的机会，然而人们在现实生活中对自己命运的把握程度仍然有很大区别。这样的体制类似罗尔斯所说的"自然的自由体系"（system of natural liberty），其中人们仍然为一些社会或自然的偶然因素所摆布："自然的自由体系最明显的不正义之处，就是它允许分配的份额受到这些从道德观点看是非常任性专横的因素的不恰当影响。"[1] 伯纳德·威廉姆斯（Bernard Wil-

---

[1] ［美］罗尔斯：《正义论》，何怀宏等译，中国社会科学出版社1988年版，第56页。

liams）曾以他的"武士社会"为例说明这一点：在某个社会里，拥有武士称号的人具有极高的政治和社会地位，这样的人原来只从某个特定的群体选拔，选拔的标准是身体强健程度；其他群体的反对声越来越强烈，最终机会平等的改革得以推行，从此所有人都有资格参选武士了，而且选拔的公平程度也受到了有效监管，一种平等的局面似乎实现了；但是很久之后人们发现，获得武士称号的人仍然主要来自原先的特权群体，原因在于，该群体也是社会财富的主要保有者，很多人能给子女提供最优异的成长条件，也能为一些最科学的体能训练技术支付昂贵费用，而其他群体的人则做不到这一点。① 家庭出身虽然没有给予一些人参选武士机会的特权，但却使他们用其他方式攫取了武士称号。一个人的家庭出身并非个人所能选择，这种因素给某些人带来了好处，给某些人制造了负担，平等主义理论家认为这同样是不公正的。所以形式的机会平等并不能保证平等理想的真正实现，家庭或阶层这样的社会偶然因素会形成阻碍。有鉴于此，罗尔斯提出正义社会应该推行"公平的机会平等"（fair equality of opportunity）原则：

> 假定有一种自然禀赋的分布，那些处在才干和能力的同一水平上、有着使用它们的同样愿望的人，应当有同样的成功前景，而不管他们在社会体系中的最初地位是什么。在社会的所有部分，对每个具有相似动机和禀赋的人来说，都应当有大致平等的教育和成就前景。那些具有同样能力和志向的人的期望，不应当受到他们的社会出身的影响。②

天赋能力相同、成就动机相同的人应该有相同的成功前景，而"不应当受到社会出身"的影响，这种平等思想为当代社会的大多数人所信从。但是哈佛大学著名伦理学教授托马斯·斯坎伦（Thomas Scanlon）指出，罗尔斯的公平的机会平等原则要通过十分激进的社会改革才能落实，因为家庭对子女的优势传递有多种多样的表现形式，很难彻底斩断。当代社会已经实施了一些政策来减轻它的影响，如征收高比例的遗产税、限制贵族式私立教育的发

---

① 参见 Bernard A. O. Williams，"The Idea of Equality"，in Louis P. Pojman, Robert Westmoreland, eds.，*Equality*：*Selected Readings*，New York：Oxford University Press，1997，pp. 99 – 100。

② ［美］约翰·罗尔斯：《正义论》（修订版），何怀宏等译，中国社会科学出版社 2009 年版，第 56—57 页。

展等，这在某种程度上促进了阶层流动性和社会公平。

很多平等思想家指出，即便公平的机会平等原则得以贯彻，或者说社会偶然因素的影响得以平等化，人们还会受到自然偶然因素的摆布，由此导致的不平等也是成问题的。这里的自然偶然因素主要指人的自然天赋，而个体对于这种因素也是无可奈何的。古人即已注意到这一点，如柏拉图说上天在造人的时候加入了不同的元素——黄金、白银和铜铁，由此不同的人有不同的德行。马克思也认为在共产主义社会第一阶段，"劳动者的不同等的个人天赋，从而不同等的工作能力，是天然特权"①。而罗尔斯也指出对于贯彻了公平的机会平等原则的社会来说，"即便它完善地排除了社会偶然因素的影响，它还是允许财富和收入的分配受能力和天赋的自然分布决定"②。他有时候将自然偶然因素称作"自然抓阄"（natural lottery），强调天赋能力的随机性或者说不为个体所选择和决定的特性。十分明显，天赋能力的差异也能制造人与人之间的巨大不平等。如有的人耐力强，可以成为一名出色的长跑运动员，这给他带来平常人无法企及的名利；有的人智商高，可以拿到高学位并从事科研工作，这样也可以获得平常人无法获得的高回报；有的人天生丽质，可以走平常人走不了的娱乐演艺之路，成为一名万人追捧的明星；等等。这些人的成功秘诀很大程度上似乎来自他们的基因，而非个人选择。然而"对一出生就含着银匙的人可说的同样适用于一出生就带有黄金基因（golden genes）的人"③，家庭会对个人传递优势，自然能力同样会给个人带来生存优势，很多平等思想家认为这些都是公正社会需要认真对待的。一些先天和后天偶然形成的残疾会给人带来深重的生存劣势，同样也并非个人可以选择或逃避的，因此也属于自然偶然因素，运气平等主义者把这样的坏运气拉入正义的规范领域，试图通过一些手段减轻它们对人之命运造成的差异化影响。

第二节　对残疾的补偿方案

在论述运气平等主义对残疾问题的处理方式之前，先来看一下罗尔斯对

---

① 《马克思恩格斯选集》（第3卷），人民出版社2012年版，第364页。
② ［美］罗尔斯：《正义论》，何怀宏等译，中国社会科学出版社1988年版，第57页。
③ Thomas Nagel, "Justice and Nature", *Oxford Journal of Legal Studies*, Vol. 17, No. 2, Summer 1997, p. 309.

自然偶然因素的处理方式，毕竟运气平等主义受到罗尔斯理论的影响。罗尔斯指出，"自然资质的分布无所谓正义不正义……正义或不正义是制度处理这些事实的方式"①，那么如何处理自然资质或天赋能力的差异化分布呢？罗尔斯说：

> 社会基本结构可以如此安排，用这些偶然因素来为最不幸者谋利。这样，如果我们希望建立这样一个社会体系，它使任何人都不会因为他在自然资质的分布中的偶然地位或者社会中的最初地位得益或受损而不同时给出或收到某些补偿利益，我们就被引导到差别原则。②

差别原则规定"社会和经济的不平等"应该"有利于社会之最不利成员的最大利益"③。这里罗尔斯允许一些人利用自己突出的自然能力获得经济利益，但是有一个限定条件，即由此产生的不平等应该有助于改善社会中最不利群体的生活处境。这样自然能力就不仅造福了具有这种能力的人，也产生了溢出效应，改善了最不利群体的处境，自然抓阄所形成的差异化的能力分布就转换成了共同的或社会的资产。罗尔斯也指出，"差别原则实际上代表这样一种同意：即把天赋的分布看作是在某种意义上的一种共同资产，可以共享这种由这种天赋分布的互补性带来的较大社会与经济利益"④，也就是说，"人们同意相互分享各自的命运"。

联系到残疾问题，人们会有一种误解，即认为那些先天残疾人或因偶发事故而受到伤害的残疾人是社会的最不利群体，而自然能力突出者在充分发挥自己的才能而收获经济回报时，应该增益这些群体的生存状况。但是罗尔斯对最不利群体的界定"完全依据于人们所拥有的那些社会的基本益品，如权利、机会、财富等。他没有把人们所拥有的那些自然的基本益品作为确定最不利者的因素"⑤。由此可能出现这样的情况：某些残疾个体因为持有一定

---

① ［美］约翰·罗尔斯：《正义论：修订版》，何怀宏等译，中国社会科学出版社 2009 年版，第 78 页。
② ［美］约翰·罗尔斯：《正义论：修订版》，何怀宏等译，中国社会科学出版社 2009 年版，第 78 页。
③ ［美］约翰·罗尔斯：《作为公平的正义：正义新论》，姚大志译，中国社会科学出版社 2011 年版，第 78 页。
④ ［美］约翰·罗尔斯：《正义论》（修订版），何怀宏等译，中国社会科学出版社 2009 年版，第 77—78 页。
⑤ ［加］威尔·金里卡：《当代政治哲学》，刘莘译，上海三联书店 2003 年版，第 133 页。

量的社会益品而没有划入最不利者群体，而自然能力突出者反倒可能会被划入。这就形成了这样的局面——"有较好禀赋的人仍然拥有禀赋带来的自然益处，而身心残障者缺少这样的益处——但却是他们本来不应该缺少的"①。所以一些学者认为差别原则并没有将自然才能完全转化为共同资产。针对这样的问题，一种解决方案要求把人们的自然才能集中加和，然后再作均分处理，使每个人都拥有相等的一份。当然能力不能像蛋糕那样分割，这种观点只是指出我们可以要求自然能力突出者与先天残疾者分享自己的能力，例如在某个时间段后者对前者如何运用自己的才能下命令，并要求得到相应的回报。这种观点听起来很荒谬，它没有考虑自然能力突出者的个人偏好和工作意愿，被德沃金称作"人才奴隶制"（slavery of talented）。

　　如何使自然偶然因素为"最不幸者谋利"或者让那些因"在自然资质的分布中的偶然地位"而得益的人出让一些利益呢？德沃金设计了一个精致的平等理论，以试图解答这样的问题。他首先指出平等主义的通货是资源，而非福利等其他一些东西。这样的资源包括外在于人的物质资源，也包括人的精神和生理能力，因为后者对于个人的追求也能"提供手段或形成妨碍"②。真正平等的社会应该是资源平等的社会，也就是每个人占有的物质资源和能力资源加和相等的社会。但是能力资源不像土地、资金、劳动工具等可以在人际间进行自由转移，那么如何抵消能力这种偶然因素给不同人造成的差异化影响呢？德沃金认为可以通过转移物质资源来消弭这种差异，也就是"确定独立的物质资源的所有权应当在多大程度受到存在于生理和精神能力中的差别的影响"③。也就是说，在分配物质资源时，生理和精神能力较弱的人，如先天聋哑者或唐氏综合征患者应该得到的更多；而身心能力较强者，如有潜力做运动员的人和智商很高的人应该得到的更少。那么怎样实现这样的资源补偿呢？德沃金假想了一种"保险"策略：

　　　　在"无知之幕"中，人们知道他们可能遭受的身体残疾、该残疾的

① ［加］威尔·金里卡：《当代政治哲学》，刘莘译，上海三联书店2003年版，第134页。
② ［美］德沃金：《至上的美德：平等的理论与实践》，冯克利译，江苏人民出版社2012年版，第79页。
③ ［美］德沃金：《至上的美德：平等的理论与实践》，冯克利译，江苏人民出版社2012年版，第77页。

发生机率以及自己的人格特质等信息，而不知道自己是否真有这种残疾以及自己人格特质的社会价值等信息；这时有平等支付能力的人们为自己可能会有的霉运投保，社会将模拟这种投保结果而设计一种税收制度以从处于自然优势的人那里征收"保费"，转移补偿给处于自然劣势的人做"保金"。①

这里德沃金假定所有人处于"无知之幕"中，并不知道自身的自然能力水平，但他们遭受残疾或成为天才的概率是相等的，这时予人以平等的支付能力，来让他们为自己可能有的霉运投保。如果有人厌恶冒险，并投了很多保费，假定无知之幕撤去后，他们发现自己确实患有先天残疾，那么他们就可以获得相应的补偿；如果他们赌输了，他们交的保费就可以转移补偿给那些交了保费的残疾人。当然，德沃金的方案是纯理论化的，它对现实生活的指导意义还需要仔细分析。总之，德沃金希望通过这种"保险"，把人们自己无法选择的运气，亦即是否先天残疾，是否后天偶然招致残疾，天赋能力是否出色，等等，转化为可以选择并为之负责的事情，最终目的是让资源分配"敏于志向"（ambition-sensitive），亦即受个人选择和努力程度的影响，而"钝于禀赋"（endowment-insensitive），亦即不受人们自己所无法决定的因素的影响，先天性残疾或后天偶然罹患的残疾即这样的因素。如果有人不幸有了这种坏运气，他应该获得从运气好的人那里转移给他的补偿。

第三节　补偿残疾的理论问题

平等主义理论家经常以"赛道喻"来论述他们的思想：如果把人生比喻为一场短跑比赛，那么最关键的是使比赛结果公平公正。近代社会以前，等级社会使一小部分人享有参与比赛的特权，限制了普通民众竞取优越社会地位的机会。资产阶级革命爆发后，特权阶级不复存在，所有人都获得了形式的机会平等，都有了在跑道上夺标的资格。但是人们逐渐发现，虽然所有人都可以参加比赛，但他们并非处于同一起跑线上，有的人一出生就在一个很有利的位置，甚至可能在终点线上，无须任何努力就可以过上富足和有名望

---

① 张虎：《当代西方关系平等主义研究》，中国社会科学出版社 2020 年版，第 135 页。

的生活；有的人的起跑点则距终点线很远，即便拼尽全力也取得不了好的比赛成绩。什么原因呢？很多平等学者认为家庭出身深刻地影响个人的起跑点位，父母属于王室成员，属于中产阶层，或者属于蓝领阶层，对儿女会传递大小不同的优势，从而影响比赛结果。这样的"场外因素"使比赛不再公平了，平等学者遂提出了一些应对举措，如在教育领域中限制市场化进程，防止富有家长为后代购买昂贵增益的教育产品，增加遗产税的比例，让富裕家庭的子女无法继承巨额家族财产，等等。这样做就是使比赛结果反映个人的体能和拼搏程度，而非"拼爹"，因为出生在什么的阶层或家庭并不是个人所能决定的，由这种社会偶然因素导致的奖励或惩罚也是任意和不公正的。但是一些学者指出，即便能够消弭社会偶然因素的差异化影响，也不能把所有的运动员拉到同一起跑线上，他们的位置仍然受到一些偶然的、不受他们自身控制的因素的摆布，这就是他们的天赋能力。天赋能力如同阶层和家庭这样的偶然因素一样，也是个人无法负责的，因为拥有多强的天赋能力，完全是主体自身不能选择的，他只能被动承受这带给他的优势或劣势。运气平等主义者认为也应该减轻它们在人群中形成的差异化效应，使比赛完全摆脱场外因素的干扰，只反映运动员的拼搏程度，毕竟只有选择拼搏，还是选择懒怠是个人能够负责的，他们也相应地应得奖励或惩罚。从运气平等立场出发理解残疾问题，我们知道很多残疾并非个体所能负责，也找不到可以为它们负责的其他主体，它们也是一些能够带来生存劣势的偶然和任意性因素，也就是说，这样的残疾使运动员在跑道上处于一个很不利的位置，而这类运动员并不应得这样的惩罚。运气平等主义者指出，为使比赛公平，应该平抑自然能力差异化的影响（如把残疾人的起跑点提前？），使比赛结果反映个体的努力程度，而不是反映其是否偶然地身患残疾。

当代平等主义者之所以如此重视努力程度等个体可以掌控的因素，用G. A. 科恩的话来说是为了"吸收反平等的右派的武器库中最有力的观点——选择和责任的观点"[①]。因为以往平等理论遭受的最主要攻讦就是惩罚勤奋的人、奖励懒惰的人，使人们不再积极地参与生产。平等主义者反驳说自己并非追求简单的结果平等，而是机会平等，努力减轻社会或自然偶然因素在人群中造成的差异化影响，让人们都能够在赛道上公平地参与比赛，由此使比

---

① G. A. Cohen, "On the Currency of Egalitarian Justice", *Ethics*, Vol. 99, No. 4, July 1989, p. 933.

赛结果仅仅反映个体的选择和责任。当代西方一些杰出的平等理论家，如德沃金、科恩、理查德·阿内森（Richard Arneson）等都在追求这一目标。他们的理论中隐含着一种区分——个体的选择性因素和环境性因素，前者是个体能够掌控和负责的，后者则是偶然的、个体无法决定的，包括阶层状况、家庭出身，乃至是否残疾等。这些平等思想家认为环境性因素导致的不平等是非正义的，需要国家的再分配手段调节，而选择性因素则并非如此，如科恩所言，"在以区分运气与选择为核心的分配正义理论中，积极的要求是平等化优势，反映选择的那些优势不平等除外"[1]。但是选择—环境的分界线并不十分清楚，对此不同的思想家有不同的看法，如德沃金认为个体的偏好和志向属于选择性因素，而天赋的身体和思维能力属于环境性因素；科恩则指出某些偏好也是非选择性的，也会对相关个体施加不应得的惩罚，公正社会也需要平抑它们的影响。

塞缪尔·舍弗勒（Samuel Scheffler）对选择—环境二元论进行了深入的批判。为什么选择导致的不平等可以为人所接受，而环境造成的不平等则不为人所接受呢？舍弗勒指出其中一种解释是选择或责任因素与人自身的同一性（identification）相关，而环境因素则不然，但是构成个人自身同一性的也包含他的自然能力和他的偏好，它们和其他因素一起构成了某人之所以为某人，所以"无论在选择和环境之间如何画线，与人们同一的一些因素将会落到环境那边"[2]。因此这种解释说不通。还有一种解释是从自由意志主义或非兼容主义（incompatibilitist）的立场出发，"把个人的自愿选择和不能选择的环境之间的区分看作根本的形而上学区分"[3]，唯其如此，才能支撑起运气平等主义者的二元论立场。但是他们并没有对此作认真的辩护，现实生活中，"我们既没有系统地异化于自身同一性中未经选择的方面，也没有对自己作为选择者的角色如此一贯的自信和认同以致把选择的存在和缺失看作如此决定性的重要"[4]。生活中有些事故或灾祸是个人自己造成的，但是我们并没有因为这

① G. A. Cohen, "On the Currency of Egalitarian Justice", *Ethics*, Vol. 99, No. 4, July 1989, p. 934.

② Samuel Scheffler, "Choice, Circumstance, and the Value of Equality", in Samuel Scheffler, ed., *Equality and Tradition: Questions of Value in Moral and Political Theory*, New York: Cambridge University Press, 2010, p. 216.

③ 张虎：《当代西方关系平等主义研究》，中国社会科学出版社 2020 年版，第 71 页。

④ Samuel Scheffler, "What Is Egalitarianism?" *Philosophy & Public Affairs*, Vol. 31, No. 1, Winter 2003, p. 19.

一点而不去救助他。同理，借用罗伯特·诺奇克（Robert Nozick）的例子，我们也不会因为张伯伦的巨额收入部分源自他不能负责的篮球天赋而要对他课以重税，以匀给那些缺乏这种天赋的看台上的球迷。运气平等主义者想使保守主义者的武器为己所用，但是并没有对此做出令人信服的辩护。

以上指出运气平等主义的一个严重的理论缺陷。还需要说明，当根据它的精神来处理残疾问题时，更深层次的问题浮现出来了。一方面，运气平等把先天残疾或后天偶然招致的残疾看作坏运气，看作一种不幸的事件，要求社会对此进行补偿，亦即从没有残疾的人或自然能力突出的人那里转移资源给他们，以使运气造成的影响平均化。这里暗含着残疾是个人厄运的观念。但是由前文可知，当代残疾理论的一个共识是残疾并非个人的生物学或医学问题，而与社会环境的构造紧密相关。残疾的社会模式指出身体残损之所以给主体带来活动限制，原因在于社会环境没有提供合理便利条件；整个社会环境为一种所谓的"正常"身体量身打造，没有考虑其他身体样式的特征，由此制造了残疾群体生活的各种不便。很多残疾研究者指出，异常的身体可能仅仅是一种异常或差异，而并非缺陷，在不以某种霸权性的身体观念为底本而打造得更加包容的社会环境中，残疾人也可能如鱼得水，取得同其他人一样的发展成就。运气平等主义者指出残疾人的生存困境事关正义，而非慈善，这为当代残疾研究学者所赞同，他们不赞同的是残疾是一种个人厄运，仅仅需要通过资源转移而解决。

另一方面，诚如伊丽莎白·安德森（Elizabeth Anderson）所言，运气平等主义"通不过任何平等理论都必须通过的根本性测试：其原则要对所有公民表达平等尊敬和关怀"①，这对于残疾人来说尤为如此。为确定应该给他们补偿多少，国家需要知道他们的生活困境在多大程度上源自他们所不能负责的残疾，在多大程度上源自他们自身的选择（比如懒惰），并只对前一部分进行补偿。借用安德森的例子加以说明，如果推行运气平等的政府要对患癌的某个烟民进行救助，需要收集他的很多个人信息，例如社会压力与他的吸烟行为有多少联系，他是否对这种因果效应做出了力所能及的抵制，他是否浪费了社会提供给他的很多戒烟机会，等等。只有完全掌握了这些信息，政府才能对他们进行符合运气平等主义宗旨的补偿。政治哲学家乔纳森·沃尔夫

① Elizabeth Anderson, "What Is the Point of Equality?" *Ethics*, Vol. 109, No. 2, January 1999, p. 289.

（Jonathan Wolff）认为，"一个人可能会觉得关于自己的某些事情是令人羞耻的，并不想揭露它们。他甚至都不想向他自己揭露"①，而为贯彻运气平等主义的补偿方案，政府要强迫个人公开揭露自己感到羞耻的地方，促使公权力对个人隐私的干预达到十分严重的程度。除了涉及公共权力的越界，运气平等的补偿策略还体现了一种"人的价值的等级关系"，因为它：

> 潜在地要求对人进行分等，它要区分智商高的和弱智的、精明的和傻的、美的和丑的、肢体发育正常的和先天瘫痪的、视力好的和盲的、善交际的和不合群的、有正常偏好的和有非自愿的异常癖好的，等等，后者常常处于分配中的劣势地位……他们可以因为这些原生运气的不利影响而获得政府的补偿，但前提是他们要在政府和公众面前承认并证明自己是弱智的、傻的、不合群的、先天瘫痪的、盲的、丑的、有非自愿的异常癖好的，等等。他们要承认并证明自己在某一方面比正常人差，之后才能凭借盖上公章的确认书去领取国家对其非选择性缺陷的补偿。②

安德森认为运气平等的这种观点复制了过去辱没人性的《济贫法》（*Poor Laws*）体制的某些方面，并没有真正体现人人平等的理想。所以解决残疾问题，仅仅依靠分配手段是不够的，还应该重视对社会环境的改造，为有不同身心特征的人提供利于其成就自我的更多元和更包容的条件。

---

① Jonathan Wolff, "Fairness, Respect, and the Egalitarian Ethos", *Philosophy & Public Affairs*, Vol. 27, No. 2, April 1998, p. 113.

② 张虎：《当代西方关系平等主义研究》，中国社会科学出版社 2020 年版，第 64 页。

第九章　残疾与"局外人问题"：契约论正义观中的残疾问题

契约论传统假定契约主体的能力平等和互利关系，导致了将残疾人群体排除在外的局外人问题。罗尔斯明显认识到该问题对其理论的挑战，认为作为公平的正义对此"可能会失败"。努斯鲍姆认为应该彻底放弃契约论框架，而采用她的能力方法，其他一些学者则对罗尔斯的契约论进行了一定程度的修正，以包容残疾人的诉求。本章最后指出，斯坎伦的非自利性契约论可以为我们解决局外人问题提供理论指引。

第一节　契约论传统中的　"局外人问题"

契约论传统源远流长，努斯鲍姆指出它差不多同哲学一样古老。较早的表述在柏拉图的对话录《克力同》中即能找到，相关内容涉及苏格拉底的好友克力同劝说判处极刑的苏格拉底逃跑，苏格拉底不同意，并说道：

> 他们（指法律）要说："你此刻做的不是践踏和我们所订的约吗？你我订约时，我们对你不强、不欺，不逼你于短时间内决定，七十年时间，你尽可以走，如果我们不合你的意，或者合约对你显得不公平。你经常称赞政、法修明的腊克戴蒙和克累提，以及希腊境内境外的各邦，你都不想去，你比盲与跛和其他残废的人尚且更少出境。本国合你的意过于其他雅典人，显然我们——法律——也合你的意，法律以外，对于一国还有什么可满意的？你如今不想守约了？苏格拉底，你受我们劝，就不

至于逃亡而闹一场笑话。"①

这里苏格拉底指出既然生长于一个国度，未曾计划离开它，就代表着承认一种契约关系，也就是要遵守该国的法律，而且这种契约关系不能因为即将受到法律惩处而加以破坏，如选择逃亡。这种契约思想非常古朴，近代西方出现了比较系统的契约论主张，这首先要提及霍布斯的《利维坦》。霍布斯在这本书中以契约论为武器，反对当时的天赋君权观念。他认为每个人都是心理利己主义者（psychological egoist），都以个人利益为中心而趋利避害。在自然状态中，也就是在没有法律和政府存在的情况下，"人对人是狼"，每个人都可能是自己利益的敌人，都需要谨慎处之；同时，没有一个人的能力十分出众，以致可以绝对压制所有人，因为最弱小的人也能在最强大的人疏忽大意的时候予其致命一击。所以霍布斯的自然状态是纯粹的战争状态，人们在其中朝不保夕，没有稳固可靠的安全感：这里"不可能有任何事情是不公道的。是和非以及公正与不公正的观念在这儿都不能存在。没有共同权力的地方就没有法律，而没有法律的地方就无所谓不公正"②。为了摆脱这样的局面，人们选择达成一种契约，以放弃自己反对别人的权力，而把它们都移交给某个人或某些人，从而消除相互争斗的混乱局面，达至一种和平状态。这时的是和非以及公正与不公正的观念开始树立起来了，人们诉诸君权以裁断争议。需要指出，霍布斯并非自由主义者，他指出权力让渡后，君主具有绝对的权威，以保证民众不会因为自己难以平抑的激情而做出破坏契约的非理性行为。

霍布斯之后，洛克也提出了自己的契约论主张。努斯鲍姆指出，近代契约论思想，不同于罗尔斯、斯坎伦、大卫·高蒂尔（David Gauthier）等当代政治哲学家提出的契约论主张，带有浓重的自然法底色，这在洛克的契约论中得到明显体现。洛克指出自然状态不是一种理论虚构，而是现实存在的，人们在其中受到上帝颁布的自然法的规范，不能随便剥夺其他人的"生命、健康、自由、财产等"，所以自然状态虽然在政治社会之前，但却有道德因素的制约。这里的自然状态不是战争状态，人们可以自由地追求自己想望的生

---

① ［古希腊］柏拉图：《游叙弗伦·苏格拉底的申辩·克力同》，严群译，商务印书馆 2003 年版，第 110—111 页。

② ［英］霍布斯：《利维坦》，黎思复、黎廷弼译，商务印书馆 1986 年版，第 96 页。

活方式，不能自相残杀。但是洛克认为，这种美好的局面也暗藏凶险，一些能够施加人力而为人所有的事物，如土地，可能引起多人的争抢。因为没有公正的第三方做裁断，争抢会激起严重的后果，甚至导致违背上帝旨意的局面出现。于是人们达成了一种契约，所有人将对财产归属的裁断权交给了政府。这里可以看出洛克的契约思想与霍布斯的存在极大差异，霍布斯的君权至高无上，人们将所有权利让渡给它，并且没有选择退约的权利；而洛克的政府只有很少的权力，人们仍然保有自己的生命权、健康权、自由权、财产权等，而只是让渡了一小部分权利，并且当政府不能称职履责时，人们有权利退出契约。洛克这种"守夜人政府"的思想在当代西方社会有很大市场，当代自由意志主义就以洛克的理论为其思想源头。

卢梭的自然状态也是十分美好的，人们在其中都是孤独者，但也是平等和自由的，需求很少，并且有怜悯同侪的情感，所以不会随意加害其他人。但是好景不长，随着社会的发展，尤其是私有财产的出现，美好的自然状态被打破了。人和人的和谐关系受到了嫉妒心的沾染，一种不平等的局面也被新出现的政府明里暗里地固定下来。"人天生自由，却无往不在枷锁之中"，自然状态已不复存在，并且也难以回归，卢梭于是思考一个问题，即人如何能在与其他人共处的时候保证自己的自由，或者说"我们如何能生活在一起，而又无须屈从其他人的强力和强制"[①]？卢梭的解决方案是所有人将自己在自然状态中拥有的权利和自由让渡给共同体，后者为了维护所有人的利益而存在，个人通过遵守共同体的决定而达至自由。

以上为近代思想史中主要的契约论观点。它们提出之时也是反抗封建等级关系的斗争愈演愈烈之时，而封建等级关系常常以"君权神授"和人有高低贵贱之分的意识形态作为支柱。根据这样的观点，政治权力的合法性来自神意或血缘，与普通人无关。而上述三种契约论主张都强调人生而平等，政治社会是平等个体通过契约关系而创造的，它的原则以及合法性也来自这种契约关系，所以努斯鲍姆指出它们具有一定的进步意义："社会契约论中的正义范式具有很大的优点。这种观念，即政治原则是理性和独立之成年个体所达成的契约的结果，正确地强调了每个人的价值，以及阶级、财富、地位、

---

① Celeste Friend, "Social Contract Theory", *Internet Encyclopedia of Philosophy*, https://iep.utm.edu/soc-cont/.

现存的权力等级关系这种种人为优势与（规范性的）政治目标无关"①。

契约论思想已经渗入近现代的历史和文明进程中，产生了深远的影响，一些当代政治哲学家也提出了新的契约论主张。但是也有一些学者对契约论传统进行了反思和批判，如佩特曼的《性契约》指出契约论并没有提升女性的地位，并没有给她们提供参加社会合作的机会，反而把她们排除于政治社会之外。佩特曼比喻说以往的等级关系相当于只有父亲一人拥有家族中的所有女人，这时他的儿子们策划了一场革命，推翻了他的统治，达成了共享女人的新契约。也就是说，契约论只是为实现男人之间的平等，并没有触动男女之间的不平等。佩特曼认为现代社会之男权社会的本质可以通过三种契约形式看出来，它们都体现了特定男人对特定女人，以及男人群体对女人群体的统治或支配：①婚姻契约，在很多地方，丈夫可以无限制地在妻子身上获得性满足，婚内强奸的指控不被承认；②性交易契约，这代表男性群体有权从女性群体中获得性满足，后者的身体向前者开放；③代孕契约，与上述两种契约类似，代表了女性的生育能力为男权社会所掌控。

受佩特曼思想的影响，查尔斯·米尔斯（Charles Mills）在1997年发表了《种族契约》（*The Racial Contract*）一书，认为在近代契约论形成之前就已经存在欧洲白人与其他人群的种族契约。这种种族契约建立在欧洲中心论的基础上，认为只有欧洲白人才是最有能力和文明的人种，才有资格开发世界。前文指出达·芬奇绘制的《维特鲁威人》体现了这种人的形象，而其他人种因为肤色、体型、相貌等被看作不健全的和低劣的，被看作适合被统治的。这种观念在洛克的契约论中也可以找到，他认为欧洲人可以夺取美洲原住民世代栖居的土地，因为后者不知道在这些土地资源中灌注自己的人力，以确证自己的所有权。米尔斯认为，契约论所宣扬的人人平等的立场遮蔽了欧洲白人与其他人种之间的不平等关系。

佩特曼和米尔斯揭示了契约主体不具有普遍性，而是一个十分狭隘的概念。有学者指出：

> 自由的个体，也就是订约者，为霍布斯的人（man）、洛克的所有者

---

① Martha C. Nussbaum, *Frontiers of Justice: Disability, Nationality, Species Membership*, Cambridge, Ma.: The Belknap of Harvard University Press, 2006, p. 68.

（proprietor）、卢梭的“高贵的野蛮人”（Noble Savage）、罗尔斯的原初状态中的人以及高蒂尔的鲁滨孙·克鲁索（Robinson Crusoe）所代表。自由的个体据说是普遍的：无种族、无性别、无阶级、无实质，被看作代表着一个显而易见、抽象、一般化的人类模特……当我们靠近观察自由的个体的特质，我们看到的并非普遍人类的代表，而是特定历史时期、特定地域、特定类型的人……特别地，霍布斯的人是一个资产者，具有近代欧洲新兴资本主义时期我们所能期望的人的特性……霍布斯的自由的个人概念，为支配性的现代人的概念奠定了基础，十分明显他是位男性，因为他被假定为原子化的和孤立的，并不将其任何特质，以及其存在归功于任何人，尤其是他的母亲。[①]

前文揭露了人本主义之主体概念的偏狭性，可以适用于对契约主体的分析。很多批判理论家指出这种主体虽未明言性别，但实际是男性；虽未明言种族，但实际是白种人；虽未明言地域，但实际出生于欧洲……引文中说他也“并不将任何特质”归功于他的母亲，指的是他被假定为一个成年人，好像从土地里冒出来一样，在人们面前突兀地出现，忽视了现实生活中每个人必然经历的依赖他人以及为他人所依赖的过程，这进一步显示了这种主体概念的抽象性。

所以，契约论中的契约主体指的只是特定的人群，而不具有普遍性，这就是它的“局外人问题”（outlier problem），亦即它将很多人群排除在契约范围之外，导致了对他们的支配和压迫。

第二节　残疾对罗尔斯正义理论的挑战

本书第七章论及残疾与其他身份的交叉时，表明能力不平等常常拿来辩护权力等级关系，多数情况下受压迫群体如女性、黑人等常被指有先天缺陷，或者理性不健全，或者情绪不稳定，等等，换句话说，这些群体都有残疾特质。他们之所以成为社会契约论的局外人，也常常以此为论据：“某些群体之

---

① Celeste Friend, "Social Contract Theory", *Internet Encyclopedia of Philosophy*, https://iep. utm. edu/soc-cont/.

所以为'局外人'是因为他们并不拥有订立契约的必要品质，或并未充分地拥有它们。该要求质疑了他们成为参与者的合法性，不关注他们的诉求，且弱化了与他们达成契约的价值。"① 这样的论据并无十足的确凿性，很多时候都受到人群中刻板偏见的影响。另外，劣势群体身上如确有一些显见的缺陷，也极有可能受到流行和不公正的社会期望的影响，在平等的社会环境中则会消失不见。所以解决女性、黑人等群体的局外人问题比较容易，即给予他们成为订约方的资格，并重新建构契约关系就可以了。但这对残疾人群体而言却没有那么简单，轻度肢体残疾人还比较容易融入契约关系，但一些重度肢体残疾人和精神残疾者，如第五章第二节提及的患先天脑瘫的塞莎、患阿斯伯格综合征和妥瑞综合征的亚瑟以及患唐氏综合征的杰米，似乎确实没有能够参与社会契约的身心品质，或者这样的品质没有达到一定的标准。

能力平等是道德和政治平等的基础，这种观点为很多理论家所赞同，如洛克在《政府论》下篇中指出："同种和同等的人们既毫无差别地生来就享有自然的一切同样的有利条件，能够运用相同的身心能力，就应该人人平等，不存在从属或受制关系，除非他们全体的主宰……将一人置于另一人之上，并以明确的委任赋予他以不容怀疑的统辖权和主权。"② 洛克还说："我们既赋有同样的能力，在同一自然社会内共享一切，就不能设想我们之间有任何从属关系，可使我们有权彼此毁灭，好像我们生来是为彼此利用的，如同低等动物生来是供我们利用一样。"③ 如此说来，能力相同则可以共享一切，并无从属关系和彼此利用，那么如何对待那些自然能力远逊于我们的同类呢？我们"正常人"是不是可以肆无忌惮地支配和利用他们呢？洛克在书中确实提到了"精神病者和白痴"。他说：

> 　　如果由于超出自然常规而可能发生某些缺陷，以致有人并未达到可被认为能够了解法律、从而能遵循它的规则而生活的那种理性的程度，他就决不能成为一个自由人，也决不能让他依照他自己的意志行事（因为他不知道他自己的意志应有限制，并不具有作为它的正当指导的悟

---

① Anita Silvers and Leslie Pickering Francis, "Justice through Trust: Disability and the 'Outlier Problem' in Social Contract Theory", *Ethics*, Vol. 116, October 2005, p. 46.

② [英] 约翰·洛克：《政府论》（下篇），叶启芳、瞿菊农译，商务印书馆1996年版，第5页。

③ [英] 约翰·洛克：《政府论》（下篇），叶启芳、瞿菊农译，商务印书馆1996年版，第6页。

性），在他自己的悟性不能担负此项责任时，仍须继续受他人的监护和管理。所以精神病者和白痴从来不能脱离他们父母的管束。①

洛克认为不能给予精神病者和白痴以自由，要让他们处于父母的管束之下。很明显，这样的人绝不能成为订约方，绝不能通过谈判为自己争取更有利的位置。本书第一章也曾提及，休谟认为在身心能力相差很大的群体之间不存在正义之环境，让他们坐下来探讨未来社会的正义原则是根本不可能的：

> 假定一种物种与人相杂处。他们虽然是理性的，但具有十分劣势的身心力量，以致在面对最极端的挑衅时，对起来反抗和使我们感受其愤怒的反应都做不到。我认为必然的后果是，我们在利用他们时应受人道原则的牵制，而严格来说，同他们的关系不应处于任何正义理念的规范之下，他们也不应拥有任何权力或财产，这些都独属于（我们这些）专断的主人。我们同他们的交往不可以称为预设了一定程度的平等的社会，而是发绝对命令的一方，和卑服屈从的另一方。无论我们觊觎什么，他们必须立即奉上；我们的允许是（他们）唯一的所有权，他们因此保留物品；我们的同情和善良是仅有的限制，他们由此安抚我们无法无天的意志。并且因为自然中稳固存在的权力滥施不会引起任何不安，正义和所有权的限制变得完全无用，也不会在如此不平等的联合中占有任何位置。②

身心能力相差极大的群体之间不存在正义关系，因为他们根本不处于言说正义的语境中；这样的观点也为罗尔斯所继承。毋庸置疑，罗尔斯的契约论思想使当代西方政治哲学的面貌焕然一新。努斯鲍姆曾对其高度评价，认为"在我看来罗尔斯最有力地表达了契约论的经典观点，以及它优于其他理论的品质所在"③。与洛克和休谟的立场十分相似，罗尔斯在规定正义环境时也认

---

① ［英］约翰·洛克：《政府论》（下篇），叶启芳、瞿菊农译，商务印书馆1996年版，第38页。

② David Hume, *Enquiries Concerning the Human Understanding and Concerning the Principles of Morals*, Oxford：Clarendon Press, 1902, pp. 190 - 199.

③ Martha C. Nussbaum, *Frontiers of Justice：Disability, Nationality, Species Membership*, Cambridge, Ma.：The Belknap of Harvard University Press, 2006, p. 3.

为"个体的身体和精神能力大致相似；或无论如何，他们的能力类似到没有人能够支配其余人的地步"①。在《政治自由主义》等其他地方，罗尔斯也多次表示原初状态的各方能够成为"正常和完全的合作者"，能够终其一生增益于合作。罗尔斯还曾将正义的基本问题表述为："具体规定公民——他们被视作自由而平等的公民和终身能充分合作的社会成员——之间社会合作条款的最合适的正义观念是什么？"②而那些重度肢体残疾人和精神残疾人很难充分参与这样的社会合作，他们也就成了罗尔斯理论里的局外人：他们的身心能力没有达到一定的基准线，因此没有参与订立契约的资格，所以政治社会的首要美德与这些局外人毫无关系。

能力平等是社会契约建构过程中的一个要件，它的另一个要件是互利（mutual advantage）的假定。两者相互关联：只有身心能力大致相同者，才会在自然状态中彼此构成威胁，且没有人能在利益攫取中占据绝对的优势，他们也才能够为避免残酷的竞夺，而坐下来商谈寻找正和博弈的路径。这十分容易理解，他们之所以愿意订立契约，是因为进入契约关系对有关各方都是有利的，而且每一方都能给其他各方带来好处，而不是负担，否则不会有人希望与他们订立契约。契约论是为政治社会寻找正义原则和合法性的一种理论方法，它通过假定社会成员间存在规范政治体制的契约关系，以回答如下问题，即为政治社会提供根据的正义原则是什么？人们为什么要服从它的权威？经典契约论以及当代契约论思想多数情况下都假定了一种希尔弗斯和弗朗西斯所说的"交易者范式"（bargainer paradigm）③，即拿经济生活中常见的利益博弈现象来理解政治社会，认为后者是社会成员为寻求自己利益的最大化而同其他成员博弈的结果。也就是说，契约主体常常被假定为"经济人"或利己主义者，具有完全的关心自己（self-regarding）而非其他人的（other-regarding）利益的动机。如罗尔斯在原版《正义论》中指出，社会应当是"互利的合作性事业"，而"当一些人根据规范参加了一种互利的合作探索，就必须以产生对所有人的利益的方式限制他的自由，那些服从这些约束的人

---

① John Rawls, *A Theory of Justice* (*Original Edition*), Cambridge, Ma. and London: The Belknap Press of Harvard University Press, 1971, pp. 126 – 127.

② ［美］约翰·罗尔斯：《政治自由主义》，万俊人译，译林出版社 2011 年版，第 18 页。

③ 参见 Anita Silvers and Leslie Pickering Francis, "Justice through Trust: Disability and the 'Outlier Problem' in Social Contract Theory", *Ethics*, Vol. 116, October 2002, pp. 40 – 76。

们就有权要求那些从他们的服从得利的人有一样的服从"①。拿这种互利合作
的观念来理解政治社会,那么它等同为经济生活中实际契约的放大版本。这
种表述在当时理论界引起了一定的争议,如布莱恩·巴里(Brain Barry)在
《正义诸理论》(*Theories of Justice*)中指出罗尔斯的正义论是两种正义范式的
"掺和",其中一种正义范式是"作为互利的正义"(justice as mutual advan-
tage),指的是契约主体力图通过订约以最小的代价实现最大的收益,休谟曾
称这样的正义范式具有"小肚鸡肠式的、嫉妒性的特质"②。另一种是"作为
公道的正义"(justice as impartiality),指的是人们达成和遵从正义理念并非出
于自利,而是出于"按照与其他人在免于与道德无关的议价优势和劣势的条
件下,不能为理性所拒绝的一些原则以行事的欲望"③。类似的观点在努斯鲍
姆的《正义的前线》中也能找到,努斯鲍姆指出罗尔斯理论包含两种难以调
和的元素,一种是康德关于人之道德平等和尊严的思想;另一种是社会契约
论强调社会合作之互利性的观点,这给罗尔斯的正义论制造了很大的麻烦。
罗尔斯在后期逐渐不再使用"互利"一词了,而是使用"相互性"(reciproci-
ty)一词,他说:

> 相互性理念介于公道理念与互利理念之间……按照公平正义来理解,
> 相互性是公民之间的一种关系,这种关系是通过规导社会的正义原则来
> 表达的,在此一社会世界,每一个人所得的利益,都以依照该社会世界
> 定义的一种适当的平等基准来判断。由此便有二,相互性是一种秩序良
> 好社会里的公民关系,它是通过该社会公共的政治正义观念表达的。因
> 此,正义两原则,包括差异原则以及它含蓄指涉的平等分配基准,系统
> 地阐明了一种公民间的相互性理念。④

然而,这种相互性理念并没有使罗尔斯摆脱理论困境,它仍然包含很强的互

---

① [美]约翰·罗尔斯:《正义论》,何怀宏等译,中国社会科学出版社 1988 年版,第 86 页。
这段话也出现于修订版中。

② David Hume, *Enquiries Concerning the Human Understanding and Concerning the Principles of Morals*,
Oxford:Clarendon Press,1902,p. 184.

③ Brian Barry, *Theories of Justice*,Berkeley:University of California Press,1989,p. 8.

④ [美]约翰·罗尔斯:《政治自由主义》,万俊人译,译林出版社 2011 年版,第 15 页。

利性成分，重度肢体残疾人和精神残疾人的局外人身份也没有发生根本变化，理由在于社会契约终究是能力大致相等的人为了自身的利益而达成的，不容易容纳那些看起来不但不会产生合作利益，相反却能施加负担的残疾群体。残疾问题对罗尔斯的正义理论构成了挑战，即便罗氏本人也意识到了，他说对于该问题和其他三个问题，"作为公平的正义可能会失败"，而根本原因可能在于两点：第一，正义的规范作用并不是包罗万象的，残疾问题可能并不涉及正义；第二，这些问题属于正义的规范阈，但他的正义论并不奏效。罗尔斯也曾提出将这些问题推迟到基本政治体制建立后的立法阶段来解决，但是既然残疾人没有被看作契约主体，他们对基本政治体制的建构也没有话语权，那么这样的体制能通过立法而真正保障他们平等的公民地位吗？

第三节　正义理论应对残疾问题的出路

对于罗尔斯所说的两点根本原因，努斯鲍姆认可第二点，即残疾问题与正义理念相关，而罗氏的作为公平的正义是失败的，于此无能为力。她指出应该彻底放弃契约论框架，保留罗尔斯理论中的康德思想成分，亦即对人之尊严的强调。努斯鲍姆受到阿马蒂亚·森（Amartya Sen）的强烈影响，提出了自己的能力方法（capabilities approach），认为一些基本能力"应该为每一个人所求取，把每个人作为目的，而不是其他人目的的工具"[①]。努斯鲍姆提出了一个极具争议性的基本能力清单，包括：①生命，②身体健康，③身体完整（能自由迁徙、免受伤害、有获得性欲满足的机会等），④感觉、想象与思维，⑤情感，⑥实践理性，⑦亲密关系（affiliation），⑧与其他物种相处，⑨娱乐，⑩对政治和物理环境的控制。努斯鲍姆认为这 10 种基本能力与所有人，包括残疾人的尊严密切相关，所以每个人都应该具有这些能力，且必须处于一定基准线之上，而正义社会必须采取措施保证这一规定的落实。由此可见，针对局外人问题，努斯鲍姆指出解决出路在于放弃契约论，回到后果论正义理路。但是她的立场与运气平等主义不同，她不认同分配平等的观点，而是运用了类似哈里·法兰克福特（Harry Frankfurt）所说的"充足论"（suffi-

---

① Martha C. Nussbaum, *Frontiers of Justice: Disability, Nationality, Species Membership*, Cambridge, Ma.: The Belknap of Harvard University Press, 2006, p. 70.

cientarianism）方法①，指出保证所有人的生活水平处于一定基准线之上，使所有人摆脱绝对匮乏而达至充足状态是极为重要的，基准线之上人们平等与否则无关紧要。努斯鲍姆的能力方法正是要给予包括残疾人在内的所有人以充足的基本能力。

努斯鲍姆认为局外人问题驳倒了社会契约论，为尊重残疾人群体的正义诉求，必须寻找新的理论路径。但是也有一些学者不同意她的做法，如希尔弗斯和弗朗西斯认为契约论本身必然将残疾人看作局外人，问题出在具体的契约论形式上。以往的一些契约论观点从"交易者范式"（bargainer paradigm）出发，把契约主体看作逐利者，把订约过程看作利益博弈过程，如此排斥了不能参与这种过程的残疾人。但是据两位学者所言，这种交易者范式并非契约论的本质特征，而仅仅是特殊历史时期（19世纪）的产物。在此之前，利益交换并非达成契约的必要条件，一些非自利因素也会进入契约论，而这样的契约观念可以用来拯救契约论。希尔弗斯和弗朗西斯指出努斯鲍姆的能力方法有很大的缺陷，它看似能够给予残疾人以人格尊严，但实际上分化了整个人群：残疾人等局外人群体只是作为利益的接受者，而那些能力比他们强的人被要求创造更多利益。一种新的契约论框架应能激发残疾人的积极性，使其与其他人群保持充分的互动。希尔弗斯和弗朗西斯提出摒弃交易者范式，以信任而非自利为核心构建一种新的契约论框架。他们认为，残疾人群体虽然不能像正常人那样从事生产性工作，但能促进形成相互信任的人际关系，而这样的互信关系"会促进间接互惠，并符合那种期望，即某人不因其善行带来的事实收益而直接受惠，而会激发一种人们惯于相互帮助的环境"②。

以互信为核心构建一种新契约论的做法与罗尔斯的理论方法有很大差异，当代西方政治哲学界也有一些学者认为罗尔斯的正义论本身可以容纳残疾人，但需要对他的某些主张作一定修改。辛西娅·斯塔克（Cnythia Stark）认为在原初状态可以保留对能力平等和互惠关系的假定，但在政治体制构建的第二个阶段即制宪阶段则可以放弃这样的假定，她说：

---

① 参见 Harry Frankfurt，"Equality as a Moral Ideal"，*Ethics*，Vol. 98，No. 1，1987，pp. 21 – 43。当代西方分配主义除了平等论和充足论，还包括优先论（prioritarianism），优先论的立场可见 Derek Parfit，"Equality and Priority"，*Ratio*（*new series*），Vol. 10，No. 3，December 1997，pp. 202 – 221。

② Anita Silvers and Leslie Pickering Francis，"Justice through Trust：Disability and the 'Outlier Problem' in Social Contract Theory"，*Ethics*，Vol. 116，p. 70。

理想的制宪代表会想象他们可能是残疾人以致不能参与合作框架，且他们在铭记这种可能性时会制订社会最低保障（social minimum）的宪法条款。这种情形下，最低保障将在差别原则的限制下尽可能地达到高门槛和包罗万象，并将在住、食、衣、行、公共事业及其他领域覆盖所有非合作者的需求。社会最低保障之所以要在差别原则的限制下尽可能地高标准和包罗万象是因为假想的制宪会议的参加者想要保障他们的福利以预防他们会依赖社会最低保障。他们运用原初状态各方得出差别原则的最大最小（maxmin）推理，亦即他们想要给社会的最不利成员最好的分配，这里的最不利成员依靠社会最低保障生存。①

前文指出，罗尔斯曾提及解决局外人问题的一种方案是延后解决，即在原初状态确立正义原则之后谈论此事，斯塔克尝试了这种做法。在她看来，原初状态获得的平等的自由原则、公平的机会平等原则以及差别原则都是没有问题的，可以保证人们的基本权益以及参与社会生产的积极性，促进社会的持续发展。而残疾人的生存问题可以放到制宪阶段来处理，此时制宪代表也处于一种无知之幕，即他们不知道自己是否真正残疾，为预防那种可能性，他们在差别原则的限制下尽可能地提高社会最低保障的标准，如此则改善了无知之幕揭开后现实中残疾人群体的生存境况。除斯塔克之外，索菲亚·王（Sophia Wong）也认为不应放弃罗尔斯的理论追求，因为它具有极强的包容性，足以应对残疾问题。王通过一系列文章指出努斯鲍姆对罗尔斯的批判源自她本人的误解，因为罗尔斯虽然说所有公民应该有实践理性以及与权利诉求相关的智力水平，但这只是在表达一种理想状态，并且这样的理想状态也对现实社会产生了规范含义。毋庸置疑，罗尔斯的契约论框架可以容留一些轻度残疾人作为契约主体，因为他们具有成为"完全合作者"的某些潜质。问题是一些困难情形（hard case objection），亦即一些智力和精神残疾者，他们的残疾状况"十分严重以致没有任何希望形成两种道德能力"②。王认为社

---

① Cynthia A. Stark, "How to Include the Severely Disabled in a Contractarian Theory of Justice", *The Journal of Political Philosophy*, Vol. 15, No. 2, 2007, p. 138.

② Sophia Isako Wong, "The Moral Personhood of Individuals Labeled 'Mentally Retarded': A Rawlsian Response to Nussbaum", *Social Theory and Practice*, Vol. 33, No. 4, October 2007, p. 587.

会不应该将他们排斥到社会的边缘位置，而应该给他们提供发展道德能力的条件，此之谓"赋能条件"（enabling conditions）："据我理解，当罗尔斯将两种道德能力解读为潜在品质，他是说假定特定环境出现了，给定个体会发展出一种善观念和正义感。我称这种环境为赋能条件。"① 王认为有时人们对智力和精神残疾者的一般期望并不准确，例如四十年前医生曾断定唐氏综合征患者将永远无法走路、说话、穿衣等，但是一些家庭拒绝将患儿送往医疗机构管理，而让他们和其他正常孩子一起成长，结果发现很多患者长大后取得了很高的人生成就，如克里斯·伯克（Chris Burke）成为美国首位参演电视剧的唐氏综合征患者，也出版了自传；杰森·金斯利（Jason Kingsley）完成了高中学业，并竞选美国参议员；苏吉特·德赛（Sujeet Desai）拿了跆拳道黑带，并会弹奏单簧管、钢琴、小提琴等，并有了自己的幸福婚姻。这些杰出的唐氏综合征患者如果早早地被送往精神病院等医疗机构，肯定不会有如此出彩的人生。幸运的是，他们的家庭给他们提供了良好的赋能条件，使他们在某种程度上发展出了两种道德能力。所以王认为正义社会应该重视这种可能性，给所有人提供这样的条件，充分发掘他们的道德潜质，以使他们能够具有合格的公民身份，而不是因为他们特殊的身心特征而将其粗暴地拒之门外。

西方契约论有自利性契约论（contractarianism）和非自利性契约论（contractualism）之分，前者如高蒂尔在《协议道德》（*Morals by Agreement*）中的观点，后者如斯坎伦在《我们彼此负有什么义务？》（*What We Owe to Each Other?*）中的观点，而罗尔斯的理论可能同时包含两种立场。有学者指出，自利性契约论不一定不包容残疾人的基本诉求，只是这种包容并非以残疾人的内在价值为根据，而仅仅基于利益算计。能够体现残疾人的利益诉求，并且对局外人问题免疫的契约论框架只能是非自利性契约论，因为只有它能表达对所有人内在价值的尊重，体现人是目的，而非手段。斯坎伦对非自利性契约论有过经典表述："如果某个行为在某种条件下加以执行，它会被一般行为规则的任何一套原则所禁止，那么这个行为就是不正当的；这种一般的行为规则是没有人有理由将其作为明智的、非强制的普遍一致意见之基础而拒绝的。"② 无论是运气平

---

① Sophia Isako Wong, "The Moral Personhood of Individuals Labeled 'Mentally Retarded': A Rawlsian Response to Nussbaum", *Social Theory and Practice*, Vol. 33, No. 4, October 2007, p. 589.

② ［美］托马斯·斯坎伦：《我们彼此负有什么义务？》，陈代东等译，人民出版社 2007 年版，第 163 页。

等主义，还是自利性契约论，都没有真正体现对残疾人正义诉求的尊重。运气平等主义希望通过资源转移来补偿残疾人遭受的坏运气，但是很多残疾人并不以自己的身心特征为缺陷，如一些聋人群体认为自己是特殊的文化群体，而把耳蜗移植技术当作文化灭绝的手段。当代残疾研究中的社会建构论者也认为残疾是社会构成的，而非个人之医学或生物学问题。把一些残疾当成坏运气，明显属于一种机能歧视的观点，强化了对残疾人群体的刻板偏见。另外，运气平等所追求的补偿方案也是贬损性的，没有真正体现对人的尊重。而自利性契约论也内含一种机能歧视的立场，假定所有契约主体的能力处于一定基准线之上，以及达成契约的动机在于追求互利，这就将残疾人群体排除在外，使政治社会的首要德性即正义与残疾人无关。社会之正义与否并不在于是否给所有人提供免于偶然因素影响的平等分配，也不在于是否给所有人提供攫利的公平环境，而在于它是否建立在自由和平等之成员相互尊重的基础上。最后用安德森的一段话来概括本章内容：

> 平等主义正义的正确的消极目标不是在人类事务中消除原生运气的影响，而是终止压迫，这样定义的压迫是由社会施加的。其正确的积极目的不是保证每个人得到他们道德上应得的，而是构建一个人人关系平等的社会。①

---

① Elizabeth Anderson, "What Is the Point of Equality?" *Ethics*, Vol. 109, No. 2, January 1999, pp. 288 – 289.

第十章　残疾与新科技革命：人类增强观念的伦理反思

新科技革命使社会结构和个人生活日新月异。随着它的高歌猛进，以技术克服人类身体限制以获得更大自由或进一步解放的人类增强观念也获得了越来越多的拥趸。这种观念在哲学领域的反响表现为超人类主义。超人类主义承诺了一幅借助技术不断改善人类身体的乐观图景，但是它内含一些深层次的理论问题而引起了诸多学者的批判，如福山认为它威胁民主平等理想。残疾人的日常生活涉及身体机能限制与技术辅助的关系问题，用残疾范畴可以更好地透视人类增强观念的诸多二律背反。本书最后指出，技术辅助并不是残疾人享有机会平等的充分条件，在社会文化领域消除机能歧视的刻板偏见尤为紧要；人类增强技术有演化为一种现代规训手段的可能性，阻碍多元社会的培育，换句话说，它不能替代社会正义方案。

第一节　新科技革命与超人类主义

不同于以蒸汽机和电力的广泛运用为标志的前两次科技革命，时下方兴未艾的新科技革命是以"新生物学和再生革命"为中心的，有人将其概括为：

> 这场科技革命从科学角度看是一次"新生物学革命"，主要涉及五大学科：整合和创生生物学将解释生命本质，思维和神经生物学将解释人脑工作原理，生命和再生工程将实现生命体的工程化和产业化，信息仿生工程将实现人脑的信息仿生，纳米仿生工程将实现人的躯体仿生。这场科技革命从技术角度看是一次"创生和再生革命"，主要包括五大技术：信息转换器技术可实现人脑与电脑之间的直接信息交流和转换，人格信息包技术可实现人脑的电子备份与虚拟再现，仿生技术可实现人体

的仿生备份和躯体仿真，创生技术将创造新的生命形态和生命功能，再生技术将实现生物体的体内和体外再生。这场科技革命从产业角度看，可能引发"仿生再生和生物经济革命"，主导产业包括：新一代生物技术产业将实现现有生物产业的升级换代，拟人化的信息和智能产业将实现信息转换器和人格信息包技术的商业应用，仿生和创生产业、再生产业等。届时，人类文明有可能进入"再生时代"，人类个体将获得自然人、网络人、仿生人和再生人四种存在形态。围绕这四种形态的客观需求，将形成新的科技群和产业群。①

由此可见，新科技革命与生物技术，与对人的身体的研究、复制和改造等密切相关。生物技术的"奇点"虽然尚未到来，但它的加速度发展使人们看到了摆脱人的身体异常和缺陷，突破人的生理限制的无限可能性。而这样的身体缺陷或生理限制是迄今每个人都难以避免的。本书以残疾为主题，而残疾即被看作一种典型的身体缺陷。据统计，世界上 10 亿左右的人口有各种各样的残疾，其中中国的残疾人口将近 8500 万人，而美国每 4 个成年人中就有 1 个有某种类型的残疾。因此残疾是一种十分普遍的现象。然而除了那些被贴上"残疾人"标签的人群，实际上每个人的一生都无法避免某种"残疾状态"，如年幼、年老以至生病时不能听说读写和方便行动等情形，所以一些残疾研究学者甚至把所谓的正常人称作"暂时有能力的"（temporarily-abled）人群。当然人所面临的生理限制不仅包括残疾，还包括无有效手段医治的各种疾病，如恶性肿瘤、白血病、艾滋病等。除此以外，众所周知，人的感觉、记忆和认知等能力也是有限的，人也会经历衰老并最终死亡。这些都可以看作人所面临的生存问题，而蕴含着无限可能性的新科技革命似乎有使人类摆脱这种困境的潜力。例如，衰老而死亡似乎是每个人都无法逃避的命运，但是人们已发现，一些生物干预措施，如卡路里限制（caloric restriction）等似乎能够延缓这一进程，换句话说，未来人类通过生物技术达至永生并非不可能。再如，异种器官移植技术的发展使人们看到了从动物身上方便地获得人类所需的各种器官从而摆脱器官短缺的希望，这样的希望在 2022 年 1 月第一

---

① 何传启：《新科技革命引发新产业革命（适势求是）》，《人民日报》2015 年 07 月 05 日第 05 版。

例猪—人心脏移植手术的成功开展中转化成了现实。随着这场科技革命的突飞猛进，理论界涌现出了一股超人类主义运动。英国生物学家朱利安·赫胥黎（Julian Huxley）被看作该运动的创始者，他在1957年一篇影响深远的文章中将超人类主义表述为：

> 迄今为止，如霍布斯所言，人类生活常常是"肮脏、野蛮和短暂的"。绝大多数人（如果幸免于早逝）都会经受痛苦……我们有理由相信那种可能性是存在的，即我们在很大程度上可以超越现在的生存限制和悲惨境地……倘使有此意愿，人类不仅仅能够以单个人的此种或彼种的偶然方式，也能够作为人类整体以超越自身。①

麦克斯·摩尔（Max More）是当代极为活跃的超人类主义学者，他将超人类主义定义为"以提升生命的原则和价值为指引，通过科学技术寻求延续和加速智慧生命（intelligent life）的进化过程，以超越当下人类形态和局限性的生命哲学"②。从摩尔的定义中可以看出，超人类主义信奉进化论学说，但是认为应该通过科学技术来"延续和加速"人的进化历程以突破自然限制。而在"世界超人类主义者联合会"（World Transhumanist Association）的门户网站上，超人类主义被定义为：

> （1）一种知识和文化运动。它肯定了通过应用理性，特别是通过开发和提供普遍可用的技术以消除衰老并大为提高人类智力、身体和心理能力，从而在根本上改善人类状况的可能性和可欲性。
>
> （2）一种研究。它针对的是能使我们克服人类基本限制的技术的后果、承诺和潜在风险，以及开发和使用这些技术所涉及的相关伦理问题。③

该定义将超人类主义区分为一种运动和一种理论研究，既强调技术改善人类

---

① 转引自"Transhumanism"，*Wikipedia*，August 2022，https://en. wikipedia. org/wiki/Transhumanism。

② Max More，"Transhumanism: Toward a Futurist Philosophy"，*Extropy*，Vol. 6，Summer 1990（Revised June 1994 and 1996），pp. 6 – 12.

③ "Transhumanism"，*Humanity+*，https://www. humanityplus. org/transhumanism。

状况的可能性和可欲性，也强调加强对运用这种技术的伦理分析，从而规避技术万能论的标签。

在 2013 年发表的"超人类主义哲学"（"The Philosophy of Transhumanism"）一文中，摩尔概括了超人类主义的原则，其中包括持续进步、自我改进、实践乐观主义、智能技术、开放社会、自我引导和理性思考。其中持续进步原则意指超人类主义追求"更强的智力、明智和效率，无限可能的生命周期，移除限制不断进步的政治、文化、生物和心理性因素。不断突破个体、组织乃至整个物种之进步与潜力的阻碍性因素。向着无限好的方向发展。"自我改进原则指的是"通过批判性和创造性思维、不懈学习、个人责任、积极性和尝试，达至持续的道德、智力和身体方面的自我改善。借助技术在最广泛的意义上寻求生理和神经增强以及情感和心理方面的改善"①。可以看出，超人类主义勾勒了一副人类借助不断发展的科学技术不断超越自身的乐观图景。为超人类主义者所青睐的那些前沿技术包括"信息技术、计算机科学与工程、认知科学和神经科学、神经－计算机界面交互研究、材料科学、人工智能，以及再生医学和生命延长、基因工程和纳米技术所涉及的一系列科学与技术"②。摩尔等超人类主义学者认为，借助这些技术，人类的本质将发生变化，而成为后人类（posthuman）。后人类的身心能力将获得极大增强，并摆脱当下人类所面对的疾病、年老以及不可避免的死亡问题。换句话说，后人类将拥有一种新的自由形式——"形态学自由"（morphological freedom）。

超人类主义经常与优生学挂钩，虽然该领域的很多学者谨慎地避免使用"优生学"一词。本书第六章第三节已述及，优生学观点在柏拉图的著作中就能发现，而现代优生学源自 19 世纪英国统计学家高尔顿的相关理论。近百年来一些国家的优生学政策曾经制造了很多人间惨剧，如纳粹德国的优生学运动最终以希特勒的 T4 行动而结束，而 T4 导致 30 余万名残疾人遇害，并成为

---

① Max More, "The Philosophy of Transhumanism", in Max More, Natasha Vita-More, eds., *The Transhumanist Reader: Classical and Contemporary Essays on the Science, Technology, and Philosophy of the Human Future*, Wiley-Blackwell, 2013, p. 5.

② Max More, "The Philosophy of Transhumanism", in Max More, Natasha Vita-More, eds., *The Transhumanist Reader: Classical and Contemporary Essays on the Science, Technology, and Philosophy of the Human Future*, Wiley-Blackwell, 2013, pp. 4–5.

"二战"大屠杀的预演。优生学的宗旨是提升人口生理素质，减少疾病和缺陷症状的产生。新科技革命带来并为超人类主义者所青睐的一些生物技术，似乎又重新驱使人们走往常走过的老路。如各种各样的辅助生育技术，包括妊娠代孕、植入前遗传学诊断（pre-implantation genetic diagnosis）、产前遗传筛查等，看起来都强化了之前优生学运动的立场，只不过表现得更为精细和有力。美国加州大学伯克利分校社会学家特洛伊·达斯特（Troy Duster）认为现代遗传学是优生学的后门。而曾任白宫法医学副主任的塔妮娅·西莫内利（Tania Simoncelli）在 2003 年也指出植入前遗传学诊断使社会进入"优生学的新时代"。与纳粹推行优生学的残忍手法不同，当代优生学是市场导向的，与作为消费者的个人的选择有关，"这里孩童越来越被看作消费者定制的产品"[①]。

前文述及超人类主义与人本主义的关系，指出前者继承了后者的精神。人本主义反对盲从外在权威，承认每个人的价值和尊严，强调人的理性品质。摩尔在论述超人类主义哲学的核心内容时也指出"'超—人类主义'一词体现了该哲学源自启蒙时代的人本主义。正因如此（它）强调进步（其可能性和可欲性而非不可避免性），强调创造更好未来的个人责任而非对能引起它的超自然力量的膜拜，强调理性、技术、科学方法和人的创造性而不是信仰"[②]。这一点与后人本主义不同。后人本主义是在对人本主义进行反思和批判的基础上发展起来的，它怀疑人本主义的主体观，认为那种人居于世界中心，可以通过理性实现宰制万物并达至自由状态的观念，只是老旧的、"以人类为中心的睡前故事"。后人本主义者所做的主要工作是打破人本主义信赖的各种人为确立的界限和结构，指出人在他所嵌入的技术、医学、信息和经济等网络中并不占据中心位置，而各种各样的物质形态也具有主动性，积极地参与了对世界的形塑。而超人类主义放大了人本主义的某些元素，可以看成后人本主义的对立面。

超人类主义与人本主义的理论特质虽然近似，但二者也存在一定差异。摩尔对这种差异如是概括：

---

① "Eugenics", Wikipedia, (August 2022), https://en. wikipedia. org/wiki/Eugenics.

② Max More, "The Philosophy of Transhumanism", in Max More, Natasha Vita-More, eds. , *The Transhumanist Reader: Classical and Contemporary Essays on the Science, Technology, and Philosophy of the Human Future*, Wiley-Blackwell, 2013, p. 4.

  "超—人类"强调超人类主义在手段和目的上超越人本主义的方式。人本主义倾向于完全依靠教育和文化改良来改善人性，而超人类主义者则希望应用技术来克服我们的生物和遗传遗产所施加的限制。超人类主义者认为人性本身没有最终和尽善尽美的状态，亦没有我们可最终依归的状态。相反，它只是进化路线上的一个点，我们能够以我们认为可取和有价值的方式来重塑自己的本性。通过深思熟虑、谨慎而又大胆地借助技术，我们可以成为某种不再能准确地描述为人类的存在——我们可以成为后人类。①

  这里摩尔指出超人类主义凭借的手段不是教育和文化，而是技术，以技术来克服人类发展所面临的局限。这种局限主要存在于人的生物学层面，如任何人都会经历的，又为人所习以为常的生老病死的状况。超人类主义者认为这种状况限制了个人自由，不能听之任之，而假如新的生物技术能够使人摆脱这样的限制，那么就应该推广使用，以增强人的生理能力。从进化论角度看，超人类主义者认为新科技革命已逐渐使人能够实现一种参与式或引导式进化，而取代那种自然进化的过程。新生物技术对人类进化过程的干预，使进化更具方向性和可预测性，也保证了结果的可欲性。摩尔还指出，超人类主义与人本主义在理论目的上也存在差异，因为前者认为人的进步没有止境，不存在最终和完满的人的状态。

  超人类主义者从飞速发展的技术中看到了摆脱人的身心缺陷或异常，突破人的生理限制，极大地增强人的体力、智力和情感等能力的希望。残疾和各种疾病也很容易被看作应被所谓的参与式进化淘汰的东西。例如，各种产前基因检测技术的开发似乎使人们可以从生命的源头防止一些先天残疾患儿的出生，保证人类后代具有正常乃至优秀的品质。超人类主义者眼中的未来人类绝不是肢体残缺、盲、聋、哑以及患有各种自闭症或唐氏综合征等的人群，而应该是四肢健全、耳清目明、口齿流利、智力超常等的人群。与其说

---

① Max More, "The Philosophy of Transhumanism", in Max More, Natasha Vita-More, eds. , *The Transhumanist Reader*: *Classical and Contemporary Essays on the Science*, *Technology*, *and Philosophy of the Human Future*, Wiley-Blackwell, 2013, p. 4.

新科技革命带来的崭新的生物技术为人类及其后代拥有这样的品质提供了保证，不如说这样的技术是为了实现这样的目的而发展起来的，因为技术发展的目的性或方向性是人所规定的，受到社会的价值观念的强烈影响。然而问题由此而生。本书已表明，残疾并非单纯的个人生理学问题，而具有社会构成性（第二章）；身体残损也并非只是消极意义上的异常或缺陷，残疾人的具身经验对社会的压迫性的表征体系会产生解构效果，因而具有充分的批判意义（第四章）。那么超人类主义力图发展新的生物科技以根除残疾现象的做法还具有充分的合理性吗？如果如社会模式所揭露的，残疾是非同寻常的身体特质与不包容这种特质的社会环境相互作用而形成的，那么单纯采用技术使异常的身体"正常化"，是否顺应了社会的不包容性并阻碍了多元文化的发展呢？

第二节　技术为机会平等铺路？

本书第八章曾提及罗尔斯的公平的机会平等原则："假定有一种自然禀赋的分布，那些处在才干和能力的同一水平上、有着使用它们的同样愿望的人，应当有同样的成功前景，而不管他们在社会体系中的最初地位是什么。在社会的所有部分，对每个具有相似动机和禀赋的人来说，都应当有大致平等的教育和成就前景。那些具有同样能力和志向的人的期望，不应当受到他们的社会出身的影响。"① 罗尔斯在这里强调才干和能力类似且发挥它们的愿望也类似的人，应该有同样的成功前景，这样才符合机会平等的要求。当代平等理论主要关注如何使"生活竞赛"的赛场更为公平，也就是保证所有人竞取罗尔斯所说的"社会基本善"的机会平等。实际上，人类不断挣脱各种枷锁、追求自由和解放的历史可以看作一步步接近机会平等理想的历史。近代以来，人们先是发觉政治等级关系是阻碍机会平等的突出因素——封建贵族享有进入国家统治机关、把持经济命脉的特权，而广大平民被禁止"报名参加比赛"。资产阶级掀起的以"人生而平等"为口号的革命斗争使人类逐渐挣脱了等级结构的桎梏，使所有人似乎都有了报名参加比赛、从而竞取社会基本善

---

① ［美］约翰·罗尔斯：《正义论》（修订版），何怀宏等译，中国社会科学出版社2009年版，第56—57页。

的资格。但是正如英国道德哲学家威廉姆斯的"武士社会"（本书第八章第二节）所表明的，即便为所有人开放机会的社会改革得以充分贯彻，仍然可能存在较大的社会分层，这时阻挠机会平等的不是等级，而是阶级。因为掌握经济资源的富裕群体，会全力保证后代在生活竞赛中处于优势位置。这一群体对后代的优势传递不仅体现在保障优质教育（如上贵族学校）等显见方面，也体现在言谈举止和气质做派等隐性方面。换句话说，虽然所有人都能进入赛场比赛，但他们并不处于同一起跑线上，出身富裕家庭的子女起步时更靠近终点，也更容易赢得生活竞赛。比赛应该反映参赛者的能力和水平，而非因场外因素所导致的起跑点差异，这是罗尔斯的公平的机会平等原则所要求的。但是如此能保证真正的机会平等吗？本书第八章已指出，即便如斯坎伦所言，公平的机会平等原则设置了"一个极为严格的标准"[1]，很难达到，它还是容留了自然偶然因素对比赛结果的影响。运气平等主义者指出人的天赋能力是一种运气，其对人们命运的差异化摆布也是不公平的：天赋聪颖者稍加努力所获得的社会基本善是秉性愚钝者拼尽全力也不能获得的，这是公平的吗？马克思在《哥达纲领批判》中对此有一段著名的论述："劳动者的不同等的个人天赋，从而不同等的工作能力，是天然特权。所以就它的内容来讲，它像一切权利一样是一种不平等的权利。"[2] 所以能力差异也像等级和阶级结构中个人所拥有的实际权利一样，"是一种不平等的权利"。本书第九章在论述契约论中的局外人问题时也指出，经典契约论假定契约主体身心能力大致相等，这使他们能够处于一种互惠关系中，这将一些重度肢体残疾人、智力和精神残疾人等排除在外，形成了一种支配的狡计。如何解决这一问题呢？马克思认为在社会发展的一定阶段，天赋所导致的不平等是不可避免的，而到了共产主义社会的高级阶段，随着人的全面发展，最终会出现"各尽所能，按需分配"的理想局面。如前所述，运气平等主义者对于天赋差异所导致的机会不平等给出了一种补偿方案，但是这面临诸多理论问题。

新科技革命看起来给解决残疾人的机会平等问题提供了一种途径。前文已指出，各种高新技术的出现唤起了人们对人类增强的兴趣。假如天赋能力如马克思所说是一种"天然特权"，是阻碍机会平等理想实现的最后一道障

---

① ［美］托马斯·斯坎伦：《平等何时变得重要?》，《学术月刊》2006 年第 1 期。

② 《马克思恩格斯选集》（第 3 卷），人民出版社 2012 年版，第 364 页。

碍，那么如果通过技术辅助能增强那些能力素质较差者的能力，从而使他们从局外人转变为合格的社会契约主体，或者说使他们在生活竞赛中与其他人处于同一起跑线上，那么机会平等的理想似乎就获得了近乎完全的实现。例如，美国人多瑞·塞林格（Dory Selinger）在1993年一次骑行训练中遭遇了严重的车祸，右腿被压坏。借助一种特制的假肢（cleated peg），他又重新进入骑行场地。这种假肢不会弯曲反弹，给他的骑行带来了更高的效率，这使他在世界各地的自行车比赛中获得了无数荣誉。由此可见技术似乎可以为残疾人的机会平等诉求铺路。

但是残疾运动员使用辅助技术时也会产生一些争议。如美国高尔夫球手凯西·马丁（Casey Martin）因患Klippel-Trénaunay综合征而要乘坐助力车完成比赛，但是PGA循环赛的组织方以行走也是赛事组成部分为由禁止他参加比赛。马丁于是向法院起诉赛事组织方违背《美国残疾人法案》，并最终获得了最高法院的支持。虽然输掉了官司，但是PGA对其决定的辩护引人注意。它搬出弗兰肯斯坦的故事指出，如果可以允许行动不便的高尔夫球手乘坐助力车比赛，那么也可以放任上肢残疾的运动员安装足够他们打出两英里远的仿生学假肢，从而使比赛的公平性消失殆尽。

高科技辅助残疾人运动员所引起的争议在南非"刀锋战士"奥斯卡·皮斯托瑞斯（Oscar Pistorius）身上得到了更为突出的表现。皮斯托瑞斯出生时患有腓侧半肢畸形（fibular hemimelia），11个月后不得不截去双腿。长大后，他借助一种名为"猎豹"的由碳素纤维和钛合金制成的J型刀锋假肢，在田径赛场上取得了惊人的短跑成绩，其中包括2004年雅典残奥会的1枚金牌和2008年北京残奥会的3枚金牌。因为成绩接近正常运动员，皮斯托瑞斯一度想参加奥运会，但他的假肢在体育界引起非议。一种观点认为，皮斯托瑞斯的假肢在其运动时给予他过多的助力，违背了田径赛场上的公平竞赛原则。国际田联也委托德国运动科学家对其刀型假肢进行研究，看其是否赋予携带者更多的优势，结果认定借助这种高科技假肢，皮斯托瑞斯跑出与正常人同样的速度只需要消耗四分之三左右的能量，而且刀型假肢反弹的力量是正常人双脚触地时的三倍。国际田联在2007年假借这种研究成果禁止皮斯托瑞斯参加2008年的夏季奥运会，但是这一决定最终被国际体育仲裁法庭驳回。

残疾运动员使用高科技手段所引起的争议表明正常身体观念在人们的心目中仍占重要地位。没有技术辅助的残疾人被认为缺乏与所谓正常人竞争的能力，因此经常被剥夺后者所能享有的各种机会，为主流社会所边缘化。而新兴的人类增强技术也很难给予他们与其他人一样的机会平等。整个社会的机会结构是拥有正常身体的大多数社会成员按照自己的身体特征而设计的，具有非正常身体特征的人群则很难在这样的机会结构中找到自己的位置。即便借助高科技手段他们的身心能力不再是异常的和有缺陷的，他们也很难为主流社会所接纳，因为残损身体与技术装备所构成的赛博格仍然是正常人所歧视和贬损的对象。吊诡的是，技术的产生即本着为人所用的目的，体育比赛中运动员借助高科技手段来提升自己的表现是十分普遍的事情，无论残疾人运动会还是非残疾人运动会都是如此。如2021年东京奥运会挪威运动员卡斯腾·瓦霍尔姆（Karsten Warholm）批判他的美国对手拉伊·本杰明（Rai Benjamin）因为穿着耐克的 Air Zoom Maxfly 钉鞋而险些让自己丢掉冠军，因为耐克的这款跑鞋除了包含碳纤维板（瓦尔霍姆本人所穿的彪马 EvoSpeed Future Faster + 跑鞋也内含这种材质），还在前脚掌下方添加了一个气垫，以加强回弹。牙买加短跑名将尤塞恩·博尔特（Usain Bolt）即对田径赛场上跑鞋技术的军备竞赛嗤之以鼻。2008年在北京奥运会豪揽8金的"菲鱼"迈克尔·菲尔普斯（Michael Phelps）也曾穿着与鲨鱼皮肤极为相似的高科技泳衣，其能完全贴合身体，减少泳池阻力，有利于提高比赛成绩。这里问题的关键不在是否依托高科技手段，也不在残疾人的能力是否由此达标，而在其身体特征是否符合正常身体的观念。十分确定的是，"那种实践，即把资格限定在身体正常的竞争者的范围内，减少了那些不符合常规身体标准的人的社会机会"[①]。

本书第六章第一节已指出，正常身体观念不是在任一历史时期都有的，而是随近代统计学的发展而形成的。古希腊时期存在一种理想的身体观念，宙克西斯在刻画阿弗洛狄忒时选择一个地方的所有女人作为模特，以从她们身上寻找最完美的部位加以组合。这样产生的理想身体是凡人难以拥有的，不符合这样的理想也绝不是可鄙之事。但是近代的身体观却包含一种等级序列，正常的身体不但为大多数人所拥有，也被看作健康的、好的和可欲的，不符合这种特征的身体则被看作不健康的、可怕的和需要医学手段加以矫治

---

① Anita Silvers, "Feminist Perspectives on Disability", *The Stanford Encyclopedia of Philosophy*, Spring 2021, https://plato.stanford.edu/archives/spr2021/entries/feminism-disability/.

的。这样的身体观是特殊历史时期的产物，却常常被幻化成超历史的绝对真理。前文论述了机能歧视，而机能歧视作为一种类似性别歧视、种族歧视等的社会歧视与这种身体观有千丝万缕的联系，因为所谓正常的身体也就是各种身体机能，如行动、视、听、言语、情绪稳定性等处于正常幅度的身体，而所谓异常的身体也就是某种或某些身体机能被看作偏颇和缺陷的身体。历史上非白人种族因为形体方面的一些不同特征而被白种人看作异常的，如1866 年唐氏综合征在首次被发现的时候，曾被看作高加索人种向蒙古人种退化的表现，所以被称作蒙古症；黑人的肤色曾被美国白人看作先天麻风病的产物或罪恶的周身标记；女性也曾被亚里士多德看作"残缺的男性"，甚至在近代被男权社会看作智力低下、情感脆弱、心思敏感、优柔寡断等，缺乏从事公共生活所需的素质。与所谓正常身体不同的身体被看作具有缺陷，并被排斥于主流社会之外，这并非新科技革命所提供的各种生物技术所能改变的。本节已表明，即便高科技手段如皮斯托瑞斯所佩戴的碳素合金和钛合金制作的刀锋假肢，可以辅助残疾人达到所谓正常人那样的身体机能，也不能保证残疾人获得足够的机会平等。问题的关键在于反思社会对正常身体观念的图腾崇拜和反对机能歧视对残疾人生活机会的限制，这是超人类主义者钟爱的人类增强技术无法企及的，正如托马斯所言，机能歧视的本质在于它是：

　　　　社会对"正常"人眼中的"残损"人群的生命活动、愿景和心理 –情感福利所施加的可避免的限制。机能歧视本质上是一种社会关系，与性别主义、种族主义、年龄主义和恐同症一起构成了当代社会的压迫形式。除了在人与人之间的交往中表现出来，残疾也可能以制度化的以及其他的社会 – 结构形式表现出来。[①]

第三节　技术与社会正义问题

伴随新科技革命形成的人类增强观念，力图假借飞速发展的科学技术增

---

① Carol Thomas, "Disability and Impairment", in John Swain, etc., eds., *Disabling Barriers-Enabling Environment*, London：Sage, 2017, p. 37.

强人的各种身体和心理能力，改善人类生存境况，以克服生存中遇到的各种问题。而残疾通常被看作一种生理异常或缺陷，因而也容易被看作人类增强技术的应用之处。但是以技术纠正人体缺陷，从而使残疾人变得更像正常人，是当代残疾研究反思和批判的主要观念之一。这强化了残疾的医学模式，把残疾看作个人的医学或生理学问题，而没有看到残疾的社会构成性。残疾的医学模式首先把残疾人面临的各种生存限制归咎于残疾人自己的身体，认为身体残损是形成这种生存限制的主要原因，与整个社会环境没有多少关系。既然日常生活中大部分人能适应这种社会环境，能从中获得充足的发展空间，那么这样的环境就是合理的，问题只能出在残疾人自身。这样的逻辑为多数人所信从，但是它是有问题的。第二章已经提及，英国肢体残疾人反隔离联盟的领导人芬克尔斯坦曾以一则寓言表明了残疾的社会构成性：在主要由轮椅使用者组成的社会中，社会环境被设计得只符合他们的需求，而所谓的"正常人"在其中却处处碰壁，成了亟须社会救助和医术矫治的"肢体健全的残疾人"。第三章也曾以歇斯底里症为例指出个人的某些医学或生理学问题，实际上是压迫性的社会结构生产出来的。就歇斯底里而言，很多女性主义学者指出，"歇斯底里不是一种神经症（neurosis），而是一种社会病（sociosis），是'男人在异性身上发现的难以解释和难以掌控之处的夸张的医学隐喻'"[①]。残疾问题的个人归因论可能与一种大众心理有关，即把少数人群遇到的问题归咎于这些人自身，而不苛责社会环境的构造方式。但是正如女性主义者所说的"个人的就是政治的"，少数群体所面临的很多问题都具有社会层面的起因，那种表面上的个体性特征只是一种幻象，耽迷于这种幻象也就是无批判地接受和顺从那种压迫性的社会环境。超人类主义的关注点是用技术改造人的身体，从某种程度上说切合这种幻象，所以有人指出其表征了原子化个人主义的可悲后果[②]。

　　本书第四章在论述现象学视阈中的残疾时曾引述英国学者修斯的观点——"后现代的暴政是美学的：苗条的暴政和完美身体的暴政。"[③] 之所以

---

① 张虎：《"奇怪的婚姻"：歇斯底里与女性主义的第二次浪潮》，《中国社会科学报》2019 年 10 月 29 日第 002 版。

② "Transhumanism", *Wikipedia*, August 2022, https://en. wikipedia. org/wiki/Transhumanism.

③ Bill Hughes and Kevin Paterson, "The Social Model of Disability and the Disappearing Body: Towards a Sociology of Impairment", *Disability & Society*, Vol. 12, No. 3, 1997, p. 331.

如是说，是因为当代社会人的身体表现得越来越不具有纯粹的生物学特征，而与各种社会力量纠缠在一起，既是规训权力发挥作用的地方，也是反抗性力量发声抗议的地方，前者如歇斯底里，它表征了父权制社会对女性传统性别角色和生育活动的引导和形塑；后者如当下公开展露某种身体特征或性倾向等的自豪游行。修斯这里所说的"完美身体的暴政"指的是一种霸权的身体观念在当今世界越来越占据支配性地位，这样的身体与第六章所述的正常身体如出一辙，它们都被赋予了规范性含义，亦即这种身体被看作好的和可欲的，被看作值得人们追求的，而与之不相符的身体则被看作不好的、不可欲的和需要医疗手段加以矫治的。十分明显，新科技革命所带来的一些技术成就能为完美身体的暴政服务，压制其他样式的身体。在此过程中，身体的商品化会越来越突出，如一些当代优生学手段不再如以往那样由国家以改善人种的名义推行，而是越来越具有市场导向，即由作为个体消费者选择和定制，"孩童越来越被看作消费者定制的产品"。人类增强可能带来的社会经济后果值得人们深思。

超人类主义者主张以生物尤其是基因技术来消除人的身体缺陷，增强人的能力，但是它忽视了能力与社会环境间的纠缠关系。能力与残疾一样也不是固定不移的、超历史的事物，而是随社会环境的变化而不断变化。有人认为一些能力为基因决定，但生物学家早已发现相同基因序列的个体在不同的环境中会表现不同的性状，他们用"反应规范"（reaction norm）一词来指代这样的反应幅度。所以强弱、智愚、美丑等并不完全取决于基因，也不能仅仅通过修改基因而加以改造，就此而言社会环境也起着重要的作用：

> 自然能力或品质有社会层面的起因，这可以通过一个极端的例子看出来：苯丙酮尿症患者的智力低下，该病有基因方面的根源，但也与社会环境紧密相关，如果合理控制膳食中苯丙氨酸的含量，患者就不会表现这样的病症……自然能力或品质的价值不是确定不变的，它们在很大程度上依赖于社会环境的变化，比如阅读障碍有生理学方面的原因，但在尚未发明文字的社会中就不构成一种缺陷，强壮的体格曾经对谋生非常有用，但在后工业社会中只有这种素质的劳动者被无情地边缘化了。[1]

---

[1]　张虎：《论自然不平等与正义的边界》，《伦理学研究》2017 年第 5 期。

只强调改造身体而非改造社会环境往往使社会环境遗失一种重要的德性，即布坎南等人所说的"包容的道德"（morality of inclusion）。在一本关于遗传学与社会正义的书籍中，布坎南等人以给5—50岁的人群选择扑克游戏为例指出塑造合理的社会合作框架十分重要：假如选择打规则复杂的桥牌，那么很大一部分人将不能参与其中，从而被剥夺了参与游戏的机会；假如打规则简单的摸鱼（go fish），那么几乎所有人都可以玩。这里游戏的选择影响了人们参与其中的机会，而并非只在于参与者的能力，所以布坎南等人指出应该塑造更为包容的社会合作框架，让更多的人都能找到适合自己的发展机会。仅仅关心以基因技术等改造所谓异常或缺陷的身体会弱化这样的努力。加兰－汤姆森即指出，用医学技术来消除残疾，"往往以牺牲为残疾人构建更方便的环境或提供更好的支持性服务为代价……对残疾人的治疗意识形态（the ide-ology of cure）侧重于改变被想象为异常和功能失调的身体，而不是改变排斥性的态度、环境和经济障碍"①。本书已表明，大众意识对残疾的惯常认知，及其在理论中的表征——残疾的医学模式，是应予反思和批判的。残疾在很多情况下可能不是一种缺陷，而仅仅是人体多样性的一种表现，甚至是一种有价值的资本，而这样的资本有可能为现代技术所消灭，例如聋人群体以其独特的交流方式而形成了自己的文化，随着耳蜗移植技术的推广，这样的文化正变得岌岌可危，一些聋人称此为"文化性的大屠杀"（cultural geno-cide）。②所以对技术的无批判信赖，有时以牺牲社会环境的多元化发展为代价。针对人类发展中遇到的各种问题，技术并不是医治百病的灵丹妙药，它替代不了社会正义方案。

---

① Rosemarie Garland-Thomson, "Integrating Disability, Transforming Feminist Theory", *NWSA Journal*, Vol. 14, No. 3, October 2002, p. 14.

② Douglas C. Baynton, "Deafness", in Rachel Adams, etc., eds., *Keywords for Disability Studies*, New York and London: New York University Press, 2015.

参考文献

一　中文文献

［古希腊］柏拉图：《蒂迈欧篇》，谢文郁译，上海世纪出版集团 2005 年版。

［古希腊］柏拉图：《理想国》，郭斌和、张竹明译，商务印书馆 1986 年版。

［古希腊］柏拉图：《游叙弗伦·苏格拉底的申辩·克力同》，严群译，商务印书馆 2003 年版。

［美］保罗·法伊尔阿本德：《反对方法：无政府主义知识论纲要》，上海译文出版社 1992 年版。

［英］边沁：《道德与立法原理导论》，商务印书馆 2000 年版。

［美］德沃金：《至上的美德：平等的理论与实践》，冯克利译，江苏人民出版社 2012 年版。

［法］福楼拜：《包法利夫人》，李健吾译，人民文学出版社 2003 年版。

何传启：《新科技革命引发新产业革命（适势求是）》，《人民日报》2015 年 07 月 05 日第 05 版。

黄晓琳等编：《康复医学》，人民出版社 2018 年版。

［英］霍布斯：《利维坦》，黎思复、黎廷弼译，商务印书馆 1986 年版。

［德］康德：《道德形而上学奠基》，杨云飞译，人民出版社 2013 年版。

［德］康德：《道德形而上学》，李秋零译，中国人民大学出版社 2013 年版。

［美］克里斯托弗·拉什：《自恋主义文化：心理危机时代的美国生活》，陈红雯译，上海译文出版社 2013 年版。

［法］罗兰·巴尔特：《作者之死》，载赵毅衡选编《符号学文学论文集》，百花文艺出版社 2004 年版。

罗竹风主编：《汉语大词典》（第 5 卷），汉语大词典出版社 1990 年版。

《马克思恩格斯文集》（第 1 卷），人民出版社 2009 年版。

《马克思恩格斯选集》（第 3 卷），人民出版社 2012 年版。

［法］米歇尔·福柯：《词与物：人文科学考古学》，莫伟民译，上海三联书店 2002 年版。

［法］米歇尔·福柯：《规训与惩罚》，刘北成、杨远婴译，生活·读书·新知三联书店 2012 年版。

［法］米歇尔·福柯：《性经验史》，佘碧平译，上海人民出版社 2012 年版。

［英］莎士比亚：《莎士比亚全集》（亨利四世上），梁实秋译，中国广播电视出版社 2001 年版。

苏熠慧：《“交叉性”流派的观点、方法及其对中国性别社会学的启发》，《社会学研究》2016 年第 4 期。

［古希腊］索福克勒斯：《索福克勒斯悲剧五种》，罗念生译，上海人民出版社 2005 年版。

［美］托马斯·斯坎伦：《我们彼此负有什么义务？》，陈代东等译，人民出版社 2007 年版。

王玉龙等：《康复功能评定学》，人民卫生出版社 2018 年版。

［加］威尔·金里卡：《当代政治哲学》，刘莘译，上海三联书店 2003 年版。

薛媛媛、薛琪薪：《实证与建构：医学化与去医学化之争的再反思》，《江汉学术》2020 年第 6 期，第 5 页。

［古希腊］亚里士多德：《政治学》，吴寿彭译，商务印书馆 2009 年版。

［美］约翰·格雷：《男人来自火星女人来自金星》，苏晴译，中央编译出版社 1996 年版。

［美］约翰·罗尔斯：《正义论》，何怀宏等译，中国社会科学出版社 1988 年版。

［美］约翰·罗尔斯：《政治自由主义》，万俊人译，译林出版社 2011 年版。

［美］约翰·罗尔斯：《作为公平的正义：正义新论》，姚大志译，中国社会科学出版社 2011 年版，第 78 页。

［英］约翰·洛克：《政府论》（下篇），叶启芳、瞿菊农译，商务印书馆 1996 年版。

［美］詹姆斯·麦格雷戈·伯恩斯：《罗斯福传》，孙天义等译，商务印书馆 1992 年版。

张虎：《当代西方关系平等主义研究》，中国社会科学出版社 2020 年版。

张虎：《论自然不平等与正义的边界》，《伦理学研究》2017 年第 5 期。

张虎:《"奇怪的婚姻":歇斯底里与女性主义的第二次浪潮》,《中国社会科学报》2019 年 10 月 29 日第 2 版.

赵敦华等:《康德对于我们时代的意义》,《光明日报》2004 年 4 月 15 日。

《中华人民共和国残疾人保障法》,转引自中国残疾人联合会,https://www. cdpf. org. cn/ywpd/wq/flfg/gjflfg/512a32375fc240b88a94cc82c7e2ffd8. htm.

周午鹏:《作为共通体的身体——对心身问题的一种现象学解释》,《现代哲学》2019 年第 6 期。

二 外文文献

Adam Cureton and David Wasserman, "Introduction", in Adam Cureton and David Wasserman, eds., *The Oxford Handbook of Philosophy and Disability*, New York: Oxford University Press.

"Aktion T4", *Wikipedia*, August 2022, https://en. wikipedia. org/wiki/Aktion_T4.

Alexander Larry Alexander and Michael Moore, "Deontological Ethics", *The Stanford Encyclopedia of Philosophy*, Winter 2021, https://plato. stanford. edu/archives/win2021/entries/ethics-deontological/.

American Psychiatric Association, *Diagnostic and Statistic Manual of Mental Disorders (Third Edition)*, Washington: American Psychiatric Association, 1980.

"Americans with Disabilities Act of 1990", *Wikipedia*, November 2021, https://en. wikipedia. org/wiki/Americans_with_Disabilities_Act_of_1990.

Anders Gustavsson, etc., "Introduction: approaches and perspectives in Nordic disability research", in Anders Gustavsson, eds., *Resistance, Reflection, and Change: Nordic Disability Research*, Lund: Studentlitteratur, 2005.

Anita Silvers and Leslie Pickering Francis, "Justice through Trust: Disability and the 'Outlier Problem' in Social Contract Theory", *Ethics*, Vol. 116.

Anita Silvers, "Feminist Perspectives on Disability", *The Stanford Encyclopedia of Philosophy*, Spring 2021, https://plato. stanford. edu/archives/spr2021/entries/feminism-disability/.

Anne-Marie Slaughter, "Why Women Still Can't Have It All", *The Atlantic*, July/August 2012.

Bernard A. O. Williams, "The Idea of Equality", in Louis P. Pojman, Robert Westmoreland, eds. , *Equality: Selected Readings*, New York: Oxford University Press, 1997.

Bill Hughes and Kevin Paterson, "The Social Model of Disability and the Disappearing Body: Towards a sociology of impairment ", *Disability & Society*, Vol. 12, No. 3, 1997.

Bill Hughes, "Disability and the Body", *Disabling Barriers-Enabling Environment*, in John Swain, etc. , eds. , London: Sage, 2013.

Bill Hughes, "What Can a Foucauldian Analysis Contribute to Disability Theory?" in Shelley Tremain, ed. , *Foucault and the Government of Disability*, Ann Arbor: University of Michigan Press, 2005.

Brian Barry, *Theories of Justice*, Berkeley: University of California Press, 1989.

Camran Nezhat, Farr Nezhat, and Ceana Nezhat, "Endometriosis: Ancient Disease, Ancient Treatment", *Fertility and Sterility*, Vol. 98, No. 6s, 2012.

Cara E. Jones, "Wandering Wombs and 'Female Troubles': The Hysterical Origins, Symptoms, and Treatments of Endometriosis ", *Women's Studies*, 44, 2015.

Carol Groneman, *Nymphomania: A History*, New York and London: W. W. Norton & Company, 2000.

Carol Thomas, "Disability and Impairment", in John Swain, etc. , ed. , *Disabling Barriers-Enabling Environment*, London: Sage, 2017.

Cary Wolfe, "Introduction: What is Posthumanism?", *What is Posthumanism?* Minneapolis and London: University of Minnesota Press, 2010.

Cary Wolfe, "Learning from Temple Grandin: Animal Studies, Disability Studies, and Who Comes after the Subject", *What is Posthumanism?* Minneapolis and London: University of Minnesota Press, 2010.

Celeste Friend, "Social Contract Theory", *Internet Encyclopedia of Philosophy*, January 2022, https://iep. utm. edu/soc-cont/.

Christine Overall, "Old Age and Ageism, Impairment and Ableism: Exploring the Conceptual and Material Connections ", *NWSA Journal*, Vol. 18, No. 1, Spring 2006.

Cynthia A. Stark, "How to Include the Severely Disabled in a Contractarian Theory of Justice", *The Journal of Political Philosophy*, Vol. 15, No. 2, 2007.

David Hume, *Enquiries Concerning the Human Understanding and Concerning the Principles of Morals*, in L. A. Selby-Bigge, M. A., ed., Oxford: Clarendon Press, 1902.

David Mitchell and Sharon Snyder, "Narrative", in Rachel Adams, etc., eds., *Keywords for Disability Studies*, New York and London: New York University Press, 2015.

David T. Mitchell and Sharon L. Snyder, *Narrative Prosthesis: Disability and the Dependencies of Discourse*, Ann Arbor: The University of Michigan Press, 2000.

David T. Mitchell, etc., "Introduction", *The Matter of Disability: Materiality, Biopolitics, Crip Affect*, in David T. Mitchell, etc., eds., Ann Arbor: University of Michigan Press, 2019.

David Wasserman, etc., "Disability: Definitions, Models, Experience", *The Stanford Encyclopedia of Philosophy*, Summer 2016, http://https://plato. stanford. edu/archives/sum2016/entries/disability/.

Derek Parfit, "Equality and Priority", *Ratio (new series)*, Vol. 10, No. 3, December 1997.

Derek Parfit, *Reasons and Persons*, Oxford: Clarendon Press, 1984.

"Disability Rights Toolkit for AdvocacyAgainst Legalization of Assisted Suicide", *Not Dead Yet*, https://notdeadyet. org/.

Donna Haraway, "A Cyborg Manifesto: Science, Technology, and Socialist Feminism in the 1980s", *Socialist Review*, No. 80, 1985.

Douglas C. Baynton, "Deafness", in Rachel Adams, etc., eds., *Keywords for Disability Studies*, New York and London: New York University Press, 2015.

Douglas C. Baynton, "Disability and the Justification of Inequality in American History", in David Lennard J. David, ed., *The Disability Studies Reader (Fourth Edition)*, New York and London: Routledge, 2013.

Elaine Showalter, "Hysteria, Feminism, and Gender", in Gilman, Sander L., etc., eds. *Hysteria Beyond Freud*, Berkeley, Los Angeles, and London: University of California Press, 1993.

Elaine Showalter, *The Female Malady: Women, Madness, and English Culture*,

1830 – 1980, New York: Penguin Books, 1985.

Elissa Stein and Susan Kim, *Flow: the Cultural Story of Menstruation*, New York: St. Martin's Press, 2009.

Elizabeth Anderson, "What Is the Point of Equality?" *Ethics*, Vol. 109, No. 2, January 1999.

Elizabeth Barnes, *The Minority Body: A Theory of Disability*, Oxford: Oxford University Press, 2016

"Endometriosis", *Wikipedia*, July 2020, https://en. wikipedia. org/wiki/Endometriosis.

Eric Rakowski, *Equal Justice*, New York: Oxford University Press, 1991.

Eugene Scott, "Trump's most insulting-and violent-language is often reserved for immigrants", *Washington Post*, https://www. washingtonpost. com/politics/2019/10/02/trumps-most-insulting-violent-language-is-often-reserved-immigrants/.

"Eugenics", *Wikipedia*, August 2022, https://en. wikipedia. org/wiki/Eugenics.

Eva F. Kittay, *Love's Labor: Essays on Women, Equality, and Dependency*, New York and London: Routledge, 1999.

Francis Fukuyama, "The world's most dangerous ideas: transhumanism", *Foreign Policy*, No. 144.

Frankfurt Harry Frankfurt, "Equality as a Moral Ideal", *Ethics*, Vol. 98, No. 1, 1987.

G. A. Cohen, "On the Currency of Egalitarian Justice", *Ethics*, Vol. 99, No. 4, July 1989.

Georgina Kleege, "Blindness and Visual Culture: An Eyewitness Account", *The Disability Studies Reader*, in Lennard J. Davis, ed. , New York and London: Routledge, 2013.

Iris Marion Young, *Justice and the Politics of Difference*, Princeton, NJ: Princeton University Press, 1990.

Joan Williams, *Unbending Gender: Why Family and Work Conflict and What to Do About It*, New York: Oxford University Press, 2000.

John Rawls, *A Theory of Justice (Original Edition)*, Cambridge, Ma. and London, The Belknap Press of Harvard University Press, 1971.

John Rawls, *Political Liberalism* (*Expanded Edition*), New York: Columbia University Press, 2005

Jonathan Wolff, "Fairness, Respect, and the Egalitarian Ethos", *Philosophy & Public Affairs*, Vol. 27, No. 2, April 1998.

Joseph N. Straus, "Autism as Culture", *The Disability Studies Reader* (*Fourth Edition*), in Lennard J. David, ed. , New York and London: Routledge, 2013.

Judith Butler, *Bodies that Matter: On the Discursive Limits of "Sex"*, London and New York: Routledge, 2011.

Judith Butler, *Gender Trouble: Feminism and the Subversion of Identity*, London and New York: Routledge, 1990.

Judith Butler, "Performative Acts and Gender Constitution: An Essay in Phenomenology and Feminist Theory", *Theatre Journal*, Vol. 40, No. 4, Dec. 1988.

Julia Carmel, " 'Nothing About Us Without Us': 16 Moments in the Fight for Disability Rights", *The New York Times*, 22nd February, 2020.

Karen Barad, "Posthumanist Performativity: toward an Understanding of how Matter Comes to Matter", in Stacy Alaimo, Susan Hekman, eds. , *Material Feminisms*, Bloomington: Indiana University Press, 2008.

Kevin Paterson and Bill Hughes, "Disability Studies and Phenomenology: the carnal politics of everyday life", *Disability & Society*, Vol. 14, No. 5, 1999.

Ladelle Mcwhorter, "Foreword", in Shelley Tremain, ed. , *Foucault and the Government of Disability*, Ann Arbor: University of Michigan Press, 2005.

Lennard J. Davis, "Introduction: Disability, Normality, and Power", in Lennard J. David, ed. , *The Disability Studies Reader* (*Fourth Edition*), New York and London: Routledge, 2013.

Linda Martin Alcoff, "Phenomenology, Post-structuralism, and Feminist Theory on the Concept of Experience", *Feminist Phenomenology*, in Linda Fisher, Lester Embree, eds. , Dordrecht: Springer Science + Business Media Dordrecht, 2000.

Lori Gruen, "The Moral Status of Animals", *The Stanford Encyclopedia of Philosophy*, Summer 2021, https://plato. stanford. edu/archives/sum2021/entries/moral-animal/.

Louise Gosbell, " 'As long as it's healthy': What can we learn from early

Christianity's resistance to infanticide and exposure?" *ABC*, March 2019, https://www. abc. net. au/religion/early-christianitys-resistance-to-infanticide-and-exposure/10898016.

Marjolein Degenaar and Gert-Jan Lokhorst, "Molyneux's Problem", *The Stanford Encyclopedia of Philosophy*, Winter 2021, https://plato. stanford. edu/archives/win2021/entries/molyneux-problem/.

Mark S Micale, *Approaching Hysteria: Disease and Its Interpretations*, Princeton, NJ: Princeton University Press, 1995.

Mark S. Micale, "Hysteria and Its Historiography: A Review of Past and Present Writings", *History of Science*, Vol. 27, No. 4, 1989.

Mark S. Micale, *Hysterical Men: The Hidden History of Male Nervous Illness*, Cambridge, Ma. and London: Harvard University Press, 2008.

Martha C. Nussbaum, *Frontiers of Justice: Disability, Nationality, Species Membership*, Cambridge, Ma. : The Belknap of Harvard University Press, 2006.

Max More, "The Philosophy of Transhumanism", in Max More, Natasha Vita-More, eds. , *The Transhumanist Reader: Classical and Contemporary Essays on the Science, Technology, and Philosophy of the Human Future*, Wiley-Blackwell, 2013.

Max More, "Transhumanism: Toward a Futurist Philosophy", *Extropy*, Vol. 6, Summer 1990 (revised June 1994 and 1996).

Melinda C. Hall, "Critical Disability Theory", *The Stanford Encyclopedia of Philosophy*, Winter 2019, https://plato. stanford. edu/archives/win2019/entries/disability-critical/.

Mike Oliver, *Social Work with Disabled People*, London: Macmillan Education, 1983.

Mike Oliver, "The social model of disability: thirty years on", *Disability & Society*, Vol. 28, No. 7, 2013.

"Mission and History", *Society for Disability Studies*, https://disstudies. org/index. php/about-sds/mission-and-history/.

Nirmala Erevelles, "Signs of Reason: Rivière, Facilitated Communication, and the Crisis of the Subject", in Shelley Tremain, ed. , *Foucault and the Government of Disability*, Ann Arbor: University of Michigan Press, 2005.

Peter Carruthers, *The Animals Issue: Morality in Practice*, Cambridge: Cambridge University Press, 1992.

Peter Singer, "All Animals are Equal", *Philosophic Exchange*, Vol. 5, No. 1, Article 6, 1974.

Peter Singer, *Practical Ethics (Second Edition)*, Cambridge: Cambridge University Press, 1993.

Rachel Adams, etc., "Disability", in Rachel Adams, etc., eds., *Keywords for Disability Studies*, New York and London: New York University Press, 2015.

Rachel Adams, etc., "Introduction", in Rachel Adams, etc., eds., *Keywords for Disability Studies*, New York and London: New York University Press, 2015.

Ratzka Adolf Ratzka, *Independent Living Institute (ILI)*, 2005, http://www. independentliving. org.

Réda Bensmaïa, "Poststructuralism", *The Columbia History of Twentieth-Century French Thought*, in L. Kritzman, ed., New York: Columbia University Press.

Ronald Dworkin, *Sovereign Virtue: The Theory and Practice of Equality*, Cambridge, Massachusetts: Harvard University Press, 2000.

Rosemarie Garland-Thomson, "Disability Studies: A Field Emerged", *American Quarterly*, Vol. 65, No. 4, December 2013.

Rosemarie Garland-Thomson, "Integrating Disability, Transforming Feminist Theory", *NWSA Journal*, Vol. 14, No. 3, October 2002.

Rosemarie Garland-Thomson, "Misfits: A Feminist Materialist Disability Concept", *Hypatia*, Vol. 26, No. 3, Summer 2011.

Samuel Scheffler, "Choice, Circumstance, and the Value of Equality", *Equality and Tradition: Questions of Value in Moral and Political Theory*, in Samuel Scheffler, ed., New York: Cambridge University Press, 2010.

Samuel Scheffler, "What Is Egalitarianism?" *Philosophy & Public Affairs*, Vol. 31, No. 1, Winter 2003.

Sharon L. Snyder and David T. Mitchell, *Cultural Locations of Disability*, Chicago and London: The University of Chicago Press, 2006.

Shelley Tremain, "Foucault, Governmentality, and Critical Disability Theory: An

Introduction", in Shelley Tremain, ed., *Foucault and the Government of Disability*, *Ann Arbor: University of Michigan Press*, 2005.

ShelleyTremain, "On the Government of Disability", *Social Theory and Practice*, Vol. 27, No. 4, October 2001.

Shelly L. Tremain, *Foucault and Feminist Philosophy of Disability*, Ann Arbor: University of Michigan Press, 2017.

Simo Vehmas, "What can Philosophy Tell us about Disability", *Routledge Handbook of Disability Studies*, in Nick Watson, etc., eds., London and New York: Routledge, 2012.

Sophia Isako Wong, "The Moral Personhood of Individuals Labeled 'Mentally Retarded': A Rawlsian Response to Nussbaum", *Social Theory and Practice*, Vol. 33, No. 4, October 2007.

Tanya Titchkosky, "normal", in Rachel Adams, etc., eds., *Keywords for Disability Studies*, New York and London: New York University Press, 2015.

The Union of the Physically Impaired Against Segregation, "Aims", 9th August, 1976.

The Union of the Physically ImpairedAgainst Segregation and The Disability Alliance, *The Union of the Physically Impaired Against Segregation and The Disability Alliance discuss Fundamental Principles of Disability*, 22nd November, 1975.

The Union of the Physically Impaired Against Segregation, "Political Statement", 9th August, 1976.

Thomas Nagel, "Justice and Nature", *Oxford Journal of Legal Studies*, Vol. 17, No. 2, Summer 1997

Tobin Siebers, "Disability Experience on Trial", in Stacy Alaimo, Susan Hekman, eds., *Material Feminisms*, Bloomington: Indiana University Press, 2008.

Tobin Siebers, *Disability Theory*, Ann Arbor, Mi.: The University of Michigan Press, 2008.

Tobin Siebers, "Returning the Social to the Social Model", *The Matter of Disability: Materiality, Biopolitics, Crip Affect*, in David T. Mitchell, etc., eds., Ann Arbor: University of Michigan Press, 2019.

Tom Regan, *The Case for Animal Rights*, Berkeley, CA: University of California Press, 1983.

Tom Shakespeare, "Nordic Disability Research: Reflections, not Conclusions", *Resistance, Reflection, and Change: Nordic Disability Research*, in Anders Gustavsson, eds. , Lund: Studentlitteratur, 2005.

Tom Shakespeare, "The Social Model of Disability", *The Disability Studies Reader (Fourth Edition)*, in Lennard J. David, ed. , New York and London: Routledge, 2013.

"Transhumanism", *Humanity +*, https://www. humanityplus. org/transhumanism.

"Transhumanism", *Wikipedia*, August 2022, https://en. wikipedia. org/wiki/Transhumanism.

"Transhumanism", *Wikipedia*, August 2022, https://en. wikipedia. org/wiki/Transhumanism.

U. S. Department of Health & Human Services, "Endometriosis", April 2019, https://www. womenshealth. gov/a-z-topics/endometriosis.

Vic Finkelstein, "To deny or Not to Deny Disability", *Physiotherapy*, Vol. 74, No. 12, December 1988

"Who We Are", *Not Dead Yet*, https://notdeadyet. org/.

后　记

　　本书是我主持的国家社科基金青年项目"当代西方道德和政治哲学视阈中的残疾问题研究"（项目号：18CZX054）的成果之一。该课题从 2018 年年中立项，到 2022 年年初申请结项，共进行了 3 年半左右的时间。对于这段学术历程，我感觉收获颇丰，也颇值得回顾。

　　我的硕博专业都是马克思主义哲学，但对当代西方哲学中的平等理论十分感兴趣。我的博士论文以关系平等主义为主题。关系平等主义是西方政治哲学界新兴的一种平等思想，为安德森、舍弗勒等人所主张，建立在对主流的分配平等理论（以运气平等主义为代表）反思和批判的基础上。分配平等围绕两个问题展开，一个是科恩所说的"平等主义正义的通货"问题，即应该分配什么的问题［或平等物（equalisandum）问题］，涉及什么东西对人最重要从而应该关注其在人群中的分配，有关观点包括福利、福利机会、资源、基本能力、优势等；另一个是如何分配平等通货的问题，涉及什么因素能合理化对平等物的不平等分配，分配平等理论家认为这些因素包括个人选择、努力程度等，这样如果一个人选择投资而非消费并取得了成功，或者辛苦工作而非娱乐，那么他可以正当地拥有赚到的更多东西，如此形成的不平等局面就不是应予反对的，而假如不平等源自一些偶然的"运气"因素，如个人出身，或者说父母所在的阶层，甚至天赋能力（如马克思所言，"劳动者的不同等的个人天赋，从而不同等的工作能力，是天然特权，所以就它的内容来讲，它像一切权利一样是一种不平等的权利"①，某些残疾也可以看作这样的因素），那么它就是应予反对的。换句话说，当代分配平等理论并不赞成绝对的结果平等，而认为由个人能够负责的因素导致的不平等是可以接受的；反之则是不可以接受的，如激进的运气平等主义者主张"没有人应该仅仅由于

---

　　① 《马克思恩格斯选集》（第 3 卷），人民出版社 2012 年版，第 364 页。

一些其本人并没有冒险招致的偶然事件而比别人拥有更少的有用资源和机会"①。为实现这样的理论追求，这些平等主义思想家设计了精致的分配策略，如德沃金的"保险"和"拍卖"。

当代分配平等理论与罗尔斯的正义理论有莫大的关系。在罗尔斯的理论体系中，也可以找到对平等主义正义的通货问题的回答——"基本善"（primary goods），包括权利和自由、权力和机会、收入和财富以及自尊。罗尔斯也指出自然和社会偶然因素对分配的影响是成问题的，因此提出了"公平的机会平等原则"以应对社会偶然因素（如家庭出身），"差别原则"以应对自然偶然因素或"自然抓阄"。其后一些学者循着罗尔斯的思路，指出其理论并不彻底和完善。首先，平等应该落位到个人层面，而差别原则却以改善社会中最不利群体的处境为目标；其次，最不利群体的划分单纯以占有基本善的多寡为判断依据，而自然抓阄导致的不利状况如各种先天能力缺陷等并没有计算在内，这样天赋能力差者仍然承受偶然的坏运气所导致的后果；最后，某些人的不利处境是由自己的选择造成的，应该由自己负责，但是根据差别原则，如果他被划入最不利群体，社会就可能为其本应自己负责的行为买单。罗尔斯之后的分配平等理论家不满于其理论中的不彻底性，主张应该抵消自然和社会偶然因素对个人命运的差异化摆布，充分突出选择和责任因素的作用。

分配平等理论影响很大，很多著名学者，如理查德·阿内森（Richard Arneson）、德沃金、科恩等都提出了自己的分配平等思想，相关观点在国内学界也有所译介。但是近来也有一些学者揭露了它们的理论困境，并对其进行了反思和批判，这其中包括安德森、舍弗勒、乔纳森·沃尔夫（Jonathan Wolff）等。安德森在1999年发表的《什么是平等的要点？》一文中对分配平等观点进行了犀利的批判，指出它"通不过任何平等理论都必须通过的根本性测试：其原则要对所有公民表达平等尊敬和关怀"②。之所以如此，理由有很多，如为抵消自然偶然因素对不同人的命运的差异化影响，国家在对天赋资质较差的个体进行补偿时预设了一种人之社会价值的等级关系：聪明的和

---

① Eric Rakowski, *Equal Justice*, New York: Oxford University Press, 1991, p. 1.

② Elizabeth S. Anderson, "What Is the Point of Equality?" *Ethics*, Vol. 109, No. 2, January 1999, p. 289.

笨的、美的和丑的、身体机能健全的和残缺的等；再如分配平等要求贯彻责任原则，如果一个人因为自己的选择而堕入十分悲惨的境地，那么社会也应该对其视而不见，这种严苛的要求与我们的道德直觉相左。安德森总结指出，这种分配平等主张"看起来把资本主义和社会主义的一些最坏的方面给了我们……这种资本主义和社会主义的混合物……反映了一种小气、歧视性和狭隘的社会模式……它对那些标示为不负责任的人不予救助，对那些标示为内在低劣的人给予羞辱性的援助。它给我们一个狭促的济贫法模式：不幸者低声说着恳求的话并屈从于国家侮辱性的道德判断"①。

基于对分配平等的反思和批判，安德森提出了关系平等的主张，她指出："平等主义正义的准确的消极目标不是在人类事务中消除原生运气的影响，而是终止压迫，这样定义的压迫是由社会施加的。其准确的积极目的不是保证每个人得到他们道德上应得的，而是构建一个人人关系平等的社会。"② 顾名思义，关系平等认为，平等理念的最重要含义在于人与人之间的社会关系平等，而非实现什么样的分配结果，前者比后者更为重要。平等主义的矛头主要指向社会压迫，而非个人招致的各种各样的坏运气。而这样的压迫在现代社会表现为杨所说的五种"面相"：剥削、边缘化、权力缺失、文化帝国主义和暴力。平等原则应以人与人的关系平等为纲，保证"对所有公民的平等尊敬和关怀"，如此关系平等理论使平等回归了本义。同时，安德森认为分配平等主义者对罗尔斯的批判有失偏颇，而关系平等与罗尔斯的平等思想最为接近。基于对关系平等理论的研究兴趣，并在中央党校杨信礼教授的指导下，我完成了博士学位论文——《关系平等主义的哲学研究》。2020 年 10 月，在山东社会科学院出版经费的资助下，我的博士论文的修改稿——《当代西方关系平等主义研究》有幸在中国社会科学出版社出版。

经过写作博士论文的洗礼，我对平等问题的理解也上升了一个层次。平等有多重维度，不只涉及显性的经济领域，也涉及隐性的文化和意识方面。2016 年入职山东社会科学院哲学研究所，我以"当代政治哲学话语中平等理念的多元维度解析"为题申报了本单位的博士基金项目，力求进一步解密平

① Elizabeth S. Anderson, "What Is the Point of Equality?" *Ethics*, Vol. 109, No. 2, January 1999, p. 308.

② Elizabeth S. Anderson, "What Is the Point of Equality?" *Ethics*, Vol. 109, No. 2, January 1999, pp. 288 – 289.

等价值的含义。我开始对性别平等问题产生了浓厚的兴趣，因为它与关系平等的主张有关。2018 年我申报的山东省社科基金"女性主义哲学视野下家庭—工作冲突的产生、实质及解决路径"（项目号：18DZXJ01）获得了立项，代表了我在探寻平等问题之谜的道路上又得到了一条线索。通过对相关资料的收集和整理，我找到了一个理解职业女性所面临的家庭－工作冲突问题的突破口，即"理想职工标准"（ideal worker norm），它是分析职业场所性别化现象的新的概念工具，指的是近代以来伴随家庭/工作领域逐渐分离而形成的对职工的身份期望——职工应以工作为重心，保证时间和精力的投入。这种标准不是性别中立而是男性化的，显示了男性生育活动的成本优势和能够得到的免于家务劳动之类的特权已经建构到劳动的组织结构中，如此必然导致职业女性的生存劣势。通过梳理文献我发现，在为女性争取了诸多就业机会后，女性主义者面对职场中依然严重的性别鸿沟有两种惯常的应对进路：或者努力说明女性能力不比男性差，把成就差异归咎于她们不积极进取，或者强调女性本然地有不同的价值取向，认为她们不一定非要在公共领域有所作为。我觉得这两种立场实质上都把问题导向了女性自身，没有对理想职工标准进行深刻的批判和清算，合理的解决之道是把批判的矛头重新指向客体界面，解构潜在的性别化的习俗惯例和社会安排，并塑造新型的理想职工标准，为有不同身份认同的女性提供成就自身的便利条件。

2017 年年初，我曾以"当代西方政治哲学中的起点公平思想研究"为题申报了一次国家社科基金，但没有成功。其后我一直思考围绕平等以何为题重新申报。偶然地，在一次阅读有关平等理论的英文文献中，我遇到了"残疾"一词。我又检索了一下国外关于残疾的哲学文献，发现近些年涌现出了很多。这确实令我意想不到，因为残疾通常是社会学的研究主题，与哲学没有多大关联。例如，国内哲学期刊上关于残疾的研究论文凤毛麟角，而《残疾人研究》这份专业性的期刊也一直被归类到社会学领域。我对国外哲学界这些新出现的关于残疾的研究成果十分感兴趣，透过它们，我了解了"残疾的社会模式""残疾研究""批判的残疾理论"等新术语，认识到由很多国外哲学家参与的"残疾研究"已经和"种族研究""性别研究"等一起成了新的学术热地。现当代哲学领域中的许多"主义"被拿来解读残疾，形成了与以往有很大差别的观点，如特里曼借用福柯和巴特勒的后结构主义思想，指出残损的身体不是纯粹的生物事实，而是"规训性的知识/权力体系的建构物"，是被社会结构生产出来的。而一些现象学和新唯物主义者则批判了这种立场，认为其过分地强调了话语、文本、符号等的重要性，可能堕入宿命论抑或虚无主义的渊薮。他们认为身体并非纯粹为外力所决定和塑造的质料，而具有能动性，能积极地影响、突破和改造外在的社会性因素，也就是说，"人的身体的核心矛盾在于它既是我们受奴役也是我们获取自由的源头"。另一方面，深入研究残疾对推动哲学理论的发展也有所助益，如本书第五章所讲的，从残疾入手可以更好地反思人本主义的主体观，对后人本主义理论有所启示；再如罗尔斯的正义理论曾假定原初状态中各方的能力处于一定水平之上，如此可能使残疾人沦为社会契约的"局外人"，这一点也为他本人所认识到，并承认"作为公平的正义"面对残疾问题可能会失败。努斯鲍姆认为应该放弃契约论框架，采用她的能力方法，其他一些学者也对罗尔斯理论能否容纳残疾人的利益诉求提出了自己的看法，这些都使关于正义理论的讨论进入更深层次的界面。经过一段时间的资料收集与整理，我感觉从哲学学科角度研究残疾现象大有可为，同时可以填补国内的研究空白。于是我在 2018 年年初以"当代西方道德和政治哲学视阈中的残疾问题研究"为题申报了当年的国家社科基金，最终十分幸运地获得了立项。

总而言之，我在解密平等之谜的路途上先后关注了分配平等、关系平等、性别平等，现在又转入残疾问题。呈现在读者面前的这本书是近几年我从哲学学科角度分析残疾问题的总结，也是我探寻平等价值之路上的一个阶段性概括。这本书的学术价值如何，呈送读者评定。未来我将沿着这条路继续走下去，希望有更多的发现和收获。

张虎
2022 年 4 月 25 日